戎光祥研究叢書
24

中近世移行期の大名権力と地域社会

鈴木将典
Suzuki Masanori

戎光祥出版

目次

第2部　徳川氏の従属国衆と支配構造

【凡　例】

本書で引用した史料集のうち、頻出するものを以下のように略記した。

和泉清司編『江戸幕府代官頭文書集成』（文献出版）→代・史料番号
荻野三七彦・柴辻俊六編『新編甲州古文書』（角川書店）→新甲・史料番号
柴辻俊六・黒田基樹・丸島和洋編『戦国遺文武田氏編』（東京堂出版）→戦武・史料番号
『愛知県史』資料編→愛・巻数・史料番号
『静岡県史』資料編→静・巻数・史料番号
『信濃史料』→信・巻数・頁数
『上越市史』別編→上・巻数・史料番号
『山梨県史』資料編→山・巻数・史料番号

序章　研究史と本書の目的

本書では、戦国織豊期（中近世移行期）の甲信・東海地域を事例として、当該地域に存在した大名権力と地域社会の構造について論じる。特に、天正十年（一五八二）の武田氏滅亡後に三河・遠江・駿河・甲斐・信濃の五ヶ国を領有した徳川氏、そして天正十八年に徳川氏が関東へ転封された後、豊臣政権下で旧徳川領国の甲斐・信濃に入部した各大名の領国構造を主要な研究対象とする。なお、戦国織豊期に関する研究史の概略は前著[1]でまとめているため、本書に関係する論考に絞って述べていくことにしたい。

一、徳川氏研究の動向

戦国織豊期の甲信・東海地域に関する研究動向は、徳川氏の五ヶ国支配から天正十八年七月の関東転封、そして慶長五年（一六〇〇）九月の関ヶ原合戦後の幕藩体制成立期において、徳川家臣として登用された武田旧臣の事績を検討したものが大部分を占める。

一九五〇～六〇年代には、徳川家康の発給文書[2]を収集・採録した中村孝也氏[3]が家康とその一族・家臣に関する一連の著作を刊行しており、他にも村上直氏[4]による蔵前衆・武川衆・八王子千人同心などの研究、煎本増夫氏[5]による家臣団制度や軍団制を中心とした研究が行われている。また、戦国織豊期の徳川領国の構造を総合的にまとめた研究として、藤野保氏[6]・北島正元氏[7]・所理喜夫氏[8]の著作がある。これらの成果は、いずれも三河で成立した松平・徳川氏が近世幕藩権力を創出した背景について明らかにすることを目的としており、中世荘園制社会と近世初期社会、戦国期権力と近世幕藩体制の転換点がそれぞれ示されているが、史料上の制約から近世の編纂物や家譜類に依拠した点が多く、現在から見れば実証面での問題点が多い。

一九八〇年代に入ると、各自治体史の刊行とあわせた論考が多く発表されるようになった。その集大成というべき成果が『新編岡崎市史』[9]である。特に戦国期の通史を担当した新行紀一氏は、自治体史という制約の中でいわゆる「松平中心史観」を排し、同時代史料の分析から徳川氏の関東転封以前の領国支配についてまとめており、現在でも徳川氏に関する基本的な通史としての評価は高い。その後も、和泉清司氏[10]が五ヶ国領有期以降の徳川氏・江戸幕府の奉行・代官制度を中心に検討し、また本多隆成氏[11]も中近世移行期の東海地域の基礎構造を分析する中で、戦国織豊期の徳川氏を近世幕藩権力の前段階＝「初期徳川氏」として評価している。近年では、平野明夫氏[12]が徳川氏の書札礼や起請文、儀礼などをを中心に論じ、特に政治動向や織田・豊臣政権との関係などを明らかにすることで、徳川氏の権力構造に関する近年の著作としては唯一の本格的な研究成果を提示している。

これに対して、戦国織豊期の徳川領国、特に関東転封以前の甲信・東海地域における検地や税制など、領国内の基礎構造に関する研究は、史料上の制約から研究対象とされることが少なく、不明な部分が多く残されていた。しかし、近年では『静岡県史』や『江戸幕府代官頭文書集成』[13]等に加え、『山梨県史』や『愛知県史』等の刊行によって当該期の史料が整備されており、また、遠江国敷智郡宇布見郷（浜松市中央区雄踏町）で作成された天正十年代の年貢勘定書[14]のように、これまで活字化されていなかった史料の翻刻・紹介も行われている。すなわち、現時点では徳川氏やその領国に関する基本的な史料がようやく出揃ったところであり、今後はこれらの史料集を活用して、事例の再検討や新たな研究成果の提示が求められているといえよう。

二、徳川領国の基礎構造をめぐる論点

一方、戦国織豊期の徳川領国の基礎構造については、天正十七年から翌十八年に徳川氏が領国の五ヶ国において実施した検地（五ヶ国総検地）をめぐる問題に論点が集中してきた。

一九五〇年代まで、この検地は豊臣政権による太閤検地の一つとして捉えられてきたが、「五ヶ国総検地」を初めて徳川氏の検地として確認したのが北島氏[15]と所氏[16]である。北島氏は、名請人を名主層・有力百姓層として捉え、分附記載はこれらの階層に対する妥協的産物であり、「五ヶ国総検地」は戦国大名権力の枠内で行われたもので、所氏が評価するような近世的権力への転換を示すものではないと主張している。これに対して、所氏は、検地帳に記載された名請人を実際の耕作者として捉えるとともに、「五ヶ国総検地」は徳川氏が戦国大名とは本質的に異なる村落支配機構を確立するため、今川氏の検地、あるいは太閤検地とも異なる独自の基準によって行われた検地であり、領国内の年貢・夫役を画一化する一方、豊臣政権と同様に、徳川氏を給人の在地支配を否定して土地と農民を直接把握した権力として評価している。

次いで本多氏[17]は、「五ヶ国総検地」の名請人を直接耕作農民として捉え、検地と並行して領国内に交付された「七ヶ条定書」の分析から、徳川氏の奉行人が特定の地域内において検地と年貢収納に関わっていたことを明ら

かにした。また、一反＝三六〇歩制や俵高制の採用などから、同時期の太閤検地に対する「五ヶ国総検地」の独自性について言及し、あわせて関東移封前の徳川氏が豊臣政権下でも相対的な自立性を有していたと述べている。本多氏の研究成果は長く当該期の基本的研究とされ、宮本勉[18]・巨島泰雄[19]両氏によって、本多説を実証面で支持・補強する研究成果も発表された。

一方、近年の研究において、「五ヶ国総検地」を太閤検地と同等と見なし、豊臣政権下の徳川権力を積極的に評価しているのが谷口央氏[20]である。谷口氏は、徳川氏の検地帳の記載方法について、耕地や屋敷地、年貢納入責任者である名請人が太閤検地よりも詳細に把握されていると述べ、村請による年貢収取方法の確立と合わせて、「五ヶ国総検地」の実施が当該地域の近世化をもたらした契機となったと評価している。筆者も旧稿[21]で、検地と並行して領国内に交付された「七ヶ条定書」の内容を中心に検討し、当該期の徳川領国の基礎構造について分析を試みたが、本多氏は近年刊行された著書[22]で自説の補強を行うとともに、谷口氏や筆者の説を批判している。

また、平野氏[23]が豊臣政権下における徳川氏の権力構造について検討した中で、検地方法の差異だけで徳川権力の特殊性を強調することを否定し、毛利・長宗我部氏等、他の豊臣大名検地と比較したうえで、豊臣政権の指示や影響力について検討する必要性を示唆しているが、これに対しても本多氏は反論を行っている[24]。

もう一つ、「五ヶ国総検地」に関する研究の中で近年着目されているのが、天正十五年（一五八七）から翌十六年に徳川氏が領国内に対して賦課した「五十分一役」をめぐる議論である。「五十分一役」の存在については村上[25]・和泉[26]両氏によって基本的な形が明らかにされ、特に和泉氏によって、徳川氏の「地頭役」・「代官役」として の評価が定まっていた。これに対して、新行氏[27]は「五十分一役」の徴収が開始された天正十五年を「五ヶ国総検地」の開始時期として評価しており、近年ではこれを批判的に継承する形で、本多・谷口両氏の論争が行われている。「五十分一役」は単に徳川氏の役賦課という評価に留まらず、豊臣政権下の徳川氏がどのような意図でこの役を賦課したのか、後の「五ヶ国総検地」にどのように繋がっていたのか、という視角において重要視されている問題である。

しかし一方で、近年の研究史では、以下のような問題点を指摘できる。一点目は、徳川領国下の五ヶ国が同一の状況下にあったという前提の下で、検地等の諸問題が議論されている点である。徳川（松平）氏は三河国を基盤として形成された戦国大名権力であり、征服地である旧今川領国の遠江・駿河、旧武田領国の甲斐・信濃と、本国の三河とは支配構造が異なると考えられるが、この点がまったく捨象されてしまっている。特に近年では、柴裕之氏[30]が徳川領国下の国衆や「領」の問題を中心に、当該期の徳川領国の支配構造について検討した研究成果を発表しており、これを念頭に置いたうえで、それぞれの国・郡・領ごとの分析が必要と考える。

二点目は、当該期の徳川氏を近世幕藩権力の前提として、あるいは豊臣政権下における徳川氏の独自性を強調する傾向が強いことである。特に検地をめぐる問題について、池上裕子氏[31]は、戦国大名検地と太閤検地[32]の類似点を指摘しており、また木越隆三氏[33]も、越前国における柴田・丹羽両氏の検地と太閤検地の連続性を指摘し、丈量検地が指出に基づいて実施されていたことを明らかにしている。これらの研究成果を踏まえ、貫高制から俵高制・石高制への移行の問題も含めて、当該期の徳川氏の領国支配構造、特に検地や年貢・諸役賦課などについて検討していく必要があろう。

三点目は、大名権力と地域社会の関係について、十分な検討がなされていない点である。近年の研究動向でも、検地方法や名請人の把握といった問題が中心であり、徳川氏と地頭・村落との関係についての議論は捨象されてしまっている。特に、他地域における近年の議論では、領主権力（大名・国衆）と個別百姓（名請人）の関係ではなく、領主権力と村落共同体の年貢・公事収取関係が重視されているが、この点に関して、当該地域を事例とした研究は立ち後れているといわざるをえない。

四点目は、徳川氏の関東転封にともなう地域社会の変動（特に兵農分離の問題）が十分に議論されていない点である。従来の徳川氏に関する研究動向では、天正十八年の関東転封にともない、研究対象も新領国の関東地方へ移動するのが通例であり、五ヶ国領有期と関東領有期の領国支配の相違を重要な論点の一つとしている。しかし、徳川氏やそれに従う国衆・給人層が関東へ去った後、村落内部の構造がどのように変化したのか、また戦国社会から近世初期社会への移行の画期をどこに見出すかという点について、明確な解答は提示されていない。そこで本書では、村落関係史料が比較的多く現存している信濃の検地帳などを用いて、中近世移行期村落の解体・再編成の過程について分析を行う。

三、中近世移行期の信濃における村落研究

戦国織豊期の信濃を対象とした村落研究は、戦後の社会経済史研究の隆盛の中で、古島敏雄氏[34]・伊藤富雄氏[35]・平沢清人氏[36]・北島氏[37]らによって進められてきた。しかし、ここでは名田を所有する個別百姓の農業経営や名主加地子得分のあり方などが主要な論点とされ、安良城盛昭氏[38]の「太閤検地＝封建革命（封建的変革）」論を踏襲して

中世を家父長制的支配と評価し、信濃の中近世移行期社会を検討するものであったが、その後は停滞した状態にある。これらの研究で共通しているのは、信濃の村落が畿内近国に比べて生産性が低く、後進的な地域との評価であり、あるいは特定の地域内における局地的理解に留まっている点である。

一方、近年では、一九八〇年代後半以降の地域社会論の成果を踏まえて、吉田ゆり子[39]・稲葉継陽[40]両氏の研究成果が発表されている。吉田氏は近世的視角から村落内諸階層の兵農分離を捉え、稲葉氏は慶長期以降の「村の成り立ち」の事例として当該地域を取り上げている。しかし、吉田説では戦国期の村落構造に関する認識に問題があり、稲葉氏の研究では戦国織豊期の村落構造まで踏み込まれていない。すなわち、近年の研究成果を踏まえて、当該地域の中近世移行期村落の動向について論じた研究はいまだに不十分であると言ってよい。伊那郡虎岩郷・虎岩村（長野県飯田市下久堅下虎岩・飯田市虎岩）は多くの先学によって村落研究の中心的事例とされてきたのに対し、同郡殿岡郷・下殿岡村（飯田市下殿岡・上殿岡）は同じ伊那郡の村落であるにも関わらず、研究対象とされることが少なかった。本書では下伊那地域の中世から近世への移行を見るために双方の事例を検討し、その差異や共通項についても分析を行いたい。

一九九〇年代以降、「地域社会論」を中心として、中近世移行期の村落共同体の研究は著しく進展した。特に、近年では、従来のような地域権力と個別百姓の年貢収取関係から、村請制に基づく年貢収取関係を中心とする議論が定着しており、このような視点から実際の村落内部の景観を調査・復元する作業が、立教大学中世史研究会[41]による虎岩郷・虎岩村の調査や、池上氏[42]らによる関東各地の土豪・村落の調査などを通して行われている。しかし、当該期の村落の構造が実際にはいかなるものであったのか、実証的な研究は畿内近国など、特定の地域に限られている。そこで本書の第二の課題として、五ヶ国領有期（天正十年代）の徳川領国を中心に、徳川氏が転封した後の豊臣系大名による領国支配、そして慶長五年（一六〇〇）以後の幕藩体制下に至る、大名・国衆・地頭・村落内構成員の関係と動向について、信濃を事例に検討していきたい。

四、本書の問題設定

本書では三つの研究視角を設定したうえで、上記の問題点に対する論を展開したい。一つは、中近世移行期という社会の変革期の中で、豊臣政権下の各大名権力をどのように評価するかである。もう一つは、徳川氏や豊臣系大名による支配体制の中で、武田氏滅亡後の領国構造がどのように転換し、また継承されたのかを見極めることである。そして最後の一つは、戦国期社会と織豊期・近世初期社会の画期をどこに見出すかを明らかにすることである。

従来の戦国大名に対する評価は、今川・武田氏を中世的権力、徳川氏を近世的権力とする視角が主流であった。この背景には、今川・武田氏がともに守護から戦国大名化した権力として捉えられてきたことがあげられる。永原慶二氏[43]は戦国大名権力を在地領主制の最高の発展段階であったと評価しているが、有光友學氏[44]も今川氏が中世荘園制を基盤とする権力であり、在地掌握を押し進めることができなかったために早く滅びたと述べている。また、徳川氏については、最終的に近世幕藩体制を形成したという結果論から、戦国大名とは異なる近世的権力として描かれ、あるいは本多氏の「初期徳川氏」論のように、豊臣政権下でも領国支配構造の独自性が強調されている。これは、中近世移行期の大名権力をめぐる研究の「断絶」に原因があると考えられる。

その一方で、久保田昌希氏[45]は、今川氏によって地域的統一が行われ、形成された領国（地域的軍事国家）が徳川氏・武田氏に継承され支配が進められていったことに着目し、その政策志向と実態を検討することが必要であると述べている。久保田氏の指摘は今川領国（東海地域）を事例としたものであるが、これを武田領国（甲斐・信濃）に置き換えても重要な視角として捉えることができる。

しかし、現状では今川領国と徳川領国の関連性で論じられることはあっても、武田領国との関連で論じたものはほとんどなく、先述した村上氏の論考が唯一の成果であるに過ぎない。特に、武田領国下の状況を踏まえたうえで、その後の旧領国の展開や近世社会への展望について言及した論考が皆無なことは前著で述べた通りである。

また、東国の戦国大名領国に関する従来の研究では各大名（北条・今川・武田氏など）の枠組みで考察が行われることが多く、特定の地域を対象として戦国織豊期の大名領国について論じた研究は、今川・徳川領国下から近世初期まで概観した本多氏の研究成果が唯一である。しかし、本多氏が研究対象とした地域は東海三ヶ国（駿河・遠江・三河）が中心であり、甲信地域に関しては十分とはいいがたい。そこで本書では、徳川氏や豊臣系大名など統一政権下の大名権力を事例として、戦国織豊期の甲信・東海地域における各大名権力の基礎構造について検討する。

五、本書の内容

上記の論点を踏まえ、本書では戦国織豊期（中近世移行期）の甲信・東海地域に関する、以下の論考を収録した。

第1部「豊臣大名徳川氏の領国支配と検地」では、これまでに多くの先学が検討対象としてきた、五ヶ国領有期（天正十年代）の徳川領国における主要な政策について再検討を行った。まず、第一章「天正十年代の徳川領国における年貢収取構造――遠州宇布見郷年貢勘定書の分析」で、遠江国敷智郡宇布見郷の中村家に伝わる天正十年〜十六年分の年貢勘定書の内容を詳細に分析し、当該期村落の年貢収取体制の実態を明らかにした。続く第二章「「五十分一役」の再検討」では、天正十五年から翌十六年にかけて、徳川氏が領国内の給人・寺社領から徴収した「五十分一役」について考察した。第三章「徳川氏「五ヶ国総検地」再考」では、天正十七年〜十八年に徳川氏が五ヶ国において実施した検地（五ヶ国総検地）と、同時期に各郷村に対して交付された「七ヶ条定書」について再検討を行った。また、付論一「「筏乗免屋敷畠帳」について」で、遠江国敷智郡鹿島村（浜松市天竜区二俣町）の田代家に伝わる「筏乗免屋敷畠帳」の紹介を行った。第四章「甲斐における徳川氏の天正検地――「熊蔵縄」と知行割の分析」は、徳川氏が甲斐で実施した検地（熊蔵縄）を検討した論考である。

第2部「徳川氏の従属国衆と支配構造」では、五ヶ国領有期の徳川氏に従属した国衆の領域支配について検討を行った。第一章「三河国衆としての深溝松平氏」で、三河松平一族の深溝松平家忠の所領支配と、関東転封以前の徳川家中における家忠の位置などについて考察した。また付論二「徳川氏の領国検地と深溝松平領の画定」では、「五ヶ国総検地」後に実施された深溝松平氏の知行替を取り上げた。続く第二章「依田松平氏の信濃佐久郡支配」では、徳川氏の下で信濃国佐久郡を支配した依田松平氏の発給・受給文書を網羅し、徳川氏の従属国衆としての実態を明らかにした。第三章「信濃国伊那郡虎岩郷「本帳」と検地帳の分析」では、信濃国伊那郡虎岩郷で作成された天正十五年・同十八年の「本帳」と、同十七年の検地帳の分析を通して、当該地域を支配した菅沼氏の関東転封と、その前後における村落構成員の動向、兵農分離の問題について考察した。

第3部「豊臣大名の検地と地域社会」では、徳川氏の関東転封後に旧徳川領国の信濃に入部した各大名の領域支配について個別に分析を試みた。第一章「豊臣政権下の信濃検地と石高制」では、豊臣政権下で信濃を支配した各大名領の構造を検討し、支配領域内の基準（貫高）と豊臣政権の基準（石高）の換算値を設定していたことを明らかにした。第二章「豊臣政権下の真田氏と上野沼田領検地」では、戦国〜江戸時代前期に上野国沼田領を支配した真田氏が、天正十八年と文禄二年（一五九三）に作成した検地帳を検討し、豊臣政権下における真田氏の領域支配の特徴を分析した。第三章「仙石氏の信濃佐久郡支配と貫高制」では、天正十八年〜元和八年（一六二二）における仙石氏の佐久郡（小諸領）支配が、戦国期以来の貫高制を基準とし、前代の依田松平氏が作成した貫高帳の数値（村高）を基本的に継承する形で行われたことを明らかにした。第四章「石川氏の信濃松本領検地に関する二点の史料」では、石川氏が松本領で実施した検地に関する二点の史料を翻刻・紹介し、それに加えて若干の考察を試みた。第五章「信濃国伊那郡殿岡郷「さし出し帳」と下殿岡村検地帳の分析」では、信濃国伊那郡下殿岡村の肝煎（名主）を務めた矢沢家の文書群を分析し、中世の殿岡郷が近世の下殿岡村へ移行していく過程について考察を行った。

最後に終章「戦国織豊期の大名権力と地域社会の評価」では、本書の総括として、統一政権下の大名権力と支配体制、中近世移行期社会の連続面と画期について論じた。ここでは前著に続いて、「戦国織豊期（中近世移行期）の大名権力が統一政権の下でどのように支配を確立していったのか」という点に加えて、「地域社会から見た大名権力」に対する評価も示したいと考えている。

註

（1）拙著『戦国大名武田氏の領国支配』（岩田書院、二〇一五年）。以下「前著」と略す。
（2）中村孝也編『新訂徳川家康文書の研究』（日本学術振興会、一九八〇～八二年。初版一九五八～七一年）。
（3）中村孝也『家康伝』（講談社、一九六五年）、同『家康の族葉』（講談社、一九六五年）、同『家康の臣僚』（講談社、一九六五年）、同『家康の政治経済臣僚』（雄山閣出版、一九七八年）等。
（4）村上直「武田家臣団の解体と蔵前衆」（『日本歴史』一四六・一四八号、一九六〇年）、同「徳川氏の甲斐経略と武川衆」（磯貝正義・村上直編『甲斐近世史の研究』上巻、雄山閣、一九七五年。初出一九六一年）、同「八王子千人同心の成立―徳川権力構造の形成過程において―」（『信濃』一七巻一号、一九六五年）等。
（5）煎本増夫『幕藩体制成立史の研究』（雄山閣、一九七九年）。
（6）藤野保『幕藩体制史の研究―権力構造の確立と展開―』新訂版（吉川弘文館、一九七五年。初版一九六一年）。
（7）北島正元『江戸幕府の権力構造』（岩波書店、一九六四年）。
（8）所理喜夫『徳川将軍権力の構造』（吉川弘文館、一九八四年）。
（9）『新編岡崎市史』二　中世（一九八九年）。
（10）和泉清司『徳川幕府成立過程の基礎的研究』（文献出版、一九九五年）。
（11）本多隆成『近世初期社会の基礎構造』（吉川弘文館、一九八九年）、同『初期徳川氏の農村支配』（吉川弘文館、二〇〇六年）、『近世東海地域史研究』（清文堂出版、二〇〇八年）等。
（12）平野明夫『徳川権力の形成と発展』（岩田書院、二〇〇六年）。
（13）和泉清司編『江戸幕府代官頭文書集成』（文献出版、一九九七年）。
（14）斎藤新「浜松の中世から近世初頭にかかわる文書資料」（『浜松市博物館報』一四号、二〇〇一年）。

(15) 北島正元「検地と農民支配」（『江戸幕府の権力構造』第一章第三節）。
(16) 所理喜夫「関東転封前後における徳川氏の権力構造—天正十七・十八年の五ヵ国総検—」（『徳川将軍権力の構造』所収、初出一九六〇年）。
(17) 本多隆成「初期徳川氏の五ヵ国総検地」（『近世初期社会の基礎構造』所収、初出一九八〇年）、同「徳川七ヵ条定書について」（大阪大学文学部日本史研究室編『近世近代の地域と権力』清文堂出版、一九九八年）。
(18) 宮本勉「遠州引佐郡井伊谷の内三岳村検地の実態」（『日本歴史』四一〇号、一九八二年）。
(19) 巨島泰雄「引佐地方の五ヵ国総検地について」（『静岡県史研究』七号、一九九一年）。
(20) 谷口央「徳川五か国総検地の基調と名請人」（『幕藩制成立期の社会政治史研究』校倉書房、二〇一四年。初出二〇〇〇年・二〇〇三年）、同「徳川五か国総検地と分付記載」（同上、初出二〇〇三年）、同「徳川五か国総検地後の年貢収取体制について—「御縄打歩測御帳」と「中記」の理解から—」（同上、初出二〇〇四年）。
(21) 拙稿「五か国総検施行段階における徳川領国の基礎構造—七か条定書と年貢・夫役システム—」（『駒沢史学』六二号、二〇〇四年）。詳細は本書第1部第三章を参照。
(22) 本多隆成「五ヵ国総検地と七ヵ条定書」（『初期徳川氏の農村支配』所収、二〇〇六年）。
(23) 平野明夫「豊臣政権下の徳川氏」（『徳川権力の形成と発展』所収、二〇〇六年）。
(24) 本多隆成「東海地域の歴史的位置」（『近世東海地域史研究』所収、二〇〇八年）。
(25) 村上直「天正十七・十八年における徳川氏の新政策の一側面について」（『日本歴史』一七四号、一九六二年）。
(26) 和泉清司「五ヵ国時代の領国形成と支配」（『徳川幕府成立過程の基礎的研究』所収、初出一九九四年）。
(27) 新行紀一「徳川五か国検地研究ノート—五十分一役を中心に—」（『愛知県史研究』創刊号、一九九七年）。
(28) 本多隆成「徳川氏五カ国総検地の施行過程—新行説をめぐって—」（『初期徳川氏の農村支配』所収、初出一九九九年）、同「徳川氏五十分一役と宇布見郷年貢勘定書—谷口説をめぐって—」（同上、初出二〇〇三年）、同「歴史研究と研究史—徳川氏研究の事例から—」（『織豊期研究』一二号、二〇一〇年）。
(29) 谷口央「家康の上洛と徳川権力—五十分一役の理解を通じて—」（前掲註20所収、初出二〇〇二年）、同「徳川氏の三河支配と五十分一役」（同上、初出二〇〇五年）。

(30) 柴裕之『戦国・織豊期大名徳川氏の領国支配』（岩田書院、二〇一四年）。

(31) 池上裕子「織豊期検地論」（『戦国時代社会構造の研究』（校倉書房、一九九九年。初出一九八八年）。

(32) 太閤検地の研究史と論点については、平井上総『長宗我部氏の検地と権力構造』（校倉書房、二〇〇八年）、谷口央『幕藩制成立期の社会政治史研究』（前掲註20）の、各「序章」を参照。

(33) 木越隆三「越前惣国検地と検地手法」（『織豊期検地と石高の研究』桂書房、二〇〇〇年）。

(34) 古島敏雄「近世初期の検地と農民層の構成」（『古島敏雄著作集第三巻　近世日本農業の構造』東京大学出版会、一九七四年。初出一九四三年）、同『近世経済史の基礎過程』（岩波書店、一九七八年）。

(35) 伊藤富雄「武田氏の土地制度と下伊那地方の本帳」（『伊藤富雄著作集第三巻　信濃中世土地制度研究』永井出版企画、一九八一年。初出一九六一～六二年）。

(36) 平沢清人『近世村落構造の研究』（吉川弘文館、一九六五年）、同『近世村落への移行と兵農分離』（校倉書房、一九七三年）。

(37) 北島正元「徳川家康の信濃経営―天正十年代を中心として―」（『近世の民衆と都市』名著出版、一九八四年。初出一九六四年）。

(38) 安良城盛昭「太閤検地の歴史的前提」（『日本封建社会成立史論』上、岩波書店、一九八四年。初出一九五三年）、同「太閤検地の歴史的意義」（『幕藩体制社会の成立と構造』増訂第四版、有斐閣、一九八六年。初出一九五四年）、同『太閤検地と石高制』（日本放送出版協会、一九六九年）。

(39) 吉田ゆり子「幕藩体制成立期の村落と村請制」（『兵農分離と地域社会』校倉書房、二〇〇〇年。初出一九八五年）、同「天正検地と『知行』―信州下伊那郡虎岩郷を事例として―」（同上、初出一九九〇年）。

(40) 稲葉継陽「村の御蔵と年貢収納・種貸・つなぎ―一七世紀初頭虎岩村の機能と連帯―」（『戦国時代の荘園制と村落』校倉書房、一九九八年。初出一九九六年）。

(41) 船橋篤司・根本崇「戦国虎岩の人と耕地―天正検地帳からの復元―」（『信濃』四八巻一一号、一九九六年）等。

(42) 池上裕子編『中近世移行期の土豪と村落』（岩田書院、二〇〇五年）。

(43) 永原慶二『日本封建社会論』（東京大学出版会、一九七四年）、同「大名領国制の史的位置」（『戦国期の政治経済構造』岩波書店、一九九七年。初出一九七五年）。

（44）有光友學『戦国大名今川氏の研究』（吉川弘文館、一九九四年）。

（45）久保田昌希『戦国大名今川氏と領国支配』（吉川弘文館、二〇〇五年）。

第1部　豊臣大名徳川氏の領国支配と検地

第一章　天正十年代の徳川領国における年貢収取構造
——遠州宇布見郷年貢勘定書の分析

はじめに

本章では、遠江国敷智郡宇布見郷（浜松市中央区雄踏町）の中村家に伝わる天正期の年貢勘定書の内容を分析し、当該期村落の年貢収取体制の実態を明らかにする。五ヶ国領有時代の徳川氏によって作成されたこれらの勘定書は、天正十一年（一五八三、「中村文書」静８一七二二）と同十五年（同前、静８一九五九）のものが『静岡県史料』[1]、『静岡県史』に所収されていただけであったが、最近になって、天正十年から十六年までの五年分（天正十四年分は欠）が発見され、斎藤新氏によって紹介された[2]。これによって、天正十年代の徳川領国の年貢収取のあり方や、天正十七・十八年に徳川氏が実施した「五ヶ国総検地」に至る当該地域の在地構造を解明することが可能となったのである。

しかし、これまでは、谷口央[3]・本多隆成[4]両氏が、天正十五・十六年分の「五十分一役」に関わる部分を取り上げただけであり、宇布見郷年貢勘定書の全貌に関する研究は皆無であった。また、遠江は天正十七・十八年に徳川氏が「七ヶ条定書」を最も多く交付した地域[5]であることから（本書第１部第三章を参照）、一村落の事例だけではなく、徳川領国全体の問題として史料の解明を行いたい。

一、各勘定書の分析

（一）天正十一年三月七日付　天正十年（壬午）分年貢勘定書

この史料は、当該期に徳川氏の奉行人であった名倉若狭より、代官の中村源左衛門尉宛で出されたものである。以下、天正十三年分まで、名倉が発給者となっている。まず、徴収分を見ると、郷単位で米・鐚・「代方」の合計を出したうえで、「取」が貫高（永楽銭）で集計されている。

次に、納入分について見ていくと、「石米」・鐚銭・「代方米」・稗・塩の五種類に分かれ、それぞれに全体の納入額が記載されている。その明細としては、「夏毛」では鐚銭が、「秋毛」では米が「代方」として徴収されている。これは「塩年貢」でも同様である。塩年貢も、徴収分では銭と米だが、実際は永楽銭百文につき塩升三升、塩一俵につき塩升一斗七升で換算され、現物で納入されている。

なお、天正九年分についても、「巳年（天正九年）ハ浄珍勘定状ニ載」とあり、「浄珍」が作成した勘定書が存在し、年貢収取が行われていたことがわかる。ここでは、米年貢、鐚年貢の「代方」に関わる部分を見ていきたい。

【史料一】（斎藤氏論文、三号。傍線部筆者、前後略、以下同）

石米以上百九拾壱俵壱斗八升

　　円市野殿松孫十郎殿渡、請取有

ひた（鐚、以下同）取以上弐百八拾六貫弐百四拾弐文

円市野殿松孫十郎殿渡、午夏成より十二月卅日迄参百卅九貫六百六十一文うけ取之内也
代方米以上千四百参拾俵壱斗五升四合
此内
百参拾三俵壱斗六升五合
此代ひた五拾参貫四百十九文市野殿松孫十郎殿渡、但午夏成より同十二月卅日迄参百卅九貫
六百六十一文うけ取之内也、但米壱俵四百文積也
弐百八拾九俵壱斗五升
此代ひた百拾五貫八百文右両人へ渡、右同積也、但午年納分
八百八拾五俵弐斗四升
此代ひた四百四拾弐貫九百文右両人渡、但米壱俵ひた五百文積也、是者未正月より同二月卅日迄納分
弐拾俵　此ひた拾壱貫文右両人渡、未三月四日請取有、但米壱俵五百五十文積也
以上千参百弐拾八俵弐斗五升五合

「代方」とは、年貢の表高に換算される分として、米や銭など、在地の納入形態に合わせて定められたもので、有光友學氏(6)によって、今川氏の一般的な年貢収取方法であったことが明らかにされている。すなわち、この時点では、今川氏時代を踏襲した形で年貢納入が行われていたことがわかる。

ここで注目されるのは、「代方米」が一旦は米で納入するよう定められていながら、実際は鐚銭に換算して納められている点である。納入時期も、①午（天正十年）夏成～十二月三十日、②未（天正十一年）正月～二月三十日、

③三月四日の三回に分けられているが、それぞれ基準値が異なり、同じ米一俵でも①では鐚銭四〇〇文、②では鐚銭五〇〇文、③では鐚銭五五〇文となっている。今川領国下の米の相場が時期によって異なっていたことは有光氏や平山優氏[7]によってすでに明らかにされているが、徳川領国下の天正十年段階でも、今川領国段階の状況を踏襲する形で米から鐚銭への換算が行われていたことがわかる。

(二)天正十二年二月八日付　天正十一癸未年分宇布見地頭・領家御年貢納下勘定事

天正十一年以降、勘定書の表記方法が年貢の種類別で集計され、それぞれ鐚・米・稗・塩の徴収分・納入分が記載されている点で大きく変わっている。一方、前年分まであった「代方米」は姿を消しており、宇布見郷からの年貢収取方法が、今川領国以来の「米方・代方制」から、鐚・米・稗・塩などの現物納の体制に切り替えられたことがわかる(ただし、平山氏が指摘する通り、三河では天正十八年まで「米方・代方制」による年貢収納が行われていたことが確認できる)。また、この年の勘定書では、「壬銭(閏銭)」の存在が特に注目される。

【史料二】(「中村文書」静8一七二二、「同方」は「地頭方」を指す)

一　六百五十文　　取高　塩浜年貢同方
　　此ひた弐貫六百文　　未之新浜
一　拾五貫三百十五文　取高　塩浜年貢同方
　　此ひた六拾壱貫弐百六十文
一　参貫文　　取高　右塩浜壬銭同方

此ひた拾弐貫文

一　七貫六百五十文取高　山崎塩年貢かぢ分

此ひた卅貫六百文

一　壱貫四百十九文　取高　右塩浜壬銭同分

此ひた五貫六百七十六文

（中略）

一　三百五十文　取高　塩年貢領家方新浜

此ひた壱貫四百文　未年より

一　ひた壱貫七百五文　取　不作所見取

永楽以上百九拾九貫九百七十文

壱

非多（鐚）以上八百三貫五百八十五文

此内

七百五拾六貫五百四十壱文　市越・松孫十へ渡、

うけ取かす四十三有之、

「閏銭」は塩浜年貢にのみ賦課され、額は塩浜年貢の二割で統一されている。その後は天正十三年・同十六年に見られ、何れも閏月がある年に当たっていることから、該当する年に限り、閏月の分の差額として賦課された役と考えられる。また、「未之新浜」が天正十一年分からの新たな年貢賦課対象として登場しており、村落による塩田開発が進行していたことをうかがわせる。

（三）天正十二年十二月二十三日付　天正十二甲申年宇布見両郷米銭勘定事

この年の分の特徴を挙げると、宇布見郷地頭方の鐚年貢が修正され、納入分の総額が減らされた結果、未進分が減免となっている。「閏銭」の賦課は見られない。また、前年まで永楽銭一貫文＝鐚銭四貫文で併記されていたが、この年からは鐚銭で統一されている。

【史料三】（斎藤氏論文、四号）

一　ひた五百弐拾七貫七百文取　参百五拾壱貫六百八十文ニ成　地頭方

（中略）

一　同四拾貫八十文取　山崎国方塩年貢
又二郎抱
一　同弐百文取　同所新浜、同抱
一　同拾貫八百文取　人見塩浜年貢
一　同卅弐貫八百文取　山崎地頭方塩年貢
但孫左衛門抱分
一　同壱貫文取　同所新浜発

右同人分
一　同壱貫弐百文取　　人見彦助申出
増分塩年貢
一　同壱貫四百五十文取秋毛　不作所見取
塩見奉行内浄光割付有
一　同壱貫四百文取　領家方新浜年貢
源左前

以上九百八拾七貫九百四十文（八百拾壱貫九百廿四文ニ成）　但取帳一ニ有（弐十四文ニ成）
此内
六百五拾三貫六十四文（市越松孫十）渡、請取卅九枚有
残参百卅四貫八百七十二文（百五拾八貫八百五十六文ニ成）　未進
（中略）
一　上り塩九拾六俵八升　高辻塩浜本銭五拾四貫六百八十文分、百文ニ三升つゝ積也
此内
五表（俵、以下同）壱斗弐升　浜高下ニ許、書立有

取九拾俵壱斗三升　但塩升壱斗七升宛也

鐚年貢では、山崎国方の又二郎と山崎地頭方の孫左衛門の二人が年貢納入責任者として登場し、それぞれの「抱地」を「新浜」として登録されている。宇布見領家でも「新浜年貢、源左前」とあり、中村源左衛門による「新浜」の開発が行われていた。これは、当該期の塩田開発が、村落の有力者を中心に行われていたことを物語っている。また、人見郷では「彦助申出増分」が徴収分として新たに組み込まれている。この彦助も、人見郷で塩田経営を行っていた村落の有力者であろう。

他にも、銭と米の年貢賦課対象地のうち、不作地にあたる所では、「塩見奉行」の「浄光」による「見取」が行われており、年貢徴収にあたって、郷内で検地が行われていたことがわかる。

一方、塩年貢では、「浜高下ニ許、書立有」とあり、塩年貢の減免（高潮による塩田の被害か）が行われている。これは村落側と大名側との間で、年貢減免交渉が行われていた証左でもある。特に鐚と米では、「浄光」による年貢割付も行われており、当該地域において、村請による年貢収納がすでに行われていたことは明らかだろう。

（四）天正十三年十二月二十五日付　天正十三乙酉年分宇布見両郷米銭勘定之事

この年の特徴としては、宇布見郷の地頭方・領家方の鐚年貢が修正され、納入分の総額が減らされた結果、未進分が減免となっている点があげられる。

【史料四】（斎藤氏論文、五号）

一　ひた参百拾□□□□（六貫カ）八十八文取　地頭方

「（カッコ内後筆、以下同）弐百九拾八貫九百四十文取（印）（名倉若狭、以下同）」
一　同五拾壱貫五百文取　　同方長宝寺分
「四拾八貫六百廿八文取（印）」
一　同六拾貫三百文取　　地頭方塩年貢
一　同六貫弐百文取　　同方新塩浜
但十一間分也
（中略）
一　同百参貫百文取　　領家方
「九拾貫文取（印）」
一　同五拾壱貫五十六文取　　同方長宝寺
「四拾八貫三百文（印）」
一　同壱貫六百文取　　同所同方分
「壱貫四百文（印）」
（中略）
一　同壱貫弐百文取　　人見彦助申出候増分
一　同壱貫三百十七文取　　不作所見取割付有
一　同壱貫四百文取　　領家方新浜

源左衛門

一　同拾壱貫四百五十六文取壬銭　地頭方塩浜

但本高百文ニ十九文ふり也

一　同八貫弐百廿八文　右同ふり也　領家方

一　同五貫五百四十文取　同　山崎かち分

是者本高百文ニ十八文ふり也

一　同八貫八百八文取　同　同所国方

是八百文ニ廿二文ふり也

一　同六貫五百六十四文取　同　同所地頭方

是八百文ニ廿文ふり也

一　同弐貫五百文取　同　人見大郎左分

是八百ニ廿三文ふり也

以上七百九拾五貫八百七十三文

「七百五拾九貫三百九十三文ニなる（印）」

此内

七百五拾壱貫文市越松孫十へ渡、請取枚（数カ、以下同）卅一枚有

已上

残四拾四貫八百七十三文　未進

「八貫三百九十三文ニなる」

一　米百五拾弐表（俵、以下同）壱斗三升取　地頭方

一　同七拾八表壱斗七升取　不作所見取

但検見奉行割付有之

已上弐百卅壱俵　下方表也

此内

四俵　塩堤人足之酒ニ入用

参俵　新入戸明立免之訴訟之理

已上

弐百弐拾四俵市越松孫十へ渡

うけ取枚四枚有之

（中略）

一　上り塩九拾六表八升　地頭方領家方

塩升壱斗七升表也

此内

六俵八升　浜高下許

取九拾表　円市越松孫十へ渡、うけ取枚九枚有
巳上
右之未進早束御蔵江可被為納者也、仍如件、

他に特筆すべき点として、天正十一年分と同じく、塩浜年貢のみ「壬銭（閏銭）」が賦課されている。ただし十一年分は一律二割であったが、この年は地域ごとに基準値が異なり、それぞれ塩浜年貢の一八〜二三パーセントとなっている。

米年貢では、「下方表」（一俵＝三斗の下方升。東海地域における基準升とされた）による「検見奉行割付」が行われ、総額が出された後で、「塩堤人足之酒ニ入用」と「新入戸明立免之訴訟之理」の分が減免になっている。前者は「塩堤」修築のために必要な経費（村入用）として、後者は開発地として免除された分であり、特に、村落側と大名側との間で、「訴訟」＝年貢減免交渉が行われ、それが認められたことがわかる。

（五）天正十六年二月十九日付　天正十五丁亥年分宇布見之郷御年貢塩浜銭米銭勘定事

この年の分から、発給者が安方伊賀と中谷次大夫の二人になり、郷単位の徴収分・納入分を集計する方式に戻るなど、内容が大きく変わっている。

【史料五】（「中村文書」静８一九五九）

一　米百七拾五表（俵、以下同）弐斗三升　高辻地頭方
此内

弐拾三表壱斗　　定不作ニ引
百五拾弐表壱斗三升取
地頭方
一　拾六貫六百文　　塩浜年貢
但壱貫五百九十四文新はま、此内弐百廿四文亥年より出、
此ひた六拾六貫四百文
此内
壱貫九百文　当河成ニ引、小三郎・左衛門二郎・二郎九郎・源二郎・六郎三郎・源七前引、
残六拾四貫五百文
領家
一　五百文　　高辻　長宝寺畑方
此内
弐百五十文　　夏毛
此内七十五文損免三ッ引
取百七十五文
弐百五十文　　秋毛
此内百十三文　損免四ッ半引

取百卅七文
取以上三百十二文
此ひた壱貫弐百五十文
一　拾貫九百五十文　　領家方塩年貢
此内三百五十文新はま有、
此ひた四拾四貫弐百文
此内
弐貫百文　当河成所、左近衛門・浄見・五郎左衛門・九郎四郎・七郎五郎ニ引、
残四拾弐貫百文取
（中略）
一　三貫四百文　　人見次郎衛門塩年貢
但、百五十文新はま共ニ、此内三百文者彦助申出増分、弐百五十文者新右衛門申出分、
此ひた拾三貫六百文
一　米百拾七表弐斗九升　　不作所見取栄能割付有、
一　ひた弐貫四百十四文取　　同所同人見立
一　同壱貫文取　　かやの銭
是ハ亥年より始而改出申候、

（中略）

ひた合七百拾五貫百十八文

此内

拾四貫三百二文　　五十分一ニ引、

此五十分一納うけ取有（黒印）

（中略）

米合弐百七拾表壱斗弐升

但法物者代官分ニ被下候也、

此内

五表壱斗弐升弐合　　五十分一ニ引、

此五十分一円済うけ取有（黒印）

四表　　塩堤人足之酒ニ入、

三表　　新入戸明戸免ニ引、

弐百四拾八表五升　　吉美御蔵へ納、

五郎兵衛和泉うけ取壱枚有、

この年の特徴としてあげられるのが、損免・河成による減免記載が多い点である。「高辻地頭方」と「同長宝寺分」では一ッ半（一割五分）、「高辻領家」に至っては、夏毛で三ッ（三割）、秋毛で四ッ（四割）もの額が減免となっている。

また塩年貢に見られる河成も、「当河成」と記されているところから、この年に発生した水害の減免措置であることがわかる。

米年貢の納入分でも、「合」（合計分）から「代官分」（代官中村源左衛門への給分）が引かれ、そこから前年分と同じく「塩堤人足之酒ニ入」「新入戸明戸免ニ引」が減免されている。

その一方で、新たな基準による年貢賦課も始まっている。例えば、「高辻地頭方」と「高辻領家長宝寺畑方」では、貫高（永楽銭）で夏毛・秋毛を集計し、「引分」「損免」等を引いたうえで、四倍相当の鐚銭で勘定を行っている。塩浜年貢では、塩年貢の他に「新はま」が徴収分として組み込まれ、「亥年より出」とあるように、この年（天正十五年＝亥年）から初めて徴収された分や、新右衛門の申告によって把握された増分も含まれている。

また、この年は「閏銭」の賦課がない一方で、「かやの銭（萱銭）」の賦課が始まっている。「萱銭」とは、近世の小物成の一種で、縄や屋根葺きの原料となる、自生の萱を伐採することに対して賦課されるものである。最後に、鐚・米年貢に見られる「五十分一ニ引」は「五十分一役」の初見であり、先学の研究の通り、この年から賦課が始まったことは明らかである。

（六）天正十七年二月二十九日付　天正十六年（戊子）分年貢勘定書

この年の発給者も前年と同じく安方伊賀と中谷次大夫の二人であるが、記載内容がさらに詳細になっている。

【史料六】（斎藤氏論文、六号）

一　拾六貫七百文　　　　地頭方塩浜年貢

但壱貫五百九十四文新浜、此内弐百廿四文亥年より出、又百文者子年新浜新右衛門六郎大夫前也
此ひた六拾六貫八百文
此内
三貫三百文　亥年子年河成分ニ引
但本高八百廿四文之所也、二郎九郎源二郎六郎三郎源七、又子年分者新衛門衛門太郎六郎兵衛也
取六拾三貫五百文
一　三貫十五文　同所壬銭、但高百文ニ十九文ふり
此ひた拾弐貫六十文　但右之河成所引ニて
一　七貫六百六十文取　山崎方かぢか、へ
此ひた卅貫六百五十文
一　壱貫三百七十九文　田方壬銭、高百文ニ十八文ふり如此
此ひた五貫五百廿八文
一　四拾三貫九百六十六文　高辻領家方
此内
拾壱貫弐百四十七文　定不作ニ引
五百文　皆河成
九貫弐百五十文　畑方夏毛

此内弐貫百卅三文　損免ニ引、右衆書立有
此取四貫三百四十七文　四ッ七分取
弐拾弐貫九百六十九文　秋毛田畠
此取拾貫三百卅六文　四ッ半取、右同断
取以上拾四貫六百八十三文
此ひた五拾八貫七百四十四文

特徴としてまずあげられるのが、前年以上に「損免」「不作」「河成」等の減免高が大きくなっている点である。「高辻領家方」では、「定不作」「皆河成」「損免」等が引かれた結果、「夏毛」は「四ッ七分（四割七分）取」、「秋毛」は「四ッ半（四割五分）取」とあって、実際の取高は「高辻」の半分以下にまで減少している。同様に、「高辻地頭方長宝寺分」でも「弐ッ半（二割五分）引」とあり、「高辻地頭方」では「定不作」として二割が引かれ、残る「八ッ（八割）取」が納入分となっている。

これは「塩浜年貢」でも同様である。「地頭方」「領家方」でそれぞれ「亥之増」「子年之増」が計上され、塩田開発にともなう新規徴収分が毎年発生していることがうかがわれるが、同時に「亥年より河成」「子之河成」という記載から、名請人（年貢納入責任者）単位で「河成」分を集計し、前年（亥年）の分を繰り越すと共に、この年（子年）に被害を受けた分も新たに減免としていることがわかる。また「塩浜年貢」では、天正十三年分と同じ率で「壬銭（閏銭）」が賦課されているが、前回とは異なり、「河成」を引いた分を基準値としている。

次に、これらの減免分を集計する際、「浄光」の「見取」（検分）を受け、その「書立」を根拠として減免を申請している点が注目される。これらの「不作」分はすべてが減免分として認められたわけではなく、「不作見取所浄光・栄能書立分」とあるように、「浄光・栄能」の「見取」を受けたうえで改めて加算され、年貢徴収の対象とされている。

以上、天正十年～十六年までの年貢勘定書の記載内容について概観した。次項では、これらの分析を基に、大名側と村落側の年貢収取をめぐる諸問題を考察していきたい。

二、年貢納入をめぐる問題

まず、当該期の宇布見郷の知行形態から、年貢納入の問題について検証したい。従来は、北島正元氏[8]・煎本増夫氏[9]・和泉清司氏[10]らのように、宇布見郷の「地頭方」は徳川家臣の給地、「領家方」は徳川氏の直轄地として、空間的に分離していたとする見解が一般的であった。これに対して、谷口氏は鐚・塩年貢を給人分、米・麦年貢を徳川氏の直轄分と定義し、本多氏は天正十六年分の年貢がすべて「蔵入」であることを根拠に、天正十年代の宇布見郷が全郷蔵入地（徳川氏の直轄地）であったと主張している。

以上の問題点を整理すると、宇布見郷は全郷直轄地か、あるいは徳川家臣と直轄地の相給であったか、また後者であるならば、給人は誰であったのかということになろう。また、年貢勘定書の対象地域は宇布見郷だけでなく、山崎（浜松市中央区）・人見（同）の両郷も含まれており、これらの村落も含めた検証が必要であると考える。

当該地域は中世の浜松庄に当たり、今川領国下では中安氏（「中村文書」静7三一一一・三一一八・三一五三）・松下氏（「川口七郎右衛門家蔵文書」静7三六二〇）などの知行地であった。徳川領国下の段階では、江馬一成が検地実施後の天正十八年一月に山崎郷の一部を安堵されている（「紀伊国古文書所収藩中古文書」静8二三二一）。これは父の江馬時成が、永禄九年（一五六六）に「山崎塩浜五十貫、人見之郷米百俵」等を「引間本領」として安堵されたことを引き継いだものである（「和歌山東照宮文書」愛11四七五）。

以上のことから、少なくとも山崎郷の塩年貢は江馬氏の給分であったことがうかがえる。また、宇布見郷の鎮守である息神社（米大明神）で天正十四年に作成された棟札（静8一八四四）に「御奉行本田作左衛門殿、代官中村源左」とあり、徳川氏が本多重次を奉行として直轄支配を行い、中村源左衛門が代官として村落運営にあたっていたことがわかる。よって、宇布見郷については、徳川氏の直轄地であった可能性が高く、勘定書に記載された年貢は、徳川氏の直轄分と給人分をまとめて徴収したものと考えられる。このようにして徴収された年貢を集積する施設として設けられていたのが、徳川氏の「御蔵」であった。

戦国期の「蔵」の機能については、阿部浩一[11]氏らにより、大名の「蔵入地」＝直轄領における年貢収取や財政状況、地域経済のあり方などを明らかにする試みが行われている。しかし、これらの成果は関東の北条領国、あるいは畿内近国の事例に限られ、東海・甲信地域についてはほとんど解明されていないのが実情である。そこで次に、年貢の納入先としての「御蔵」とその機能について考える。

表1からも明らかなように、天正十年から十二年の間は、すべて市野某[12]（市越）・松下孫十郎伊長が受取先になっている。具体的には、天正十年分の塩年貢に「御台所」とあるように、徳川氏の本城である浜松城内の「御蔵」であったと考えられる。

表1　宇布見郷年貢納入先一覧（天正10～16年分）

年号	鐚年貢	米年貢	麦年貢	稗年貢	塩年貢
天正10	（鐚）市野殿・松孫十郎殿 （代方米）市野殿・松孫十郎殿	市野殿・松孫十郎殿		市越・松孫十	市越・松孫十郎殿（御台所へ渡申候）
（未進分）	市越・松孫十				市野殿・孫十郎殿
11	市越・松孫十	市越・松孫十		市越・松孫十	市越・松孫十 尾奈九兵（梅つけニ入）
（未進分）	（不明）	市越・松孫十殿		市越・松孫十殿	右両人（市越・松孫十）
12	市越・松孫十	市越・松孫十		市越・松孫十	市越・松孫十 瓦乗九兵衛（御城梅干ニ入）
（未進分）	右両人（市越・松孫十）	いちの殿・松孫十郎殿			市野殿・松孫十郎殿
13	市越・松孫十	市越・松孫十	市越・松孫十		市越・松孫十
（未進分）	右之未進早束**御蔵**江可被為納者也、				
15	松下孫十・宗円 宗円・久左	**吉美御蔵（五郎兵へ・和泉）**	**浜松御蔵**		孫十・宗円 宗円・久左 尾奈九兵（是ハ梅法師ニ入）
（未進分）	宗円・久左				
16	**浜松御蔵（宗円・久左）**	**吉美御蔵**（蔵衆）	**浜松御蔵**	**浜松御蔵**	**浜松御蔵**（此内1俵おな九兵）
（未進分）	**浜松御蔵（宗円）**	（不明）			**浜松御蔵**

実際に史料上で「御蔵」が初めて見られるのは天正十三年の未進分からである。続く十五年の段階では、鐚・塩の納入先は「孫十・宗円」と「宗円・久左」となっており、米は「吉美御蔵」に、麦は「浜松御蔵」に納めるよう定められている。そして翌十六年に、鐚・塩も「浜松御蔵」が納入先となったことで、初めてすべての年貢が完全に「蔵入」となったことがわかる。天正十五年以降の各「御蔵」には「蔵衆」がおり、吉美（湖西市）では「五郎兵へ」と「和泉」、浜松では「宗円」と「久左」がその任にあたっていた。彼らは安方・中谷らの下で各村落から集められた年貢を受け取り、管理する役割を有していたと考えられる。

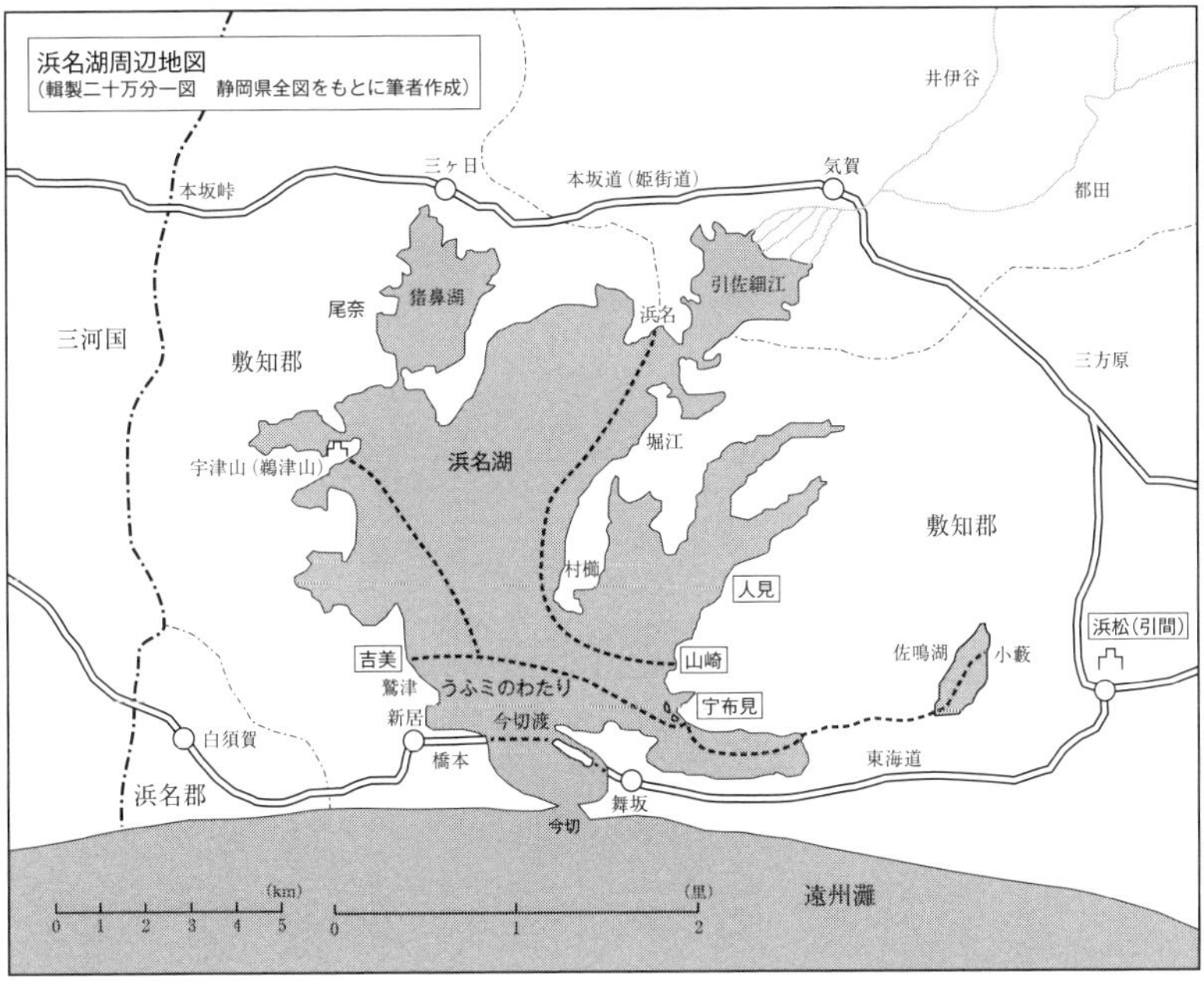

浜名湖周辺地図

では、「御蔵」はどのような経緯で設置されたのか。一つは当該地域の流通の問題が考えられる。宇布見郷は東方の浜松と西方の吉美まで、いずれも二里ほどの距離である（地図を参照）。宇布見と吉美は浜名湖の水運（うふみのわたり）[13]で結ばれており、天正五年には吉美郷の年貢のうち給人分を宇布見まで運び（おそらく納入先は浜松城と推測される）、蔵入分を吉美の「蔵」に納入するよう定められている[14]。すなわち、「吉美御蔵」は以前から郷内の年貢を集積する機能を有していたものを、天正十五年以降に周辺諸村落から納入された年貢を集積する施設として、徳川氏によって拡充・整備されたことが見て取れる。甲斐でも天正十五年の「五十分一役」徴収の際、納入先として三日市場（山梨県甲州市）の「御蔵」が設定されており（本書第1部第二章を参照）、徳川氏が五ヶ国という広大な領国を支配するにあたって、交通上の要地に「御蔵」を設け、年貢集積の拠点にしようとしたことがうかがえる。

もう一つの契機としては、前年の九月に家康が本城を浜松から駿府へ移したことがあげられる[15]。家康の駿府移転は当然家臣団の大幅な移動をともない、多くの奉行人・給人が浜松から駿府へ移住したと考えられるからである。すでに五ヶ国領有期の徳川領国では、多くの徳川氏の給人が在所を離れ、各地の城下町に集住していたことが煎本増夫氏[16]によって指摘されている。戦国期の大名給人は、知行地に居住して村落から直接年貢を収取する形が基本であったが、当該期の徳川領国では城下に集住し、在地から遊離する給人も多く存在していたと考えられる。また、天正十七年に徳川領国内の各村落に一斉発給された「七ヶ条定書」でも、年貢納入先の範囲は五里以内と定められている（本書第1部第三章を参照）。給人が家康に従って駿府へ移った場合、五里以上の遠方に居住していることになり、そこまで年貢を運搬することは、村落側にとっては大変な負担となることから、浜松城に代わる新たな年貢納入先として、各地に「御蔵」が設置されたのではないか。吉美や三日市場の「御蔵」はこのような目的で設置されたものであり、「浜松御蔵」は以前から浜松城内にあった「御蔵」の機能を継承したものだったと考えられる。

先に、勘定書に記載された年貢が徳川氏の直轄分と給人分をまとめて徴収されたものと推測したが、山崎郷の塩年貢を給与されていた江馬氏が天正十年代に在村していたことを示す史料はなく、少なくともこの段階では在所から離れた所に居住していたと考えられる。知行地を離れていた（特に村落を一円知行していない）給人が村落から直接年貢を収取することは困難であり、大名の「御蔵」を介したほうが確実に年貢収取を実現することができたために、上記のような方法が採られていたのではないだろうか。

最後に「五十分一役」は、先学の研究の通り、天正十五年に初めて賦課された役であることが確認された。少なくとも宇布見郷の場合、「五十分一役」は「五十分一ニ引」とあり、「御蔵」への年貢納入分に含まれていない。詳しくは本書第1部第二章で述べているが、年貢徴収分とは別納である以上、徳川氏の単純な増収策ではなく、別の役負担である可能性が高いと考えられる。

三、当該期の地域経済と年貢納入体制

（一）年貢勘定書に見る収取のあり方

まず、知行高・年貢高と実際の納入方法について見ていく。天正十七・十八年に検地が実施される以前の徳川領国では貫高（永楽銭）、以後は俵高（米年貢）が基準とされている。これは年貢賦課の際も同じで、徴収分は永楽銭で表記されている。しかし、実際の納入は銭（鐚銭）・米・大豆・麦・稗など多岐にわたっていた。特に塩年貢は鐚銭と塩（現物）で納入され、鐚年貢も永楽銭一貫文＝鐚銭四貫文と、当該地域の貨幣流通に則した方法で納入が行われている。隣国の三河では、永楽銭一貫文＝鐚銭三貫文であったとする指摘[17]もあり、今後は当該期の流通と貨幣の問題についても検討していく必要があろう。

さらに、宇布見・山崎・人見三郷の特色として、浜名湖畔での塩生産があげられよう。塩年貢の用途については、「尾奈九兵衛」への納入分が「御城梅干ニ入」とあり、天正十三年分を除いて、十一年から十六年まで定期的に「御城」（浜松城）で梅干作りに利用されていた点が興味深い。この塩年貢に賦課されている「閏銭」の率は一定ではなく、

表２　年貢収取高の推移（天正 10 〜 16 年分）

年号	項目	鐚年貢（貫高）（永楽１貫文＝鐚４貫文）	米年貢（俵高）（1 俵＝３斗）	稗年貢（俵高）	麦年貢（俵高）	塩年貢（俵高）（1 俵＝１斗７升）
天正 10	納入分	909.361	191.1800	2.0500		96.0700
11	納入分	801.585	207.1150	2.2800		94.1450
12	徴収分	811.920	210.1100	5.1000	7.2000	96.0800
	減免分	0	0	0	0	**5.1200**
	納入分	811.920	210.1100	5.1000	7.2000	**90.1300**
13	徴収分	795.873	231.0000		9.0800	96.0800
	減免分	**36.480**	**7.0000**		0	**6.0800**
	納入分	**759.393**	**224.0000**		9.0800	**90.0000**
15	徴収分	※ 885.126	293.2200		8.1700	96.0800
	減免分	**170.008**	**30.1000**		0	**6.0800**
	「五十分一ニ引」	**14.302**	**5.1220**			
	納入分	**700.816**	**260.0980**		8.1700	**90.0000**
16	徴収分	※ 838.555	※ 308.1900	3.2700	13.2900	98.1200
	減免分	**155.920**	**56.0460**	0	0	**6.0000**
	「五十分一ニ引」	**13.653**	**5.1020**			
	納入分	**668.982**	**247.0420**	3.2700	13.2900	**92.1200**

注（1）天正 10 年分の鐚年貢は「代方米」の「代銭」を含む。
（2）未進分も各年の「納入分」に含む。
（3）15 年・16 年分の鐚・米の「徴収分」は、「減免分＋五十分一ニ引＋納入分」で計算した。

地域によって差が見られるが、これは各郷の塩生産高によって税率が決められていたためと考えられる。一方、徳川氏はこの時期、「検見」（検地）による増分（新浜）の把握と同時に、「閏銭」「萱銭」などの賦課を行い、税収入の増加を図ろうとしている様子が見受けられる。

しかし、表2を見ると、米年貢・塩年貢などは徴収高が増加しているものの、減免分も次第に増加しており、全体額の納入高はむしろ減少している。すなわち、村落側との相次ぐ減免交渉によって、結果的に徳川氏にとって増収になったのかどうか、疑わしいといわざるをえない。

（二）村落共同体による年貢納入体制

次に、年貢納入の時期と「損免」の獲得から見た、村（郷）請の状況について述べる。徳川領国では、「七ヶ条定書」の六条目に「請負之御納所、若大風・大水・大旱年者、上中下共以春法可相定」とあり、災害があった年には上・中・下（田畠の等級）とも、「春法」をもってそれぞれの納入高を定めるとある。実際に、遠江国豊田郡天竜村宿方では、検地によって確定した年貢高、二四三俵九合四勺五才から、「丑（天正十七年）ノ損免」として一一俵八升が控除され、「丑納」＝天正十七年分の年貢として残る二三一俵二斗二升二合四勺五才の皆済を命じられている（「磐田市教育委員会所蔵文書」静8二三四七）。これはまさしく、「七ヶ条定書」の六条目に基づき、大名側と村側が直接年貢減免交渉を行った結果であるといえる。

宇布見郷でも、「検見取」による不作地の検分が行われていることは、各勘定書の分析で前述した。ただしこの場合は、検分の結果、新たにその中から徴収分が算入されており、全部が不作分として認められたわけではなかった。さらに各年の勘定書の発給月を見ると、天正十二年・十三年分がその年の十二月に出されている他は、基本的に翌年の二〜三月である。天正四年分の吉美郷の年貢も、その年の九月から十二月が納入期限になっている。勘定書でも、「請取何枚」と複数枚の請取状が渡されており、それ以前に何段階かに分けて納入されていたことがわかる。

一方、天竜村宿方の史料にあるように、前年分の年貢皆済の最終期限は毎年二〜三月であった。実際の納入時期は二月から六月まで分かれているが、勘定書を見ると、「何日に渡」と後筆で書き加えられており、これらの未進分を納入する際に、皆済したことを示す意味で記入されたと考えられる。

次に、逃亡者が出た時の村落側の措置に注目したい。

史料七（斎藤氏論文、六号）

①壱貫六百文　失跡ニ引、但①八兵衛作人ほりの内やしき弐貫四百文納所可仕内②五百文ハ納所申候、又③三百文
者八兵衛いゑをうり候て出申、⑤残如此無納所也

天正十六年分の鐚年貢のうち二貫四百文が、八兵衛の「失跡」のため納入されなかった（①）。そのため村側は、まず五〇〇文をを納入し（②）、さらに当人の家屋敷を売った代金三〇〇文をこれに宛て（③）、残りの一貫六〇〇文は「失跡ニ引」＝未進分として扱い（④）、「納所なし」としている（⑤）。基本的に、「失跡」者の未進年貢は当人の財産を処分し、可能な限りで弁済させている様子が見受けられるが、こうした措置が村落の側で行われていることは興味深い事実である。

また、「失跡ニ引」で未進となった年貢分の扱いであるが、村、あるいは代官の中村源左衛門が立て替えていたのではないかと推測される。中村源左衛門は、宇布見・山崎・人見三郷から年貢を集積し、徳川氏への納入を請け負う責任者であり、「新浜」の開発を担う一方、自らも徳川氏に年貢納入義務を負っていた。同時に村落側の代表者として、大名権力（徳川氏）との交渉役を務める存在でもあった。

同時期の事例としては、天正十八年の徳川氏の関東転封後に信濃国伊那郡の領主となった毛利氏が、虎岩郷の有力百姓であった平沢道正を「郷代官」に任命し、虎岩郷内の年貢納入を請け負わせている（本書第2部第三章を参照）。関東の北条領国でも、大名に対する未進年貢は年貢請負人である代官の責任とされ、またそれだけの負担に耐えうるだけの経済力を持つ者が代官に任命されていた[18]。大名権力は彼ら「郷代官」を窓口として、新た

な役賦課や年貢減免など、村落との直接交渉を行っていたのである。

おわりに

最後に、宇布見郷年貢勘定書の分析結果から、当該期の徳川領国の年貢収取のあり方についてまとめる。まず、天正十年までは、「代方」など、今川氏の収取方法が踏襲されているが、天正十一年から十三年にかけて、「代方」の廃止、「見取」（検地）による増分（新浜）の把握など、前年分までの収取方法とは明らかな相違点が見られる。さらに、天正十五年から十六年には、「御蔵」の設置、「萱銭」等の小物成の賦課など、新たな年貢収取方法が構築されている。

従来の見解では、徳川氏がその領国内で村請制を確立したのは天正十七・十八年の検地実施後とされてきた[19]。しかし、本稿での検討により、宇布見郷では天正十年代から村請体制が見られることが明らかになった。それを具体的に示すのが、村落と大名権力との間で行われた年貢減免交渉である。例えば、「塩堤人足」に見られるような村入用の確保や、「新入戸明立免」のように、訴訟による開発地年貢の免除など、郷全体での交渉が行われている点や、損免・河成等、「不作分」の把握が年々増加している点が注目されよう。ここからもまた、大名権力と村落の双方の合意の下で年貢納入が行われていた状況を垣間見ることができるのである。すなわち、天正十年代は徳川氏の領国支配の画期であり、検地の実施と「七ヶ条定書」の交付はその集大成であったと位置づけられよう。

註

（1）『静岡県史料』第五輯、五九二頁。
（2）斎藤新「浜松の中世から近世初頭にかかわる文書資料」（『浜松市博物館報』十四号、二〇〇一年）。本論の執筆にあたり、筆者も浜松市博物館で原本を閲覧して翻刻の確認を行った。
（3）谷口央「家康の上洛と徳川権力―五十分一役の理解を通じて―」（『幕藩制成立期の社会政治史研究』校倉書房、二〇一四年。初出二〇〇二年）。以下、谷口氏の見解は本論による。
（4）本多隆成「徳川氏五十分一役と宇布見郷年貢勘定書―谷口説をめぐって―」（『初期徳川氏の農村支配』吉川弘文館、二〇〇六年。初出二〇〇三年）。以下、本多氏の見解は本論による。
（5）本多隆成「初期徳川氏の五カ国総検地」（『近世初期社会の基礎構造』吉川弘文館、一九八九年。初出一九八〇年）。
（6）有光友學「今川氏の年貢収取体制―「米方・代方制」と「貫文制」―」（『戦国大名今川氏の研究』吉川弘文館、一九九四年。初出一九八七・一九九〇年）。以下、有光氏の見解は本論による。
（7）平山優「戦国期東海地方における貫高制の形成過程―今川・武田・徳川氏を事例として―」（『武田氏研究』三七・三八号、二〇〇七・二〇〇八年）。以下、平山氏の見解は本論による。
（8）北島正元『江戸幕府の権力構造』（岩波書店、一九六四年）。
（9）煎本増夫「五ヵ国時代の徳川常備軍の進展」（『幕藩体制成立史の研究』第二章第一節、雄山閣、一九七九年）。
（10）和泉清司「五ヵ国時代の領国形成と支配」（『徳川幕府成立過程の基礎的研究』文献出版、一九九五年。初出一九九四年）。
（11）阿部浩一「戦国大名領下の「蔵」の機能の展開」（『戦国期の徳政と地域社会』（吉川弘文館、二〇〇一年。初出一九九四年）。
（12）市野氏で「越」（越前・越中・越後）の受領名を持つ者は他の史料中に見られないが、松下孫十郎と同じく、当該期における徳川氏の奉行人の一人と考えられる。
（13）阿部浩一「中世浜名湖水運と地域社会」（藤原良章・村井章介編『中世のみちと物流』山川出版社、一九九九年）、同「中世浜松の物流と都市」（『浜松市博物館報』十四号、二〇〇一年）。
（14）「随庵見聞録」（『浜松市史』資料編二、四二三頁）。

（15）『家忠日記』天正十四年九月七日条に「殿様（家康）来十一日ニ駿府御屋渡りニ今日七日ニ御越候」、同十一日条に「御屋渡り之御祝言申候」とあり、家康がこの年の九月七日に浜松を出発し、十一日に駿府への移転が完了したことがわかる（『増補続史料大成』第十九巻、臨川書店、一九八一年）。
（16）煎本増夫『幕藩体制成立史の研究』（雄山閣、一九七九年）。
（17）新行紀一「豊臣大名徳川家康」（『新編岡崎市史』2　中世、第四章第三節、一九八九年）。
（18）則竹雄一「大名領国制下における年貢収取と村落」（『戦国大名領国の権力構造』吉川弘文館、二〇〇五年。初出一九九三年）。
（19）前掲註（3）。

第二章　「五十分一役」の再検討

はじめに

「五十分一役」とは、天正十五年（一五八七）から翌十六年にかけて、徳川氏が領国内の給人・寺社領から「面付五十分一」を徴収した役とされている。[1] 村上直氏[2]はこれを「豊臣政権による北条攻めを控えた徳川氏が領国内に賦課した臨時的な役」として評価し、北島正元氏[3]・本多隆成氏[4]も、天正十七年から十八年にかけて実施された検地（五ヶ国総検地）の前に「五十分一役」が徴収されていたことを取り上げ、給人・寺社領の高を算定するための判断材料として使われた点を重視している。

また和泉清司氏[5]は、甲斐における「五十分一役」の問題を検討し、給人領に懸かる「五十分一役」を「地頭役」、寺社領に懸かる「五十分一役」を「代官役」と分類している。上記の研究では、「五十分一役」を検地の実施前に行われた役賦課の一つとして扱っており、徳川氏の領国支配をめぐる議論の中では、それほど重視されていなかった。

これに対して、新行紀一氏[6]は「五十分一役」が徴収された天正十五年を徳川氏による総検地の開始時期として評価し、徳川氏が検地の前段階として領国内の給人・寺社から「指出」を提出させ、この保証金として「五十分一役」を徴収したと述べている。新行説は、五ヶ国領有時代の徳川氏が実施した検地の評価をめぐる議論の中で

「五十分一役」の再評価を行ったものであり、近年ではこれを批判的に継承する形で、本多氏[7]と谷口央氏[8]の論争が行われている。

本多氏は、豊臣政権の「関東惣無事」令の執行役に任ぜられた家康が、自らの財政的・軍事的な基盤を強化するため、天正十五年段階の知行高を基に、同年と翌十六年に「五十分一役」の徴収を行ったとして、「五十分一役」と検地との直接の繋がりを否定している。

一方、谷口氏は、三河では天正十五年・十六年分の「五十分一役」が同十六年・十七年に徴収されていた点、甲斐では「五十分一役」の請取状が検地に代わる「指出」として機能した点を重視して、「五十分一役」を「公儀」（豊臣政権）を背景とした領主権力（徳川氏）による「御公役」であり、最終的には徳川氏による総検地に発展的に継承されたと評価している。

しかし、これまでの先行研究では、史料上の性格から「五十分一役」徴収の目的や用途、あるいは天正十七・十八年にかけて実施された検地との関連性が重視され、「五十分一役」の基本的性格、特に実際の徴収方法や負担者などに関する事実関係の解明は行われてこなかった。そこで本章では、以上の問題点を踏まえて、「五十分一役」に関する史料が最も多く現存し、かつ徳川氏にとって新征服地であり、その政策施行が比較的見えやすい地域である甲斐の事例を中心に、「五十分一役」の再検討を行いたい。

一、「五十分一役」の徴収方法

天正十五年・十六年に甲斐国内で発給された「五十分一役」の関連史料は、八例分、計一四点が現存している（［表］No.1〜14。以下本論では、関連史料を表中の番号で表記する）。ここでは、従来の先行研究で一律に扱われている給人領・寺社領の事例をそれぞれ再検討し、「五十分一役」賦課の具体例を明らかにしたい。

奉行人	出典	
大十兵・雨次・小民・板喜	旧平岡村中込清左衛門旧蔵文書	山 4-1373
本兵・小民・雨次・板喜	旧平岡村中込清左衛門旧蔵文書	山 4-1372
大十兵・石新・小民	乙骨由緒書	代 -3
大十兵・小民・雨次・板喜	乙骨由緒書	代 -12
大十兵・小民・雨次	木村家文書	山 5-516
本兵・小民・雨次・板喜	木村家文書	山 5-519
大十兵・大主・石新	甲斐国志上巻	代 -2
大十兵・大主・石新	旧中萩原村萩原治武左衛門旧蔵文書	山 4-433
大十兵・石新・板喜	旧中萩原村萩原治武左衛門旧蔵文書	山 4-434
大十兵・大主・石新	慈照寺文書	山 4-1261
八幡別当	慈照寺文書	山 4-1263
大十兵・小民・雨次	慈眼寺文書	山 5-3131
八幡之別当	慈眼寺文書	山 5-3134
石八左・大主・板喜	巨摩郡古文書	代 -9

表　甲斐の「五十分一役」

No.	徴収日	宛所	在所名	知行・寺領高	面付五十分一	納入日	納入分
1	亥（天正15）.10.14	久能衆 中込次郎左衛門	中野・平岡・吉田郷・桃曽祢（南アルプス市）	5貫500文	115文	亥（天正15）.11.21	籾子1斗1升5合
2	子（天正16）.10.17	中込次郎左衛門			115文	戊子（天正16）.11.20	籾子
3	亥（天正15）.10.24	五味太郎左衛門尉	塚河・村山（北杜市）	10貫文	200文	丁亥（天正15）.11.8	籾1俵
4	子（天正16）.10.17	五味太郎左衛門尉			200文	戊子（天正16）.11.8	籾子
5	亥（天正15）.10.24	保科喜右衛門	万力（山梨市）・蛇嶋（笛吹市）他	20貫文（ママ）	306文	亥（天正15）.11.16	籾1俵1斗6合
6	子（天正16）.10.17	保科喜右衛門			306文	戊子（天正16）.11.28	籾子
7	亥（天正15）.10.24	二科次大夫	塩後（甲州市）	10貫600文	212文		
8	丁亥（天正15）.10.25	萩原源左衛門尉	萩原郷（甲州市）	32貫500文	650文	丁亥（天正15）.11.5	籾30俵5升
9	子（天正16）.10.17	萩原源五左衛門尉			650文	戊子（天正16）.11.15	
10	亥（天正15）.10.28	原半（原半左衛門）	嶋下方・志田（甲州市）・堀内（甲府市）	5貫600文	138文	亥（天正15）.11.18	籾子1斗3升8合
11		西山之慈照寺			138文	子（天正16）.10.26	籾子
12	（天正15）.10.29	田勘	一宮郷（笛吹市）	10貫700文	214文	丁亥（天正15）.11.5	籾1俵1升4合
13		ちけん寺（慈眼寺）			214文	子（天正16）.11.8	籾
14	子（天正16）.10.17	田中兵部丞	鼻輪・藤巻（田富町）・向山（中道町）	20貫文（ママ）	190文	戊子（天正16）.11.18	籾

注（1）出典…「山4」＝『山梨県史』資料編4中世1（県内文書）、「山5」＝同資料編5中世2（県外文書）、「代」＝和泉清司編『江戸幕府代官頭文書集成』（文献出版、1997）。各数字は史料番号。

（2）在所名および知行・寺領高は、『山梨県史』資料編の他、中村孝也編『徳川家康文書の研究』上巻（日本学術振興会、1958）の収録史料から引用した。

「ママ」は知行・寺領高の50分の1と、「五十分一役」の徴収額が一致しない例である。

（3）奉行人…「大十兵」「本兵」＝大久保長安、「雨次」＝雨宮忠長、「小民」＝小宮山民部丞、「板喜」＝板見（伊丹）康勝、「石新」＝石原守明、「大主」＝大野元貞、「石八左」＝石原八左衛門。

（一）甲斐の給人領からの徴収

【史料二】（№8、傍線部筆者、以下同）

（a）面付五拾分壱積六百五拾文、（b）為地頭役三日一場（市）御蔵江可有進納候、（c）来月廿過候者、可有切銭者也、

亥（天正十五年）

十月廿五日

大十兵（大久保長安）（印影）

大　主（大野元貞）（印影）

石　新（石原守明）（印影）

萩原源（五脱）左衛門殿

（別紙）

御朱印

（d）右六百五拾文、籾参拾（ママ）俵五升納相済者也、

丁亥（天正十五年）

十一月五日

御朱印

給人に対する「五十分一役」の徴収は、すべて史料一のように、貫高で提示された「面付五十分一」（a）を、「地頭役」として納入先が指定され（b）、翌月二十日までの納入期限（c）が定められて、納入が完了した時点で、

文書の余白や裏面、あるいは別紙に、皆済したことを示す書き込みと捺印を行う方式が採られている（d）。

萩原源五左衛門の場合、天正十五年十月に「面付五十分一」にあたる六五〇文を、「地頭役」として翌月二十日までに三日市場（甲州市）の「御蔵」へ納入するよう命じられ、翌月にこの六五〇文分として、籾米三〇俵五升（三俵五升ヵ）を納めている。では、この「面付五十分一」は何を基に算定されたのか。

萩原源五左衛門は天正十年十二月に萩原郷（同前）で三二貫五〇〇文（定納で二〇貫文と籾米五〇俵）を宛行われている（「保坂家文書」山4四五六）。翌年閏正月に作成された萩原郷内の貫高書上（同前、山4四五七）でも、萩原の給分として三二貫五〇〇文が記されており、六五〇文はこの五十分の一にあたる額であることがわかる。他の給人・寺社についても、八例のうち、保科喜右衛門（No.5、6）と田中兵部丞（No.14）を除く六例で、宛行状・安堵状の額の五十分の一と「五十分一役」の数値が一致している。ここから「五十分一役」が、徳川氏が甲斐を占領した天正十年から十一年の段階で確定した、給人・寺社領の高辻＝「面付」を基準として算出されていたことがわかる。

次に、「五十分一役」の発給日や納入日について見ると、天正十五年は十月下旬、翌十六年は十月十七日に一斉に賦課され、翌月中旬までには納入を終えている。徴収の際に示された基準は貫高であるが、一俵＝二斗、一斗あたり百文で換算され、実際の納入はすべて籾米で行われていた。納入日を考えると、その年に収穫された籾米が使われたのであろう。納入先は三日市場など、交通の要衝や領国の拠点に設置された「御蔵」であり、甲斐では和泉氏の指摘の通り、武田旧臣の奉行衆が徴収に関わっていたことがわかる。

（二）甲斐の寺社領からの徴収

【史料二】（No.10）

北山筋西山之郷
(a)百三十八文　　慈照寺

已上

右面付五十分一之積、(b)為代官役早々可有進納之由、堅可被相触者也、

（天正十五年）亥　　　　大十兵（印略影）
　　十月廿八日　　大　主（印略影）
　　　　　　　　　石　新（印略影）
　　　　　　原半

（裏書）
(d)右分ニ籾子壱斗三升八合納相済者也、
（朱印略影）
同
　　十一月十八日（朱印略影）

史料二は天正十五年十月に、西山郷（甲斐市）慈照寺領の五十分の一にあたる一三八文（a）を「代官役」として納入を命じたもので（b）、翌月には籾米一斗三升八合の納入が行われているが（d）、納入先と納入期限（c）

は明記されていない。

　これまでは、寺社領の「五十分一役」に関する史料で活字化されていたのが、史料二の一点だけであった。そのため、和泉氏はこれを根拠として、給人領に懸かるものを「地頭役」、寺社領に懸かるものを「代官役」と分類しており、本多・谷口両氏もこの説を踏襲している。しかし、この文書は徳川氏の奉行である「原半」（原半左衛門）に対して発給されたものであり、慈照寺が「代官役」を負担していたという証左にはならない。また、寺社領から徴収された「五十分一役」が「地頭役」とされている史料も現存している。

【史料三】（№12）

　　　一之宮之
(a)弐百拾四文　　慈眼寺
右面付五十分一之積、(b)為地頭役早々御蔵へ進納可有之由、堅可被相触候、(c)過来月廿日可有切銭候、
　　十月廿九日　　大十兵（黒印）
　　　　　　　　小　民（小宮山民部丞）（黒印）
　　　　　　　　雨　次（雨宮忠長）（黒印）
　　田勘
（紙背）
(d)「右弐百拾四文分ニ、籾壱俵壱升四合納、相済候也、
（朱印）丁亥（天正十五年）

十一月五日（「福」朱印）」

史料三は、「田勘」に対して、一宮郷（笛吹市）慈眼寺領の五十分の一にあたる二一四文の納入を命じたものだが、「五十分一役」の賦課が「地頭役」とされている他は、史料二と同内容である。史料三の宛所の「田勘」は、慈眼寺領の夫銭徴収にも関わっており（「慈眼寺文書」山５三一三五）、史料二の原半左衛門や慈照寺領の棟別銭徴収（「慈照寺文書」山４二二六〇・二二六二）に携わっていた「山三」、「岡藤」、「窪勘」（窪田勘右衛門）らと共に、甲斐国内の寺社領から年貢・諸役徴収を担当していたと考えられる[9]。給人領と寺社領に対する「五十分一役」の徴収方法の違いは、給人領では給人自身が領内の村落から「五十分一役」を徴収していたのに対して、寺社領では原や「田勘」のような奉行衆が徴収を代行していた点にある。

「五十分一役」を「代官役」としている事例は、「五十分一役」の関連文書十四点の中で慈照寺（史料二）の一点しかない。また、慈眼寺（史料三）の方が、貫高による「面付五十分一」の提示（a）、「地頭役」として納入先を指定（b）、翌月二十日までの納入期限（c）、皆済を示す書き込みと捺印（d）、というように、基本的な形式として整っている。このことから考えると、「五十分一役」を「代官役」として徴収するのは例外的な事例であり、寺社領に対して賦課される「五十分一役」も、基本的には「地頭役」であったといえる。

次に、天正十六年分の「五十分一役」徴収について見ていく。給人領では天正十五年・十六年とも徴収方法はほぼ同じであるが、寺社領では、前年とはまったく違った方法が採られていた。

【史料四】（№13）

御寺領面付

仁百拾四文　籾請取者也、
（割印）　八幡之別当（黒印）
子（天正十六年）十一月八日
ちけん（慈眼）寺

史料四は天正十六年分の「五十分一役」として、慈眼寺領から徴収された二一四文分の籾米の請取状で、慈照寺領（No.11）でもまったく同じ方式が採られている。いずれも「五十分一役」の納入を命じた文書はなく、請取状だけが現存する。また、給人領からの徴収を前年と同じ徳川氏の奉行人があたっていたのに対し、寺社領では「八幡之別当」が「五十分一役」の徴収にあたり、寺社に対して直接請取状を出している。

このように、「五十分一役」は基本的に「地頭役」であり、知行高の五十分の一にあたる額が地頭（給人・寺社）に対して賦課されていた。ただし、給人領と寺社領では担当する人物が異なり、また寺社から徴収された「五十分一役」は、天正十五年と十六年で徴収方法が異なっていたことがわかる。

二、「五十分一役」徴収の基準

前項では、大名（徳川氏）と地頭（給人・寺社）との関係で「五十分一役」の徴収方法を論じてきた。しかし、領国内の村落からどのように「五十分一役」が徴収されたのかという点については、新行氏が「給人に賦課された「五十分一役」はそのまま領内の百姓層に転嫁された」と述べているだけであり、これまで深く追究されてこなかった。そこで本項では、地頭と村落の関係を中心に、「五十分一役」の徴収方法を見ていきたい。

【史料五】（「楓軒文書纂」所収文書」山５八九〇）

亥之年五十分一納所之覚

一、弐百弐拾四俵壱斗三升五合（下方升三斗入）　岩淵

此五十分一

四俵壱斗四升六合七勺

一、百拾俵弐斗五升　同右表　寺尾

此五十分一

弐俵六升五合

甲州

一、百四拾俵　同右表　浅原之改替

此五十分一

弐俵弐斗四升

但、甲州分者、国升籾弐斗入壱俵を六合引積り、米下方三斗入壱俵ニ直シ、如此之御積り也、

合四百七拾五俵八升五合　下方三斗入

已上、

十一月十三日　佐野兵左衛門尉

佐野兵左衛門尉君弘は穴山氏の重臣で、天正十三年十二月に駿河国庵原郡由井（静岡市清水区）・寺尾（同前）で二五貫文、同郡岩淵（富士市）で五〇貫文、甲斐国巨摩郡浅原（山梨県南アルプス市）で三五貫文を徳川氏から安堵されている（「楓軒文書纂」所収文書」山５八八八）。

史料五は、佐野氏の知行地から徴収された「五十分一役」を岩淵・寺尾・「浅原之改替」の郷単位で書き上げたものである。なお、「浅原之改替」は、天正十七年の知行書立（「楓軒文書纂」所収文書」山５八九一）にある中野郷（南アルプス市）と同額であることから、天正十五年の段階ですでに替地を宛行われていたと考えられる。史料六で特に注目すべき点は、駿河の岩淵郷と寺尾郷から徴収した分で、東海地域の基準枡である下方枡を使用しているのに対して、「浅原之改替」（中野郷）では甲斐の「国枡」（甲州枡）が使われているため、下方枡で計算し直していることである。ここでの換算方法は、甲州枡（二斗入）一俵を「六合引」[10]（六〇％）とした量、すなわち一斗二升と、下方枡（三斗入）一俵を同等としていることがわかる。

史料五の存在から、「五十分一役」が三河・遠江・甲斐の他に、駿河でも賦課されていたことが明らかになった。また、甲斐と東海地域の三ヶ国（三河・遠江・駿河）では枡の基準が異なるため、知行地が双方の地域にまたがる場合は、甲斐で徴収された「五十分一役」を、甲州枡から下方枡に計り直した上で納入していた。このように、「五十分一役」は統一的基準による役として、徳川領国内から賦課されていたのである。

ただし、表を見ても明らかなように、甲斐における「五十分一役」の賦課対象地域は、徳川氏の直接支配領域である国中領（甲府盆地周辺）に限られている。また、新行氏は信濃国伊那郡虎岩郷（飯田市）の「本帳」に記載されている「天役」を「五十分一役」と評価しているが、この見解が妥当でないことは前稿（本書第２部第三章）

で明らかにしている。以上の結果から、「五十分一役」は、甲斐の郡内領・河内領や信濃など、有力国衆の支配領域に対しては賦課されていなかったことがわかる。このように、五ヶ国領有期の徳川氏は、「五十分一役」の徴収を通して、統一的基準による役賦課を指向していたが、実際には支配領域の制限に阻まれて、領国全体から「五十分一役」の徴収を行うことは不可能だったと考えられる。

　次に、村落側の史料から「五十分一役」徴収の問題について見ていきたい。ただし、甲斐には関連史料が現存しないため、遠江・三河などの事例を用いて検討を行う。

【史料六】（「中村文書」静８一九五九。前後略）

ひた《（鐚）》合七百拾五貫百十八文
　此内
拾四貫三百二文　　五十分一ニ引、
　此五十分一納うけ取有（黒印）
（中略）
米合弐百七拾表《（俵、以下同）》壱斗弐升
　但法物者代官分ニ被下候也、
此内
五表壱斗弐升弐合　　五十分一ニ引、
　此五十分一円済うけ取有（黒印）

史料六は、徳川氏の直轄地であった遠江国敷智郡宇布見郷（浜松市中央区）の天正十五年分の年貢勘定書(11)のうち、「五十分一役」に関わる部分を抜粋したものである。勘定書全体の分析については別稿（本書第1部第一章）で行っているため、ここでは年貢高と「五十分一役」との関連について見ていきたい。

鐚年貢では、天正十五年の納入分として七一五貫一一八文が記され、その五十分の一に当たる一四貫三〇二文が「五十分一ニ引」として差し引かれている。米年貢でも同様に、納入分（二七〇俵一斗二升）の五十分の一にあたる額（五俵一斗二升二合）が「五十分一ニ引」とされ、その年の年貢から差し引かれている。これらの分は、「此五十分一納うけ取有」と記載されていることから、徳川氏に納入される年貢とは別に徴収されたと考えられる。

宇布見郷では、翌天正十六年にも「五十分一役」の徴収が行われ、鐚年貢（六八二貫六三五文）の五十分の一（一三貫六五三文）と、米年貢（二五二俵一斗四升四合）の五十分の一（五俵一斗二合）が年貢納入分から差し引かれている。ここから、村落から徴収される「五十分一役」の額は毎年一定ではなく、その年の年貢高を基に算定されていたこと、損免などの控除分を差し引いた最終的な納入高の五十分の一にあたる額が「五十分一役」として徴収されていたことがわかる。また逆に、徳川氏から見れば、納入高の五十分一にあたる額を差し引いた結果、宇布見郷から収取した年貢も五十分の一だけ減少したことになる。

【史料七】（「田原市渥美郷土資料館所蔵文書」愛12一五七〇、前後略）

田畠寄合壱万九千弐百歩
此代合六拾四貫弐文
此取俵参拾五表（俵）三升六合五勺一才

但畠納所ハ斗米之勘定ニ飛手（鐚）銭を以可納也
一亥の五十分一合地頭へ可納分
拾三俵壱斗地頭へ可納也、但升延共ニ如此
以上
残而弐拾壱俵弐斗三升六合五勺壱才
此内
御公方へ納分
引残而　廿壱俵壱升八合七勺一才

史料七は、徳川氏の奉行人である彦坂元正が、三河国渥美郡亀山村（田原市）に対して発給した天正十七年分の年貢目録のうち、「五十分一役」に関わる部分を抜粋したものである。ここでは、谷口氏が指摘する通り、「亥の五十分一」が地頭への納入分に含まれ、年貢高の五十分の一にあたる額が「御公方」（徳川氏）への納入分から差し引かれている。以上の点から、「五十分一役」は二％（五十分の一）の増徴分として村落側に転嫁されたのではなく、地頭（直轄領であれば大名、知行地であれば給人・寺社）がその年に徴収する年貢の五十分の一にあたる額が切り離され、村落単位で徴収されていたことがわかる。

すなわち、地頭側から見れば、従来の年貢収入から五十分の一を減額され、その分を徳川氏に納めていたことになる。これが、徳川領国内の給人・寺社が負担すべき役＝「地頭役」の実態であった。

三、給人・寺社領安堵と「五十分一役」

本項では、天正十七・十八年の検地実施後における「五十分一役」をめぐる問題として、検地後に一斉発給された知行書立・寺社領証文との関連について検討したい。

【史料八】（「深向院文書」山4―二三九五）

甲州西郡筋宮沢村新光院領之事

一、弐拾三表《（俵）》壱斗六升（黒印）　宮沢郷内ニ而

已上

右依有　御朱印、任五十分一員数如此、然者無相違可有所務者也、仍如件、

天正十八庚寅

正月十四日　伊奈熊蔵（版刻花押）

新光院

このような形式の安堵状は史料八の他に、松雲寺（「松雲院文書」山4―二三九一）と武田八幡宮（「法善寺文書」山4―二三六〇）にも同文のものがあり、日付も同一であることから、三ヶ所に対し一斉に発給されたことがわかる。史料八については、村上氏が「五十分一員数」に基づいて寺社領安堵を行っている事例として取り上げている。また谷口氏は、検地が実施されていない地域に限り、検地帳の代用として急遽「五十分一役」の数値を基に

安堵が行われたと述べている。

たしかに、徳川氏が甲斐国内で行った検地は、一蓮寺領（甲府市、「一蓮寺文書」山4三三）と大野寺領（笛吹市、「福光園寺文書」山4七七八）の二例しかない。また、天正十年・十一年段階と同十七年・十八年段階の数値を比較して、単純に一貫文＝四俵で換算している事例が、給人・寺社を問わず二五例を確認できることから、甲斐では従来の貫高表記をそのまま俵高に変更しただけの事例が多かったと考えられる（本書第1部第四章を参照）。よって、徳川氏が「五十分一役」に基づく安堵を行った理由を明らかにするには、別の視点からの分析が必要と思われる。そこでまず、給人・寺社に対する安堵状の基本的な形態との比較から、史料八の内容について考察を行いたい。

【史料九】（「慈眼寺文書」山4八二二）

甲州大石和筋慈眼寺領之事

一、四拾弐俵壱斗六升者（黒印）　一宮郷内ニ而

已上

①右依有御朱印、②任面付員数如此也、全可有所務候、③取高之外田畠上中下共ニ壱反ニ壱斗宛之夫銭有、④右之分百姓請負一札有之、仍如件、

天正十七己丑年

十二月七日　伊奈熊蔵（版刻花押）

慈眼寺

史料九では、一宮郷内における慈眼寺の寺領高を俵高で記した上で、「御朱印」（①、天正十年・十一年の宛行状・安堵状）と、「面付員数」（②）に基づいた寺領安堵を行い、さらに田畠一反につき一斗宛の夫銭（③）と、「百姓請負一札」（④）の存在を記している。①②とも若干の文言の相違はあるが、徳川氏が発給した知行書立・寺社領証文はすべてこの形式を採っている。

まず①は、徳川氏が慈眼寺に対して天正十一年に発給した安堵状（「慈眼寺文書」山４八二一）を指している。次に②は「五十分一役」徴収に関する史料を見ても明らかなように、天正十七年の段階における慈眼寺領の高辻を示すものである。また、③は検地の実施と同時期に徳川領国内の各村落に交付された「七ヶ条定書」の二条目に、④は六条目にそれぞれ対応している。特に④の「百姓請負一札」は検地の実施後、村落から大名（徳川氏）に対して請負証文の提出が行われたことを指している。このように、給人・寺社領の「面付員数」＝高辻の確定に際しては、検地の有無に関わらず、過去の宛行状・安堵状の他に、「七ヶ条定書」の交付と、村落からの請負証文の提出が必要とされたことがわかる。

では、史料八のように、「五十分一員数」を知行高確定の要素とした理由は何であったのか。一つは、史料八に「七ヶ条定書」の交付を示す夫銭（③）と、村落からの請負証文を提出を示す「百姓請負一札」（④）の文言がないことから、新光院（深向院）領の宮沢郷（山梨県南アルプス市）で、「七ヶ条定書」の交付と請負証文の提出が天正十八年正月の段階まで行われず、村高と「面付員数」＝高辻の確定ができなかったため、暫定的な措置として、過去に「五十分一役」として徴収した額の五十倍を寺領として認定したことがあげられる。この背景として、すでに豊臣政権による北条攻めが開始されており[12]、徳川氏としては、新たな役賦課を行うための基準として、早急に給人・寺社領の高辻を確定させておく必要があったと考えられる。

もう一つは、「五十分一役」の請取状の存在そのものが、給人・寺社領を安堵するための判断材料の一つとされていたことがあげられる。三河でも、天正十八年の知行書立・寺領証文発給の際に、過去の証文と「五十分一役」の請取状が必要とされたことは、すでに新行氏(13)が明らかにしている。例えば、満性寺(14)では「五十分一役」の請取状を紛失して天正十八年に寺領安堵を受けられず、後に発見された段階で寺領を回復している。また、大給松平氏（「松平乗承家蔵古文書」愛12―五九八）・深溝松平氏(15)の場合も、知行書立発給の前提として、過去の証文や「五十分之一之請取」の提出を徳川氏から求められている。

このように、「五十分一役」の請取状は、徳川氏が知行書立・寺社領証文を発給する際に、地頭の給地を把握するための手段として利用されていたことがわかる。また、甲斐では村高と給地高を確定できない場合、過去の「五十分一役」の請取状に記載された額を基に、安堵状を発給する場合もあった。ただし、こうした事例は現段階で甲斐の三点しか確認できず、本来の形式とは異なる特殊な措置であったと考えられる。

おわりに

給人・寺社に対して賦課された「五十分一役」は、すべて「地頭役」であり、給人領では給人自身が領内の村落から「五十分一役」を徴収していたのに対して、寺社領では徳川氏の奉行衆や「八幡之別当」なる人物が徴収を担当していた。その徴収方法は、毎年の年貢高から損免等の控除分を差し引いた納入分を基準として、その五十分の一にあたる額を差し引き、年貢とは別の分として徳川氏に納入されていた。これは給人・寺社領だけでなく、大名（徳川氏）の直轄領でも同様であり、「五十分一役」が徴収された結果、実際の大名・地頭の年貢収入は五十分の一だけ減少したことになる。よって、「地頭役」としての「五十分一役」は地頭（給人・寺社）自身に対して賦課された役であり、先行研究で言われているような、領内の村落に転嫁され、給人・寺社領だけ二パーセント（五十分の二）の負担増になったという見解や、徳川氏による増収策という見解はいずれも成り立たないことがわかる。

天正十五年に「五十分一役」が賦課された背景には、谷口氏が述べている通り、前年に徳川氏が豊臣政権に従属したことと無関係ではないだろう。徳川氏が豊臣政権への従属を契機として、家中統制の強化を計ろうとしたことは間違いない[16]。しかし、谷口氏のように、「五十分一役」を統一的な領国体制の下で行われた役賦課と見なすことには賛同できない。「五十分一役」は三河・遠江・駿河・甲斐の四か国に対し、下方枡を基準枡として徴収（甲斐では甲州枡を用い、下方枡との換算率を定めて徴収）された役であり、徳川氏が統一的基準による役賦課を指向していたことが確認できる。しかし、甲斐の郡内領・河内領や信濃など、有力国衆の支配地域から「五十分一役」の徴収は行われておらず、あくまで徳川氏が直接支配していた地域（甲斐では国中地域のみ）に限定された役賦課であったと考えられる。

天正十七・十八年に検地が実施された後、徳川氏が知行書立・寺社領証文を発給した際には、過去に徳川氏から発給された証文（宛行状・安堵状）と「五十分一役」の請取状、そして村落側の請負証文が必要とされた。このように、「五十分一役」の請取状は、知行書立・寺社領証文を発給する段階で、地頭（給人・寺社）の給地を把握するために利用されていたことがわかる。

次に、「五十分一役」と検地の関連についてだが、天正十七・十八年に作成された検地帳・年貢目録では、「五十分一役」の記述はまったく見られない。亀山村（史料七）の事例から、三河では一年遅れて天正十六～十七年に賦課されていたとする見解[17]もあるが、基本的に「五十分一役」は「五ヶ国総検地」の実施とは関係なく、北条攻めに関わる徳川氏の軍役賦課に転換され、天正十七年分以降の徴収は行われなかったと考えられる。よって、「五十分一役」の基本的な性格としては、豊臣政権下の徳川氏が「際限なき軍役[18]」に対応するため、特に豊臣政権による北条攻めを前提として、戦時の軍役賦課と同様に、領国内の地頭（給人・寺社）に対して賦課した「知行役」であったと結論づけることができる。

註

（1）『当代記』天正十七年条には「去年諸給人成物知行の内、五十分一を被召上、（中略）其成物高を以て被充行本主」とあり、「五ヶ国総検」の実施以前に「五十分一役」が賦課されていたことが明記されている（『当代記　駿府記』続群書類従完成会、一九九五年、五五頁）。

（2）村上直「天正十七・十八年における徳川氏の新政策の一側面について」（『日本歴史』一七四号、一九六二年）。以下、村上氏の見解は本論による。ただし、村上氏が「五十分一役」の前段階として挙げた甲斐武田氏の「地頭役」は、一蓮寺などの寺社から上務百貫文につき三貫文を徴収したものであり（「一蓮寺文書」山４二三、「早川家文書」山４五一九）、徳川領国下の「五十分一役」とは別の役賦課であったと考えられる。

（3）北島正元『江戸幕府の権力構造』（岩波書店、一九六四年）。

（4）本多隆成「初期徳川氏の五カ国総検地」（『近世初期社会の基礎構造』吉川弘文館、一九八九年。初出一九八〇年）。

（5）和泉清司「五ヵ国時代の領国形成と支配」（『徳川幕府成立過程の基礎的研究』文献出版、一九九五年。初出一九九四年）。以下、和泉氏の見解は本論による。

（6）新行紀一「徳川五か国検地研究ノート―五十分一役を中心に―」（『愛知県史研究』創刊号、一九九七年）。以下、特に断らない限り、新行氏の見解は本論による。

（7）本多隆成「徳川氏五カ国総検地の施行過程―新行説をめぐって―」（『初期徳川氏の農村支配』吉川弘文館、二〇〇六年。初出一九九九年）、同「徳川氏五十分一役と宇布見郷年貢勘定書―谷口説をめぐって―」（同上、初出二〇〇三年）。以下、本多氏の見解は本論による。

（8）谷口央「家康の上洛と徳川権力―五十分一役の理解を通じて―」（『幕藩制成立期の社会政治史研究』校倉書房、二〇一四年。初出二〇〇二年）、同「徳川氏の三河国支配と五十分一役」（同上、初出二〇〇五年）。以下、谷口氏の見解は本論による。

（9）『甲斐国志』では、原半右（左）衛門・窪田勘右衛門らを「催促衆」とし、「収納物ノ取立其外雑事」に携わる奉行であるとしている（佐藤八郎・佐藤森三校訂『甲斐国志』第四巻、雄山閣、一九七二年、一八七頁）。

（10）平山優氏は、下方枡と甲州枡の容積を計算した結果、この原則が近世の甲州枡と京枡の換算値である「六合摺」と同等であることを指摘している（平山優「戦国期東海地方における貫高制の形成過程―今川・武田・徳川氏を事例として―」『武田氏研究』三七・三八号、二〇〇七・二〇〇八年）。

（11）天正十年から十六年まで（十四年分は欠）の勘定書は、斎藤新「浜松の中世から近世初頭にかかわる文書資料」（『浜松市博物館報』十四号、二〇〇一年）で紹介されている。詳細は本書第1部第一章を参照。

（12）『家忠日記』天正十七年十二月十三日条に、「相州御陣」の命令が京から伝達され、家康の出陣は翌年の正月二十八日であることが記されている（『増補續史料大成』第十九巻、臨川書店、一九八一年。以下同）。この段階で、徳川氏が北条攻めにともなう軍事行動をすでに開始していたことは間違いないだろう。

（13）新行紀一「豊臣大名徳川家康」（『新編岡崎市史』2　中世、第四章第三節、一九八九年）、前掲註（6）。

（14）『新編岡崎市史』六　史料古代中世、満性寺文書二四。

（15）『家忠日記』天正十八年正月十九日条・同二十四日条。

（16）例えば、先学が指摘する通り、『家忠日記』における家康の呼称が、豊臣政権への従属を契機として「家康」から「家康様」、「殿様」へ変化していく点に端的に現れているといえる。
（17）前掲註（８）。
（18）朝鮮出兵が行われた文禄元年（一五九二）十一月に、徳川氏は筑紫へ出陣せず軍役を負担しない給人に対して、「唐夫銭」として知行一万石につき金子五両を賦課している（『家忠日記』文禄元年十一月十七日条、同年十二月十三日条）。この役負担は翌年九月に伏見城普請のための夫役賦課（一万石につき人夫二十四人）に転換され、さらにその翌年の二月には、伏見城普請の夫役賦課が一万石につき人夫二百人に増徴されている（同二年九月九日条、同三年二月四日条）。

【付記】本多隆成「歴史研究と研究史―徳川氏研究の事例から―」（『織豊期研究』二二号、二〇二〇年）の指摘を受け、先行研究に関わる箇所を修正した。

第三章　徳川氏「五ヶ国総検地」再考

はじめに

五ヶ国（三河・遠江・駿河・甲斐・信濃）領有期の徳川氏が天正十七年（一五八九）から翌十八年に実施した検地（五ヶ国総検地）は、豊臣政権下での徳川氏の領国支配の画期として重要視され、これまで多くの先学によって研究対象とされてきた。

一九五〇年代まで、この検地は豊臣政権による太閤検地の一つとして捉えられてきたが、徳川氏独自の検地として初めて確認したのが北島正元氏[1]と所理喜夫氏[2]である。北島氏は、名請人を名主層・有力百姓層として捉え、分附記載はこれらの階層に対する妥協的産物であり、総検地は戦国大名権力の枠内で行われたもので、所氏が評価するような近世的権力への転換を示すものではないと主張している。これに対して、所氏は、検地帳に記載された名請人を実際の耕作者として捉えるとともに、総検地は徳川氏が戦国大名とは本質的に異なる村落支配機構を確立するため、今川氏の検地、あるいは太閤検地とも異なる独自の基準によって行われた検地であり、領国内の年貢・夫役を画一化する一方、豊臣政権と同様に、徳川氏を給人の在地支配を否定して土地と農民を直接把握した権力として評価している。

次いで、東海地域（駿河・遠江・三河）を対象として、戦国大名今川氏の時代から近世初期までの検地等について分析を行った本多隆成氏[3]は、総検地の名請人を直接耕作農民として捉え、検地と並行して領国内に交付された「七ヶ条定書」の分析から、徳川氏の奉行人が特定の地域内において検地と年貢収納に関わっていたことを明らかにした。また、一反＝三六〇歩制や俵高制の採用などから、同時期の太閤検地に対する総検地の独自性について言及し、あわせて関東転封前の徳川氏が豊臣政権下でも相対的な自立性を有していたと述べている。本多氏の研究成果は長く当該期の基礎的研究とされ、宮本勉[4]・巨島泰雄[5]両氏によって、本多説を実証面で支持・補強する研究成果も発表された。

一方、近年の研究において、徳川氏が実施した検地を太閤検地と同等と見なし、豊臣政権下の徳川権力を積極的に評価しているのが谷口央氏[6]である。谷口氏は徳川氏の検地帳の記載方法について、耕地や屋敷地、年貢納入責任者である名請人が太閤検地よりも詳細に把握されていると述べ、村請による年貢収取方法の確立と合わせて、総検地の実施が当該地域の近世化をもたらした契機になったと評価している。

また筆者も旧稿[7]において、検地と並行して領国内に交付された「七ヶ条定書」の内容を中心に検討し、当該期の徳川領国の基礎構造について分析を試みたが、本多氏は後に刊行された著書[8]で自説の補強を行うとともに、谷口氏や筆者の説を批判している。また、平野明夫氏[9]が豊臣政権下における徳川氏の権力構造について検討した中で、検地方法の差異だけで徳川権力の特殊性を強調することを否定し、毛利・長宗我部氏等、他の豊臣大名検地と比較した上で、豊臣政権の指示や影響力について検討する必要性を示唆しているが、これに対しても本多氏は反論を行っている[10]。

しかし一方で、近年の研究動向では、以下のような問題点を指摘できる。一点目は、徳川領国下の五ヶ国が同一の状況下にあったという前提の下で、検地等の諸問題が議論されている点である。徳川（松平）氏は三河国を基盤として形成された戦国大名権力であり、旧今川領国の遠江・駿河、旧武田領国の甲斐・信濃と、本国の三河とは支配構造が異なると考えられるが、この点がまったく捨象されている。特に近年では柴裕之氏[11]によって、徳川領国下の国衆を中心に当該期の徳川領国の支配構造について検討した研究成果が発表されており、これを念頭に置いたうえで、それぞれの国・郡・領ごとの分析が必要と考える。

二点目は、当該期の徳川氏を近世幕藩権力の前提として強調したり、あるいは豊臣政権下での権力構造や検地の独自性を強調したりする傾向が強いことである。この点について、池上裕子氏[12]は、戦国大名検地と太閤検地の類似点を指摘しており、また木越隆三氏[13]も、越前国における柴田・丹羽両氏の検地と太閤検地の連続性を指摘し、丈量検地が指出に基づいて実施されていたことを明らかにしている。これらの研究成果を踏まえ、貫高制から俵高制・石高制への移行の問題も含めて、徳川氏が実施した検地と戦国大名検地・太閤検地との関連性を検討していく必要があろう。

三点目は、大名権力（徳川氏）と地域社会の関係について、十分な検討がなされていない点である。近年の研究動向でも、検地方法や名請人の把握といった問題が中心であり、徳川氏と地頭・村落との関係についての議論は捨象されてしまっている。特に、他地域における近年の議論では、領主権力（大名・国衆）と個別百姓（名請人）の関係ではなく、領主権力と村落共同体の年貢・公事収取関係が重視されているが、この点に関して、当該地域を事例とした研究は立ち後れているといわざるをえない[14]。

また、旧稿を発表した以降も、本多氏による批判の他に、史料解釈の誤りや、より多くの事例検討から得た新発見があった。そこで本論では、旧稿の再検討を中心に、総検地が施行された天正十七・十八年段階における徳川領国の基礎構造、特に検地や年貢・公事収取、俵高制の問題などについて明らかにしたい。

一、「七ヶ条定書」と年貢・公事収取体制

（一）「七ヶ条定書」の分析

「七ヶ条定書」は天正十七年七月から同年末にかけて、信濃と奥三河、甲斐郡内・河内地域を除く徳川領国内の各郷村に交付され、現在二〇〇点以上が確認できる。本項ではその内容について再確認したい。

【史料一】（「大庭文書」静８二一八九。傍線部筆者、以下同）

定（「福徳」朱印）

一　御年貢納所事、請納証文明鏡之上者、少も於無沙汰者、可為曲事、然者、地頭遠路ニ令居住者、五里中年貢可相届、但、地頭其知行ニ在之者、於其所可納之事

一　陣夫者弐百俵ニ壱疋壱人充可出之、荷積者下方升可為五斗目、扶持米六合、馬大豆壱升宛地頭可出之、於無馬者歩夫弐人可出也、夫免者以請負一札之内、壱反ニ壱斗充引之可相勤事

一　百姓屋敷分者、百貫文ニ参貫文以中田被下之事

一　地頭百姓等雇、年中ニ十日、并代官請三日、為家別可出之、扶持米右同前事

一　四分一者、百貫文ニ弐人宛可出之事

一　請負之御納所、若大風・大水・大旱年者、上中下共以春法可相定、但、可為生籾之勘定事
一　竹藪有之者、年中ニ公方へ五十本、地頭へ五十本可出之事
右七ヶ条取被定置也、若地頭及難渋者、以目安可致言上者也、仍如件、
天正十七年十二月廿四日　　渡辺弥之助光（黒印）
大森
ふから（深良）

第一条は年貢納入に関する規定である。前半は「請納証文」の存在、後半は地頭が在所から遠方に居住している場合について述べられている。筆者は旧稿で、地頭が在村していない場合は近隣の「蔵」に納入するよう定めている点を強調し、「地頭はこれらの給分を村落から直接受け取るのではなく、まず大名側が村落単位で年貢を収取し、そこから各給人に知行書立で定められた年貢高を給付された」と述べた。これに対して本多氏は、当該期の徳川家臣は地方支配が主であり、村請制を前提にしながらも、年貢収納は独自に行っていたとして、「五ヵ国領有期に、近世の蔵米取や扶持米支給のような形態が主流であったと言えるのか」と述べている。

たしかに、本多氏が事例として挙げた大給・深溝・五井松平氏などのように、在地領主として村落から直接年貢を収取していた例が多くあったことは間違いない。だからこそ、第一条の但書で、地頭が知行所にいる場合について規定しているのである。むしろ、第一条の主旨は、地頭が遠方に居住している場合の年貢納入規定にあったのではないか。

次に、前半部の「請納証文」について考察したい。従来の解釈[15]では、三河国碧海郡河野郷（愛知県安城市）の

事例（「鳥居家文書」愛12一五八〇）のように、村落側が徳川氏に提出した年貢請文を指すと考えられてきた。これに対して、本多氏は第一条の「請納証文」と年貢請文とは別物であると主張している。たしかに、「請納証文」は知行書立や寺社領証文に記載されている「百姓請負一札」とは異なるものであり、「七ヶ条定書」が交付される前に徳川氏と村落との間で何らかの交渉が行われた可能性が高い。北条領国の場合、検地の実施後に検地書出が発給され、田畠の面積や年貢高についての確認が行われている事例[16]が確認できることから、「請納証文」もこれと同様に、田畠の面積や年貢高についての確認を行った結果、作成されたものと推測される。すなわち、年貢納入が徳川氏と村落の両者の合意のうえで作成された「請納証文」に則って行われていたことがわかる。

第二条は陣夫役に関する規定である。ここでは村側が出すべき人馬と、その反対給付について厳密に定められている。ここでの特徴は、下方枡を公定枡としている点があげられる（下方枡の問題については後述）。また、「夫免」については「請負一札」に基づくと記されているが、先行研究では知行書立・寺社領証文に記されている「取高之外田畠上中下共ニ、壱段ニ壱斗宛之夫銭有、右之分百姓請負一札有之」と一致する内容とされている。筆者も旧稿では、夫免を知行書立の夫銭と同じ意味として解釈したが、本多氏はこれに対して、「夫免は陣夫役を務める代償として「壱反ニ壱斗」を免除したものであり、夫米・夫銭は陣夫役を勤めない代わりに徴収されるものである」と述べている。この点については本多氏の指摘の通りであるが、「七ヶ条定書」で夫役動員について規定しておきながら、知行書立・寺社領証文では夫銭納入による労働力の代替を認定している背景について、もう少し踏み込んだ考察が必要だろう。

例えば、遠江国引佐郡気賀上村郷（浜松市浜名区）の検地帳写（「遠州気賀宿文書」静8二三二五）を見ると、田畑の反別斗代は、上田八斗、中田七斗、下田六斗、上畑八斗、下畑六斗である。弥次郎の名請地を例に取ると、田の面積が一町八反八一歩、ここから「夫免」として一石八斗二升一合が差し引かれている。畑も、面積一反二六〇歩から、一斗六升八合一勺が「夫免」とされている。これは他の名請人でも同様であり、「七ヶ条定書」の二条目の内容の通りになる。

すなわち、「夫免」は各名請人の年貢高を集計する段階で、すでに納入の対象から外されており、村全体の年貢高には反映されていなかったことがわかる。村が陣夫役を勤める場合は「七ヶ条定書」の規定通りとなるが、陣夫役を勤めずに銭納する場合は、年貢高とは別に、耕地の等級に関わりなく反別一斗宛の「夫銭」を地頭に納入する規定になっていた。また、軍役奉公の義務がある給人と同様に、寺社に対しても「夫銭」の規定があることから、この「夫銭」は陣夫役だけでなく、夫役動員全般の代替として捉えられていたと考えられる。このように、地頭に対する知行書立・寺社領証文に「夫銭」の規定がある背景には、村落による夫役の銭納化がこの時期にはすでに定着しており[17]、地頭と村落との間で一定のルールを定めておく必要があった。

第三条は屋敷年貢に関する規定である。筆者は旧稿で、この条文に関連して、駿河国深良郷の年貢目録（史料一二）を取り上げた。これについても、本多氏から、屋敷地から控除されているのは鍛冶分一五〇坪だけであり、百姓屋敷分は控除されていないこと、「七ヶ条定書」でいう百姓屋敷分の控除は、屋敷地全体の三％ではなく田畠高辻の三％であることなどの指摘を受けた。

この本多氏の見解を、徳川氏が発給した他の年貢目録からも確認したい。詳しくは次項で検討するが、現在確認できる五例とも本多氏の指摘の通り、百姓年貢は田畠高辻の三％であることが確認できた。ただし、「七ヶ条定書」では貫高表記であるのに対し、年貢目録では五例とも面積（反・坪）で表記されており、「七ヶ条定書」と同等の基準であるかどうかは慎重な検討が必要であろう。

第四条は夫役動員に関する規定であり、地頭・代官が動員できる日数を規制している点が特徴である。また、第五条は「四分一」に関する規定である。谷口氏は第四条・第五条について、百姓屋敷を基準として、陣夫役は耕作地保持者に賦課、四分一役は屋敷所持者に対して賦課された役としている。一方、本多氏は、四分一人足役が在家四軒に対して一人の割合で賦課される役であり、第五条では家別の規定にはなっていないことから、「四分一」は棟別の貫高ではなく、村落の田畠高辻＝村高を基準にしていたと述べている。

この「四分一」とは、小和田哲男氏[18]が屋敷に懸かる人足役であり、今川氏の領国下で賦課されていたものとしている。また久保田昌希氏[19]は、今川氏の「四分一」を貫高を基準として賦課された人足役の付加役としており、徳川氏の「四分一」は東海地域における領主賦課役として今川氏段階の役を継承したものと評価したうえで、五〇貫文に一人の賦課率は、北条氏の大普請役（二〇貫文に一人）と比較して低率であると述べている。小和田・久保田両氏は、今川氏の「四分一」と「七ヶ条定書」の第五条にある「四分一」を同一のものとして捉えており、徳川氏の領国となった後でも「四分一」の賦課を免許している例が見られることから、谷口・本多両氏も、基本的には小和田氏の見解を継承したうえで論を展開させている。一方、平山優氏[20]は、今川氏の滅亡後に駿河を領有した武田氏が、棟別を基準として諸役賦課を行っていたと述べ、「七ヶ条定書」の第五条にある「四分一」は豊臣政権下の徳川氏が検地の結果に基づいて賦課したものであるとして、今川領国段階との連続性を否定している。

徳川領国における「四分一」の事例を見た限りでは、基本的に「四分一人足」は城普請に従事する役であり（「参州寺社文書」愛11一三八四、「竹谷松平家文書」愛11一六四〇）、旧今川領国の三河・遠江に対して郡・郷村単位で賦課されていた（「記録御用書本古文書」愛11八五八）。「七ヶ条定書」（史料一）でも、棟別あるいは屋敷地や耕地に懸かる役とは明記されておらず、本多氏が主張するように、村高全体に懸かる役であったと考えられる。また、他の条文の内容と比較すると、久保田氏が主張するように、北条領国における大普請役と同様に、領国全体に懸かる人足役として位置づけられていた可能性が高い。

第六条は災害時の年貢減免に関する規定である。『随庵見聞録』[21]に収録されている遠州入野本所方（浜松市中央区）宛の「七ヶ条定書」では、六条目の「上中下共以春法可相定」の脇に、「田ノ穂刈ヲ仕升目ヲ改也」と注記がされている。すなわち、「春法」とは「検見」のことであり、災害等の状況に応じて収穫高の検分を行い、その年の年貢高を決定していたことがわかる。こうした事例は、天正十年代の遠江国宇布見郷（浜松市中央区）の年貢勘定書や、天竜村宿方宛の文書（「磐田市教育委員会所蔵文書」静8一三四七）でも見られることから、災害等にともなう年貢・夫役の減免について、従来からの規定を成文化したものであったといえよう。

最後に、七条目では公方（徳川氏）・地頭への竹の納入について規定がなされ、末文でこの七ヶ条の内容に地頭が従わない場合は、「目安」をもって徳川氏に訴え出るよう命じている。すなわち、「七ヶ条定書」は徳川氏の直轄地だけでなく、給人・寺社領における年貢・夫役についても統一的な基準を設け、地頭・代官の恣意的な年貢収取や夫役動員を規制する目的があったと考えられる。これを最も表しているのが第一条・第二条・第六条と末文であり、請け負った年貢の納入について村落側に責任を負わせる一方、災害時は検見による年貢の減免を認め、さらに地頭が「七ヶ条定書」の規定を守らない場合は、目安をもって徳川氏に直訴することを認めている[22]。

これは、その土地の地頭・代官ではなく、その頭越しに大名に対して直接訴訟を起こす権利を認めているということであり、徳川氏が地域権力＝「公方」として、村落と直接交渉を行う体制を明確に打ち出したというべきであろう。このような規定は、北条氏が領国内の村落に対して出した諸政策と同一のものである。

次項では、この問題を踏まえて、当該期の徳川領国における年貢収取方法について検討する。

（二）統一的税制の確立

徳川氏が発給した年貢目録は、作成日の順に、以下の五例が確認できる。

①三河国渥美郡亀山村（田原市、天正十七年十二月十二日付、「田原市渥美郷土資料館所蔵文書」愛12―一五七〇）
②駿河国駿東郡深良郷（裾野市、天正十七年十二月二十五日付、「大庭文書」静8―二二四七）
③遠江国敷智郡橋本郷（湖西市新居町、天正十年五月四日付、「東福寺文書」静8―二四六一）
④三河国額田郡桜井寺領（岡崎市、天正十八年七月六日付、「桜井寺文書」愛12―一六六三）
⑤三河国額田郡矢作郷（同上、年月日未詳、「酒井家文書」愛12―一五七二）

ここでは、深良郷の年貢目録（②）を基に分析を行う。この史料については旧稿でも取り上げたが、本多氏の見解も踏まえながら、史料の再検討を行いたい。

【史料二】

ふから之郷

（ア）田畠合六拾四町八段弐拾三歩高辻

（イ）屋敷合六千七百五十六坪　　高辻
此内
（ウ）屋敷百五拾坪　かち二引
九ツ　（エ）中田壱町九反小四拾八歩百姓屋敷引
（オ）此取五拾八表（俵、以下同）壱斗弐升壱合
引以上
（カ）屋敷六千六百六坪棟別
此本銭四貫四百四文
（キ）上田三町六段大弐拾四歩棟別たし
此本銭六貫六百拾弐文
引銭
九ツ　上田拾町三反大六拾弐歩
此取三百拾壱表弐斗五升五合
八ツ　中田拾壱町半拾七歩
此取弐百九拾四表弐斗三升七合七夕九才（勺、以下同）
七ツ　下田六町六反小五拾五歩
此取百五拾五表四升弐夕九才

六ッ　上畠六町五反大五歩
此取百九表壱斗四升三夕弐才
三ッ半中畠八町六拾弐歩
此取九拾参表壱斗六升七夕九才
壱ッ半下畠拾六町九反五拾歩
此取八拾弐表壱斗七升八夕五才
（コ）下畠斗ハ夫銭なしに相定候、
（ク）表合千四拾七表五合四才
（ケ）本銭拾壱貫拾六文　棟別定納
神領・寺領・井領之儀、右之高之内也、前々ことく也、
極月廿五日　渡弥之助（黒印）

史料二は、大森・深良宛の「七ヶ条定書」（史料一）の翌日に交付されている。発給者は史料一と同じく渡辺弥之助光で、本多氏の指摘の通り、深良郷一帯の検地奉行を渡辺が務めていたと考えられる。

深良郷の田畠の面積は六四町八反二三歩（ア）である。これを上・中・下の等級ごとに俵高で換算した一〇四七俵五合四才（ク）が深良郷の年貢高となる。「上田九ッ」「中田八ッ」とは、それぞれ上田の反別が九斗、中田の反別が八斗という意味である。屋敷地の方は全面積六七五六坪（イ）の内、鍛冶分一五〇坪（ウ）、百姓屋敷分一町九反一六八歩（エ）が控除された。エは本多氏が指摘するように田畠高辻の三％であり、これを中田

の基準で俵高（オ）にすると五八俵一斗二升一合である（ただしここでは「九ッ」＝上田の基準で計算されている）。残りの六六〇六坪（カ）＝四貫四〇四文に上田三町六反二六四歩（キ）＝六貫六一二文を加えた額の合計一一貫一六文（ケ）が深良郷全体の棟別役となる。その他に夫役動員の給付分として下畠を除いた田畠（コ）で反別一斗分の年貢納入を免除されていた。

他の年貢目録でも田畠と屋敷地に分離され、それぞれの納入高を計算している点が特徴としてあげられる。田畠では、上・中・下の等級ごとに反別斗代が設定され、面積×斗代で高辻が決定されている。次に屋敷地は、坪面積の高辻から百姓屋敷等の「引方」を控除した額が「棟別」とされ、「本銭」が納入額として設定されている。これに反別から「本銭」に換算した「棟別たし」が加えられ、この合計額が「棟別定納」とされている。百姓屋敷は先に述べた通り、すべて田畠高辻の三％であり、棟別は反別二四〇文、「棟別たし」は反別一八〇文で統一されている。「棟別たし」が棟別に加算されている理由は不明であるが、先学で述べられている通り、それまで賦課されていた棟別役との差額と見て問題ないように思われる。

以上が各年貢目録の共通点であるが、一方で地域ごとの特徴も見られる。三河国亀山村（①）の事例では、「五十分一役」の賦課や、田畠年貢を銭・米の双方で算出している点があげられる。遠江国橋本郷（③）では、「船三艘役」や「塩浜年貢」が賦課されている。これは浜名湖の船役や沿岸で生産される塩年貢に関わるものであり、浜名湖東岸の宇布見郷の年貢勘定書でも見ることができる。

また、三河国矢作郷（⑤）では、屋敷年貢免除者の中に、有力者である「島田平三殿」の他に、光明寺や普門庵などの寺院が見られ、畠年貢を鐚銭（永楽銭一貫文＝鐚銭三貫文）で換算している点が特徴的である。また三河（④・

⑤では、棟別本銭を鐚銭で換算し、端数を「目銭」として控除している。これについては、筆者がすでに旧稿で述べたところであり、本多氏も賛同しているが、貨幣流通など、地域の経済状況と密接な関係があると考えられる。このように、徳川氏は田畠と屋敷地を中心とする統一的な年貢賦課基準を設定する一方で、当該地域の状況に基づいた年貢徴収を行っていたことがわかる。

二、検地の再評価

徳川氏によって検地が実施され、各村落の年貢高が画定した後、領国内の給人に対しては知行書立、寺社に対しては寺社領証文が大量に発給された。基本的には、検地によって画定した知行地の村落名と知行高が記され、「百姓請負一札」に基づく年貢収取が、徳川氏によって保証された形をとっている点が特徴である。しかし、徳川氏が実施した検地は「五ヶ国一律の基準による検地」であったのかという疑問が残る。そこで、残存する史料から、検地が実際に行われた地域と、検地実施の目的について検討する。

(一) 指出と検地

従来の研究史では、徳川氏の検地と太閤検地との類似性や独自性が議論されてきたが、この背景には、戦国大名・織田政権の検地は指出検地、太閤検地以降は丈量検地とする通説があったことがあげられる。

近年、池上氏はこの通説を批判し、戦国大名検地も丈量検地であったと主張するとともに、従来同一のものとして理解されてきた指出と検地の違いについて言及している。すなわち、指出が先規の継承であり、領主や村の既得権益を安堵し、年貢・役負担の確認を行うことが目的であるのに対して、検地は先規の否定であり、新たな領主―百姓関係を成立させ、新儀の賦課基準を導入する行為として評価されていることがわかる。

また木越氏は、越前国における柴田・丹羽両氏の検地と太閤検地の連続性を指摘したうえで、指出検地か丈量検地かという従来の二者択一の議論に対しても、指出の内容を追認して実施されたのが指出検地、指出の内容を確認するために耕地面積などを実測したのが丈量検地であり、両者が密接に関連していたことを明らかにしている。

当該期の徳川領国においても、従来検討の対象とされてきた丈量検地以外に「指出」の事例も見られる。ここでは、三河・遠江・甲斐の各事例についてそれぞれ検討する。

まず、三河国額田郡鴨田郷（岡崎市）の大樹寺に発給された寺領証文（「大樹寺文書」愛12一五七七）では、大樹寺郷（同前）の五八四俵二斗八升六合八勺五才と、鴨田郷の二六一俵二合五勺の合計、八四五俵二斗八升九合四勺四才（実際は三勺五才）から、子院分として一四五俵一斗八升を引いた残りの、七〇〇俵一合四勺四才（実際は三勺五才）が「御本寺」（大樹寺）の分として記載されている。この他に「伝能領」として、鴨田村の上田と大樹寺村の中田、合わせて一〇俵六升九合一勺八才を、前々からの本領として「公方年貢」と共に安堵し、先の分と合計して、八五六俵五升八合六勺二才が大樹寺領とされている。いずれも「才」の単位まで記載していることから、大樹寺領の各村落で検地を実施し、その上で寺領安堵を行っていたと考えられるが、ここで注目されるのは、「公方年貢」を含めた大樹寺領を「先前」の如く安堵している点である。これは指出による先規の継承であり、大樹寺が持つ従来の権益を、徳川氏が検地の実施後も安堵した例として位置づけられる。

松平一族である大給松平氏も知行書立を受け取る前に、本多正信・伊奈忠次から「御指出之写」と「五十分一之請取」を中泉（磐田市）へ持参するよう伝えられ（「松平乗承家蔵古文書」愛12―五九八）、その後発給された知行書立（同前、愛12―六二二）では、大給松平氏の従来の得分（同前、愛11―一二一九）であった「山札銭」を安堵されている。すなわち、各給人・寺社が提出した「御指出」は、過去に徳川氏から発給された文書類と考えられてきたが、上記の事例から、給人・寺社がそれぞれ指出を作成し、徳川氏に提出していたと考えることができる。

遠江国榛原郡白羽社（御前崎市）も天正十七年六月に「白羽御神領」として二九貫二〇〇文、城東郡にある社領として四四貫八二〇文、計七四貫文を、徳川氏に指出を提出する形で申告している（「白羽神社文書」静8二〇二七）。詳しくは後述するが、三河国宝飯郡の財賀寺（豊川市）も徳川氏に指出を提出し、領内の収取状況を申告している。これらの事例は、地頭側からの指出として評価することができる。

また、甲斐でも天正十七・十八年に検地が実施されたことは、伊奈熊蔵家次（忠次）が検地を実施したことを示す「熊蔵縄」「熊蔵荒」という表記が慶長期の検地帳に多く見られる点[23]や、検地後に知行替が行われた点[24]などからも明らかである。その一方で、天正十七・十八年に交付された知行書立・寺社領証文において、同十・十一年に安堵された知行高を一貫文＝四俵で換算した例が二十五点[25]確認できることから、徳川氏は給人・寺社の知行高を安堵するにあたって、彼らからの指出を基準にしていたと考えられる。

また、旧来の知行地が検地の結果否定された事例も存在する。先述の大樹寺は、寄進等で散在した寺領が検地によって大樹寺・鴨田等の周辺村落に集中されたことがすでに指摘されている。また、三河の松平一族である深溝松平氏は、家康に披露された上で一旦は知行地を安堵されたにも関わらず、検地後に「名職」などを奉行の小栗吉忠・伊奈忠次の判断で除外され、土呂・切山（桐山）・野場（野庭）が替地として与えられている[26]。五井松平氏も、井田・鴨田の「色成年貢」の替地として東蔵前を宛行われている（「長泉寺文書」愛12一六一七）。このように、徳川氏が当該期に実施した検地には、名職や色成年貢などの重層的年貢収取体制を否定し、地頭と在地の繋がりを分断する指向性を見ることができる。

(二) 検地施行の状況

では次に、徳川氏による検地施行の流れや目的について、実際に検地が行われた所の事例から検証してみたい。三河国渥美郡小松原（豊橋市）の東観音寺では、天正十七・十八年の検地実施に際して、奉行人の彦坂小刑部元正との間で交渉を行っている。

【史料三】（「東観音寺文書」愛12一五九〇）

　　小松原指出之内末寺分之事

一細谷之郷幸福寺領

本銭弐貫四百文之内、四分一六百文者地頭へ納分、四百文ハくハんおん《（観音）》とうみやう《（灯明）》ニ納分、残分にてかんほう申付候、如前々被仰付候様ニ御披露所仰候、彼寺之事ハ久き事候、

一造営分ニ三河百々に而麦拾壱俵、米拾壱俵尾寄進候、今度相ちかい候間、為末代被散地儀被御申合可被下候事、

一高足之郷之内寄進分
代方ひた（鐚）四百五十文、米方壱石六斗、此分ハ六ヶ年以来起、新寺ヲおこし、百姓六人して寄進仕候、近年
之分ハ是まて少々可然候様ニ御披露所給候、
此外所々之寄進者ハ、百年五十年以来之事候、
小形（刑）部

史料三は、東観音寺が徳川氏に提出した指出のうち、末寺の分について記載したもので、彦坂に家康への「披露」を依頼する内容であることがわかる。細谷郷（豊橋市）の幸福寺領では、寺領の「本銭」二貫四〇〇文分について、六〇〇文を地頭へ、四〇〇文を祭祀分として納めるよう命じ、残りを幸福寺の収取分として認め、さらに百々（田原市）で麦一一俵・米一一俵を造営分として寄進している。次に高足郷（豊橋市）円通寺領の「代方」鐚銭四五〇文と「米方」一石六斗分については、百姓六人が開発地を寄進したものであることが認められている。このように、まず地頭・村落からの指出が提出され、「本銭」と「鐚銭」、「代方」と「米方」のように、多様な年貢収取方法の確認が行われていたことがわかる。

この後、細谷郷では天正十七年十月二十日に「小松原方田畠屋敷共」（東観音寺領）で検地が実施されているが、「興福寺（幸福寺）分」の田畑・屋敷も一括で集計され、検地役人から彦坂に結果が提出されている（「東観音寺文書」愛12一五二九）。

十一月三日には、彦坂元正が渥美郡の西大窪村（「長興寺文書」愛12一五四一）・高師（高足）郷（「芳賀陽介氏所蔵文書」愛12一五四三）・亀山村（「田原市渥美郷土資料館所蔵文書」愛12一五四四）に「七ヶ条定書」を交付している。また、

同日付の宛所欠の「七ヶ条定書」（「東観音寺文書」愛12一五四一）は小松原郷宛と推測されており、当該地域では検地の実施後に「七ヶ条定書」が交付されていたことがわかる。

【史料四】（「東観音寺文書」愛12一五五八）

返々いつかたも此中御取来被成候所ハ相すミ申候間、此上又おほしめし《思召》出し候て少之所也共しせん《自然》何かと御存分の候ハヽ、如何候間、右分ハすミ申候、又やうきやく《要脚》之事我等ハ一日申上候処ニ、御存なきやうに被仰候、右之御使して是も被仰上候て尤候、早々御のほり可被成候、我等も月合に可参候心也、

如仰先日之まヽ不懸御目候、仍高足之郷ニ御座候新きしん之所、一日御きけん《機嫌》能御座候而申上候処ニ左様ニ候ハヽ、御縄打之上之出目之儀、又世上ニ御座候御寺領之儀、春中御下之時分御はん《判》ニのせ、被進可被成之由候、是又御心やすかるへく候、恐々謹言、

十一月《天正十七年》廿三日　元正《彦坂》（花押）

史料四は彦坂が東観音寺宛で送った書状で、家康の機嫌が良い所を狙って高足郷の新寄進分について伺いを立てたところ、高足郷における検地増分と東観音寺領については、翌年春に発給する寺領証文に記載したうえで安堵するという旨を伝えている。

【史料五】（「東観音寺文書」愛12一五七二）

猶以早々御尋忝存候、御前之儀、我等相合之儀疎意有間敷候、以上、

早々御芳札過分之至候、一昨晩当地迄罷越候、内々可相申入慶存候処、手前取紛御報被成口惜奉存候、未一両日爰元ニ候て田原へ罷越、上郷之棹子可申付存分ニ候、今度御縄之上御貴寺計　大納言《徳川家康》様御うちあひ能御

座候て、於我等大慶不過之候、以来迄も定而違儀之有間敷候間、可有御心易候、如何様御面談刻万々可申承候、恐々謹言、
（天正十七年）十二月十三日　　　（彦坂）元正（花押）

また、約二十日後に出された史料五では、彦坂が一両日中に大崎（愛知県豊橋市）から田原（同田原市）へ行き、上郷の検地を行うので、東観音寺領でも検地を実施し、家康立ち会いの下で寺領の画定を行う旨を伝えている。実際に、翌天正十八年初頭にも東観音寺領で検地が実施されており(27)、これをもって東観音寺の寺領が画定し、寺領安堵が行われたようである（ただし、東観音寺宛の寺領証文は現存しない）。

徳川氏は基本的に、給人・寺社や村落から指出を提出させ、それを基に検地を行い、俵高制に基づいて年貢高を設定し、知行書立・寺社領目録を交付する方針をとっていた。これまで見てきたように、指出と検地の実施、それにともなう年貢高の確定と「七ヶ条定書」の交付、給人・寺社領の安堵は一連の流れの中で行われ、それぞれが密接に関連していたことがわかる。

また、天正十七・十八年に検地が実施された背景であるが、この頃にはすでに豊臣政権による北条攻めが開始されようとしており、徳川氏が軍役賦課の基準となる知行高の画定を早急に行う必要に迫られていたことは十分に考えられる。先に述べたように、検地帳の大部分が給人・寺社領を対象として作成されていることも、徳川氏の検地実施の目的を考えるうえで、重要な材料になるように思われる。

（三）貫高制と俵高制・石高制

中世の荘園公領制下において、各地域で多様な枡が使用されていたことは、以前から寶月圭吾氏[28]が指摘しているが、戦国期の東海地域でも、本多氏[29]によって「十一合升」や「見付市枡」、「吉田市枡」などの存在が紹介されている。また平山氏[30]は、徳川領国下の遠江では下方枡（三斗枡）、三河では細川升（二斗五升枡）が基準枡として使用され、貫高と石高の換算値が遠江では一石＝一貫二五〇文（一二五〇文）、三河では一石＝二貫文（二〇〇〇文）に定められていたことを指摘したうえで、武田・今川・徳川氏などの各戦国大名が、領国内の多様な枡（俵高）と銭（貫高）の換算値を定め、統一的基準として貫高制に基づく知行の宛行・安堵や軍役賦課等を行っていたことを明らかにしている。徳川氏が検地を実施するにあたって俵高制を採用し、旧今川領国（駿河・遠江）の基準枡であった下方枡（三斗枡）を用い、「七ヶ条定書」でも下方枡を基準とした夫役賦課が規定されている。この徳川氏による俵高制の採用が、戦国大名による貫高制、あるいは豊臣政権による石高制とも異なる独自の方法として評価されていることは先述の通りである。

しかし、天正十七・十八年段階でも地域ごとに多様な枡が使用されていたことや、豊臣政権が採用した京枡を基準とする石高制との関連については、あまり検討の対象とされてこなかった。

三河国宝飯郡財賀村（愛知県豊川市）の財賀寺では、徳川氏奉行人の大久保忠佐に対して提出した指出（「財賀寺文書」愛12―五二六）が現存しており、亥年（天正十五年）・子年（同十六年）に財賀寺が得た米・銭の高辻と、徳川氏に納入した「五十分一役」の額が記されている。これによると、財賀寺領の米年貢は「八合八才升」、諸供僧米は「十三合升」で計算されて定納高が定められており、銭年貢は「本銭」（精銭）の約三倍に相当する額の「作手銭」で納入されていた。また、「五十分一役」については「何も請取御座候」とあり、徳川氏の請取状もこの時の証拠書類とされていたことがわかる。

その後、財賀寺領で作成された検地帳（「財賀寺文書」愛12一五八八）でも「八合八才升」と「十三合升」が使用されており、それぞれ「今升三斗之内」＝三斗入の下方枡との換算値が記されている。それによると、「八合八才升」一俵は下方枡一俵（三斗）から五升を引いた額（二斗五升）、「十三合升」は下方枡一俵（三斗）に二升を足した額（三斗二升）であったことがわかる。このように、徳川氏は領国内に存在していた様々な枡をそのまま利用し、公定枡である下方枡に換算して地頭の知行高や村の年貢高を定めていたのである。

一方、甲斐では、天正十年から十一年にかけて、武田家の旧臣を大量に召し抱え、武田領国下で彼らが有していた権益をそのまま安堵した経緯もあり、天正十五・十六年の「五十分一役」の徴収の際にも、下方枡との換算値を定めた上で、甲州枡（二斗枡）が使用されている[31]。天正十七・十八年の段階では国中地域（交付盆地周辺）でも下方枡が使用されているが、甲州枡は近世でも甲斐における公定枡として機能していた[32]。

このように、徳川氏は地域ごとの多様な枡と下方枡の換算値を定め、下方枡による基準で知行の宛行・安堵や軍役賦課を行っていた。徳川氏が検地を実施した目的は、各村落と給人・寺社の収取関係を把握することにあり、耕地や屋敷地の面積を打ち出して「下方枡に換算してどれだけの額か」を把握することにあったと考えられる。

これは、精銭による銭納から、米納や鐚銭納・現物納への移行という地域社会の年貢収取構造の変化に徳川氏が対応した結果であり、領国内の統一的基準を銭（貫高制）から米（俵高制）へと切り替えた点に、当該期の徳川領国の特質を見出すことができる。

しかし、信濃では、天正十七年十一月に伊那郡虎岩郷（長野県飯田市）で実施された検地[33]（「平沢文書」信17九）

や、その後に菅沼氏が発給した知行書立（同前、信17九二・九三）では、同じ俵高でも「国枡」が使用されており、徳川氏の奉行衆ではなく菅沼氏の家臣が検地や知行安堵に関与していた。よって、伊那郡の検地は徳川氏によるものではなく、菅沼氏による国衆検地として評価すべきである。

以上の点から、天正十七・十八年に実施された検地は、「徳川氏による五ヶ国一律の総検地」とは評価できず、研究史で使われてきた「五ヶ国総検地」という呼称も再考の余地があると考える。少なくとも、徳川氏が検地を実施し「七ヶ条定書」を交付した地域は、その直接支配領域に限定され、国衆領[34]とは別個に行われたと見なければならないだろう。

次に、俵高と石高の問題でも、『甲斐国志』[35]に京枡（太閤検地における公定枡）と甲州枡との換算値が記されており、京枡三升と甲州枡一升が同等とされている。なお、甲州枡と下方枡では、甲州枡一斗二升（二斗枡の六〇％）と下方枡一俵（三斗）を同等とする換算値が存在していた。豊臣政権下で毛利氏が実施した惣国検地でも、池上氏[36]や本多博之氏[37]によって、米方代枡（京枡）と畠方代銭（鍛）による「石高」制や一反＝三六〇歩制が採用され、それを一貫文＝一石で石高に換算し、豊臣政権から知行を安堵された例が明らかにされている。徳川氏も毛利氏と同様に、領国内の統一的基準として俵高（下方枡）を用い、それを石高（京枡）に換算して領国外（特に豊臣政権下での軍役賦課）の基準として利用していたことは十分に考えられる。

天正十八年七月に徳川氏が関東へ転封された後も、同十九年十一月に遠江国浜松城主の堀尾氏が作成した「四拾七村惣高辻書上」が、前年に徳川氏が実施した検地の結果を踏まえたものである可能性が指摘されている[38]。また、甲斐に入部した羽柴秀勝も領内から指出を徴収して徳川氏の領国支配を継承し、さらに貫高制を採用していたことが近年明らかにされており[39]、信濃でも仙石氏（小諸城主）・石川氏（松本城主）・真田氏（上田城主）などが、貫高を基準として年貢・公事収取を行っていたことが確認できる[40]。

このように、武田・徳川両氏と豊臣系大名の領国支配構造の連続性や、貫高制と俵高制・石高制の共通項が見られる以上、太閤検地と石高制を画期とする従来の見解や、五ヶ国領有期の徳川氏が俵高制を採用して独自の基準による検地を実施したことを根拠として、豊臣政権下から相対的に自立していたとする見解は再検討が必要と考える。

おわりに

本論では、天正十七・十八年に徳川領国で実施された検地と、同時期に交付された「七ヶ条定書」の分析を通して、当該期の徳川領国の基礎構造について論じた。従来の研究史では、徳川氏が領国の五ヶ国（三河・遠江・駿河・甲斐・信濃）を直接支配し、検地によって耕地や百姓層を直接把握したと評価され、また太閤検地との検地方法の差異などが論点とされてきた。これに対して、本論では豊臣政権下における大名権力（徳川氏）と村落の関係を重視し、税制や知行制の問題、指出と検地の関連性、各国衆の領域支配の問題などに着目しながら、事例の再検討を行った。

（一）「七ヶ条定書」と年貢・公事収取体制

徳川氏が領国内の各村落に対して交付した「七ヶ条定書」は、年貢等の納入（一・三・六・七条）と夫役負担（二・

四・五条）に関する統一的な基準を、村落に対して示した内容となっている。これは「請納証文」（第一条）と「請負一札」（請負証文・第二条）が明記されていることからもわかるように、徳川氏による検地の実施から村落の年貢高の画定、さらに給人・寺社の知行高の画定に至る過程の中で、大名側（徳川氏）と村落側との間で交渉が行われている最中に提示されたものであった。

具体的には、（1）地頭・村落が徳川氏に指出を提出→（2）徳川氏が村落に「請納証文」を発給→（3）「七ヶ条定書」を交付→（4）年貢目録を発給→（5）村落側が徳川氏に「百姓請負一札」（請負証文）を提出→（6）徳川氏が検地を実施→（7）給人に知行書立、寺社に寺社領証文を発給し、俵高制に基づいた知行高・軍役高を画定、という流れになる。ただし、（2）～（6）の順番は必ずしも一致していないことから、むしろ一連の流れとして考えるべきであり、厳密に区分する必要はないと考える。

徳川氏は「七ヶ条定書」を村落に対して交付することで、地頭・代官による恣意的な年貢・夫役の収取を排除し、その頭越しに、徳川氏が地域権力＝「公方」として村落と直接交渉を行う体制を明確に打ち出した。これこそが、徳川氏が「七ヶ条定書」を交付した最大の意義であったと評価できる。

このようにして、天正十八年七月の関東転封までの短期間ではあったが、徳川氏は田畠と屋敷地を中心とする統一的な年貢賦課基準を設定する一方で、当該地域の経済状況に基づいた年貢徴収を行っていた。これは、徳川氏が発給した年貢目録の内容からも明らかである。

(二) 豊臣政権下の徳川領国と俵高・石高制

戦国大名が貫高制を統一的基準としていたのと同様に、当該期の徳川氏は地域ごとの多様な枡と下方枡の換算値を定め、俵高制による基準で知行の宛行・安堵や軍役賦課を行っていた。徳川氏が領国内の統一的基準として俵高（下方枡）を用い、それを石高（京枡）に換算して領国外（特に豊臣政権下での軍役賦課）の基準として利用していたことは十分に考えられる。徳川氏が検地を実施した目的は、豊臣政権下での軍役賦課に対応するため、給人の軍役賦課基準となる知行高を把握することにあった。

その一方で、徳川氏は給人・寺社や村落から指出を提出させて奉行から家康への披露を行い、それを基に検地を実施し、俵高制に基づいた年貢高を設定して、知行書立・寺社領目録を交付する方針をとっていた。池上氏によれば、検地は従来の地域権力を武力で排除した占領地で実施され、逆に本国では在地領主が持つ従来の権益を「指出」によって承認する形をとることが多いとされている。徳川氏が当該期に行った検地も、その実施手順は北条氏の検地と酷似しており、天正十七年・十八年に徳川氏が実施した検地は、戦国大名検地の影響を強く受けたものとして評価できる。

すでに拙稿[41]で述べたように、天正十七・十八年以前の徳川領国は、駿河・遠江では今川氏、甲斐・信濃では武田氏の遺制が踏襲されており、領国全体の統一基準が存在しなかった。徳川氏による検地の実施と「七ヶ条定書」の交付は、豊臣政権下における徳川氏の「国家」改革として位置づけられるが、それとても甲斐郡内・河内地域と信濃を除く直接支配領域に限定されており、領国内の各国衆はそれぞれ独自の基準で検地を実施していた。

従来の見解では徳川氏が「五ヶ国一律の総検地」を実施したと評価されてきたが、甲斐・信濃の国衆領では旧武田領国の基準枡が使用されており、「七ヶ条定書」の交付や徳川氏の奉行衆による検地は一切行われていない。従って、これらの地域では徳川氏による検地が実施されたとは見なすことができず、従来の研究史で使用されてきた「五ヶ国総検地」という呼称自体も改めるべきと考える。

織豊期・近世初期の大名権力は領国内と領国外（特に統一政権内）の基準という重層性を内包しながら成立していた。それは独り徳川氏に限った話ではなく、同氏の関東転封後に旧徳川領国に入部した豊臣系大名も同様であった。また、いわゆる「兵農分離」の問題についてもいえることだが、検地とはその行為自体が地域社会の変革をもたらすものではなく、あくまで地域社会の実情を権力側が可能な範囲内で把握したものに過ぎない。この点は、徳川氏の関東転封という地域社会の変動期の前後に、旧武田領国の甲斐・信濃において実施された検地でも同様であった(42)。

註

（1）北島正元『江戸幕府の権力構造』（岩波書店、一九六四年）、同『近世の民衆と都市』（名著出版、一九八四年）。

（2）所理喜夫「関東転封前後における徳川氏の権力構造―天正十七、八年の五ヶ国総検―」（『徳川将軍権力の構造』吉川弘文館、一九八四年。初出一九六〇年）。

（3）本多隆成「初期徳川氏の五ヵ国総検地」（『近世初期社会の基礎構造』吉川弘文館、一九八九年。初出一九八〇年）、同「徳川七ヵ条定書について」（大阪大学文学部日本史研究室編『近世近代の地域と権力』清文堂出版、一九九八年）。

（4）宮本勉「遠州引佐郡井伊谷の内三岳村検地の実態」（『日本歴史』四一〇号、一九八二年）。

（5）巨島泰雄「引佐地方の五ヵ国総検地について」（『静岡県史研究』七号、一九九一年）。

（6）谷口央「徳川五か国総検地の基調と名請人」（『幕藩制成立期の社会政治史研究』校倉書房、二〇一四年。初出二〇〇〇年・

二〇〇三年）、同「徳川五か国総検地と分付記載」（同上、初出二〇〇三年）、同「徳川五か国総検地後の年貢収取体制について―「御縄打歩測御帳」と「中記」の理解から―」（同上、初出二〇〇四年）。

（7）拙稿「五か国総検施行段階における徳川領国の基礎構造―七か条定書と年貢・夫役システム―」（『駒沢史学』六二号、二〇〇四年）。以下「旧稿」と略す。

（8）本多隆成「五ヵ国総検地と七ヵ条定書」（『初期徳川氏の農村支配』（吉川弘文館、二〇〇六年）。以下、特に断らない限り、本多氏の見解は本論による。

（9）平野明夫「豊臣政権下の徳川氏」（『徳川権力の形成と発展』岩田書院、二〇〇六年）。

（10）本多隆成「東海地域の歴史的位置」（『近世東海地域史研究』清文堂出版、二〇〇八年）。

（11）柴裕之『戦国・織豊期大名徳川氏の領国支配』（岩田書院、二〇一四年）。

（12）池上裕子「指出と検地」（『戦国時代社会構造の研究』校倉書房、一九九九年）、同「織豊期検地論」（同上、初出一九八八年）。以下、特に断らない限り、池上氏の見解は本論による。

（13）木越隆三「越前惣国検地と検地手法」（『織豊期検地と石高の研究』桂書房、二〇〇〇年）。以下、木越氏の見解は本論による。

（14）本多隆成「歴史研究と研究史―徳川氏研究の事例から―」（『織豊期研究』二二号、二〇二〇年）。

（15）新行紀一「豊臣大名徳川家康」（『新編岡崎市史』２中世、第四章第三節、一九八九年）。

（16）則竹雄一「大名領国制下における年貢収取と村落」（『戦国大名領国の権力構造』（吉川弘文館、二〇〇五年。初出一九九三年）、同「北条氏の検地政策」（同上、初出二〇〇〇年）。

（17）稲葉継陽「村の武力動員と陣夫役」（『日本近世社会形成史論』校倉書房、二〇〇九年。初出二〇〇一年）等。

（18）小和田哲男「戦国大名今川氏の四分一役」（『今川氏の研究』小和田哲男著作集第一巻、清文堂出版、二〇〇〇年。初出一九七八年）。

（19）久保田昌希「四分一役考」（『戦国史研究』七号、一九八四年）、同「「四分一役考」補遺」（『戦国史研究』一〇号、一九八五年）。

（20）平山優「戦国大名の諸役賦課と納入の実現形態―棟別と「郷中」の関係を中心に―」（『戦国大名領国の基礎構造』校倉書房、一九九九年。初出一九八八年）。また、武田氏の諸役賦課については拙稿「東海地域における戦国大名の諸役賦課―今川・武田・徳川領国を事例として―」（『武田氏研究』四八号、二〇一三年）でも検討している。

（21）『浜松市史』史料編二、九頁。
（22）北条領国における目安と訴訟については、黒田基樹『中近世移行期の大名権力と村落』（校倉書房、二〇〇三年）、同『百姓から見た戦国大名』（吉川弘文館、二〇〇六年）等を参照。
（23）『山梨県史』通史編三近世一（二〇〇六年）第四章第一節、同通史編二中世（二〇〇七年）第九章第三節。
（24）平山優「戦国期武田領国における貫高制の形成について―甲斐・信濃・西上野三国を事例に―」（柴辻俊六編『戦国大名武田氏の役と家臣』岩田書院、二〇一一年）。
（25）拙稿「甲斐における徳川氏の天正検地」（本書第1部第四章）。
（26）「本光寺常盤歴史資料館所蔵文書」（愛12一六一五・一六一六）。詳細は本書第2部付論二を参照。
（27）「東観音寺文書」（『豊橋市史』第五巻、一七九号）。
（28）寶月圭吾『中世量制史の研究』（吉川弘文館、一九六一年）。
（29）本多隆成「初期徳川氏の五ヵ国総検地」（前掲註3）。
（30）平山優「戦国期東海地方における貫高制の形成過程―今川・武田・徳川氏を事例として―」（『武田氏研究』三七・三八号、二〇〇七・二〇〇八年）。
（31）拙稿「「五十分一役」の再検討」（本書第1部第二章）。
（32）『山梨県史』通史編三近世一（二〇〇六年）、第二章第三節。なお、海老沼真治「甲斐國一宮浅間神社蔵　天正十七年「一宮御神領帳」」（『山梨県立博物館研究紀要』第十七集、二〇二三年）で紹介された徳川氏の検地帳でも、甲州枡を基準としていたことが確認できる。
（33）拙稿「信濃国伊那郡虎岩郷「本帳」と検地帳の分析」（本書第2部第三章）。
（34）旧稿でも指摘しているが、信濃国衆の依田・小笠原氏も、同時期にそれぞれの支配領域で貫高制による検地を実施している。また柴氏は、片寄天恩寺領の検地（「天恩寺文書」愛12一五三八～四〇）について、三河国衆の奥平氏が実施した可能性を述べている（「三河国衆奥平氏の動向と態様」前掲註11所収、初出二〇〇六年）。
（35）佐藤八郎他校訂『甲斐国志』第一巻（雄山閣、一九六八年）、一二五～一二八頁。

(36) 池上裕子「検地と石高制」(『日本史講座第五巻　近世の形成』東京大学出版会、二〇〇四年)。
(37) 本多博之「地域大名の領国支配と石高制（一）—毛利氏の惣国検地と石高制—」(『戦国織豊期の貨幣と石高制』吉川弘文館、二〇〇六年)。
(38) 小木香「再考「四拾七村惣高辻書上」」(『浜松市博物館館報』Ⅱ、一九九〇年)。
(39) 『山梨県史』通史編三近世一（二〇〇六年)、第一章第一節。
(40) 拙稿「豊臣政権下の信濃検地と石高制」(本書第3部第一章)、同「仙石氏の信濃佐久郡支配と貫高制」(本書第3部第三章)、同「石川氏の信濃松本領検地に関する二点の史料」(本書第3部第四章)。
(41) 前掲註20拙稿。
(42) 拙稿「依田松平氏の信濃佐久郡支配」(本書第2部第二章)、前掲註33・40拙稿。

付論一　「筏乗免屋敷畠帳」について

二〇〇六年夏、筆者は駒澤大学大学院・久保田ゼミの合宿に同行し、浜松市立内山真龍資料館において「田代家文書」（浜松市教育委員会所蔵）を閲覧した際に、興味深い史料を拝見した。この「筏乗免屋敷畠帳」（写真①②）は、鹿島村（浜松市天竜区二俣町）の名主を勤めた田代家に伝わる文書群の一つで、二〇〇二年に初めて翻刻され[1]、先行研究ではまったく取り上げられていない史料である。本論ではその全文を紹介し、史料の内容について詳しい分析を行いたい（以下、史料の傍線部は筆者による）。

「(表紙)天正十七年丑十一月廿八日　」

舟越免

河口[a]

上[b]　七拾五歩[c]　畠[d]　小作　舟越[e]

同所

上小拾四歩　畠　小作　二良兵衛

同所

中大四拾六歩　畠　小作　同人

同所

上壱反九拾弐歩　畠　小作　助兵衛

同所
上百拾四歩　畠　小作　藤右衛門
(f)是ハのへ

（黒印）

同所
中弐反百拾四歩　畠　小作　藤七良
(g)是ハ河成

同所
下卅五歩　畠　小作　助兵衛
同

同所
下壱反九拾歩　畠　小作　甚左衛門
同

同所
下半四拾歩　畠　小作　助二良
同

同所
上小五拾九歩　畠　小作　与四右衛門
是ハのへ
同所
上小七歩　畠　小作　三助
是ハのへ
(h)上畠以上　三反壱歩　九ッ
(i)中畠以上　三反四拾歩　八ッ
(j)下畠以上　壱反大百五歩　三ッ
上中下共ニ
畠合八反廿六歩
此取石　五石七斗七升八合九勺
此俵拾九俵七升八合九勺
(k)是ハ御公方よりいかた（筏）のり（乗）免ニ被下候、以上
(黒印)
(l)右之外屋敷者
御城より被下候、以上

石代十（m）

弐百拾弐坪　屋敷　二良兵衛居

百七拾六坪　屋敷　九良右衛門居

以上

天正十七年丑十一月廿八日　大心（黒印）

川口舟越かたへ渡

史料の法量は縦四一・三cm、横二九・三cmの竪帳で、三枚分の料紙で綴じられ、継目の中央部分に発給者（「大心」）の黒印（縦二・一cm、横一・七cm）が捺されている（写真③）。印文は翻刻で「□貞」とされているが、「寶」とも読める（写真④）。

内容は、天正十七年（一五八九）十一月に、川口（浜松市天竜区二俣町）の「舟越」（天竜川の舟運に従事する船乗り）たちが納入すべき年貢高から、「舟越免（筏乗免）」として免除を受けた畠地と屋敷を書き上げたものである。

それぞれ、地名（傍線部a）・上中下の等級（傍線部b）・面積（傍線部c）・田畠の別（傍線部d）・作人の名（傍線部e）が一筆ごとに記され、最後に畠地全体の集計高と、等級ごとの反別斗代が記載されている。これによると、上畠は三反一歩で反別九斗（傍線部h）、中畠は三反四十歩で反別八斗（傍線部i）、下畠は一反大百五歩（三百四十五歩）で反別三斗（傍線部j）となっている。各耕地の年貢高は記されていないが、面積と反別斗代を集計すると、上畠が二石七斗（九俵）二合五勺、中畠が二石四斗（八俵）八升八合九勺、下畠が五斗（一俵二斗）八升七合五勺

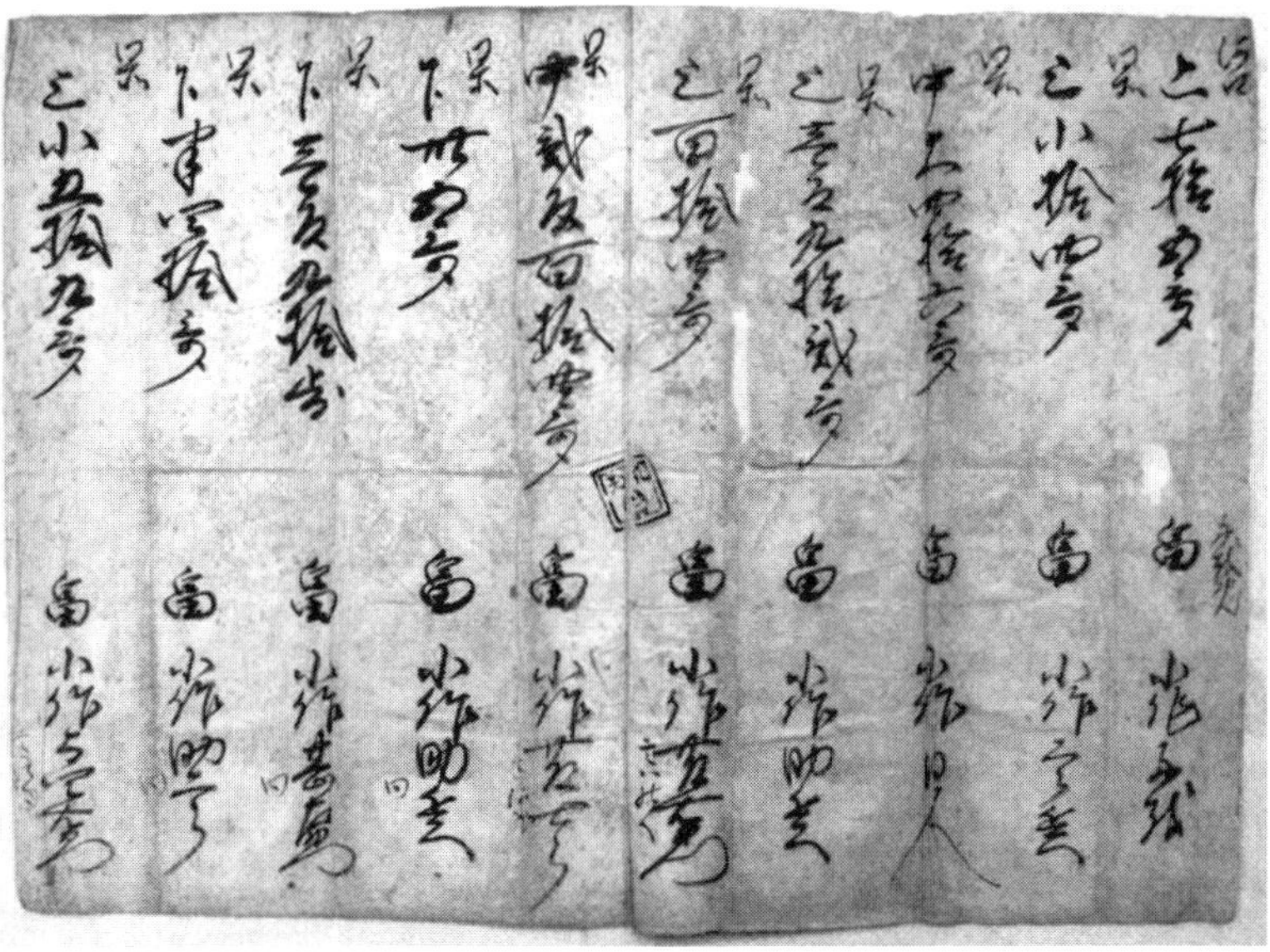

写真①

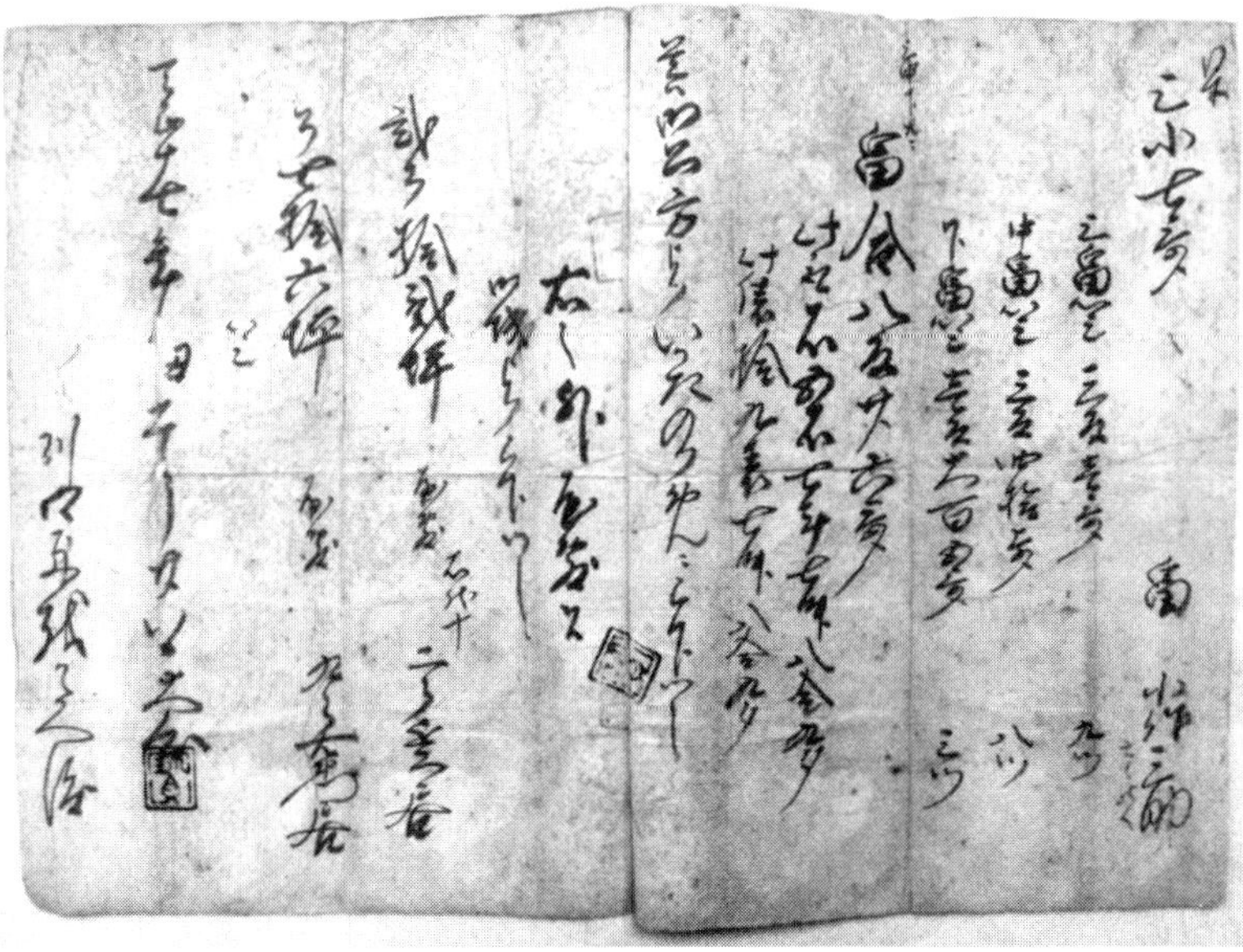

写真②

写真③（継目印）

写真④（大心黒印）

となる。耕地の面積は全体で八反二十六歩、石高は五石七斗七升八合九勺となり、俵高に換算すると、十九俵七升八合九勺となる。これらはすべて、「御公方」（徳川氏）から「筏乗免」として免除されたことが明記されている（傍線部k）。

記載されている耕地はすべて畠地であり、「のへ」（野辺カ、傍線部f）・「河成」（傍線部g）という記載も多く見られる。当該地域は天竜川と二俣川に囲まれた所であり、河川の氾濫による水害も多く発生していたと考えられる。

屋敷地は坪で面積が算出され、反別斗代は「石代十」＝十斗（一石）である[2]（傍線部m）。また、「御城」（二俣城カ）からの免除であることが記されている（傍線部l）。二俣城には天正三年から十八年まで大久保忠世が在城し、北遠地域の支配を行っていた[3]。おそらく、「大心」も大久保氏の一族で、当該地域の年貢収取を担当する奉行であったと考えられる。

次に、「舟越」たちに賦課されていた「筏乗」の役＝「筏役」について述べたい。「筏役」とは、天竜川上流で伐採した榑木《くれ》を筏に組み、河口の懸塚（掛塚、磐田市）まで運搬する役のことで、近世では船明・鹿島・川口など十三ヶ村が勤めることになっていた。また、その際の扶持米は榑木五百丁組一艘につき米二斗（後に六千丁に金一両）であったとされている[4]。戦国期でも天正八年二月に、徳川氏が「鹿島一類」に対して分国中の諸役免許と「筏下」を安堵しており[5]、徳川領国下では「筏役」を勤める者に対して、扶持米の給与ではなく「筏乗免」として年貢を一部免除していたのではないかと考えられる。

最後に、この史料で最も注目すべき点は、一反＝三六〇歩、大（二四〇歩）・半（一八〇歩）・小（一二〇歩）制、一俵＝三斗の下方枡の採用、坪による屋敷面積の把握など、天正十七～十八年に徳川氏が実施した「五ヶ国総検地」と同一の方法[6]で算出されていることである。享保七年（一七二二）七月に作成された「遠州豊田郡阿多古中村水帳寄覚」にある「正泉庵天正十七年御竿地」という記述から、中村（浜松市天竜区二俣町）・瀬林（同）で天正十七年に検地が実施されたと推測されている[7]が、同年に二俣城周辺を含む北遠地域で検地が実施されたことを示す史料は、これまで確認されていなかった。しかし、「筏乗免屋敷畠帳」が作成される前提として、五ヶ国領有時代の徳川氏が当該地域で検地を実施したことは間違いなく、「五ヶ国総検地」をめぐる諸問題を検討するうえで、ひじょうに重要な史料の一つとして評価することができる。

註

（1）『田代家文書　四（天竜市史　続資料編4）』（天竜市教育委員会、二〇〇二年）。
（2）同時期に徳川氏が交付した「七ヶ条定書」によれば、屋敷地の反別斗代は中田と同等であり、対象地域でも反別十斗（一石）で賦課されていたと考えられる。
（3）『天竜市史』上巻（一九八一年）、第二章第七節。
（4）『天竜市史』上巻、第三章第一節。

（５）「田代文書」『静岡県史』資料編八中世四、一二八三号。

（６）本多隆成『近世初期社会の基礎構造』（吉川弘文館、一九八九年）、同『初期徳川氏の農村支配』（吉川弘文館、二〇〇六年）。

（７）前掲註（３）。

【付記】史料の写真掲載にあたり、坪井俊三氏、ならびに浜松市教育委員会天竜教育事務所生涯学習課（当時）の久野正博氏にご協力をいただいた。この場にて御礼申し上げる。

第四章　甲斐における徳川氏の天正検地
――「熊蔵縄」と知行割の分析

はじめに

天正十七年（一五八九）と翌十八年に、徳川氏は領国の三河・遠江・駿河・甲斐の四ヶ国で検地を実施した。この検地は一反＝三六〇歩制や俵高制、分付記載など、同時期に豊臣政権が実施した検地（太閤検地）とは異なる方法が採用されており、幕藩体制成立の前提として、徳川氏が豊臣政権下でも「相対的自立性」を有していた証左として重要視されている[1]。しかし従来の論考では、徳川氏の天正検地は信濃を含めた領国一律の総検地（五ヶ国総検地）として評価されており[2]、東海地域（三河・遠江・駿河）と一括で扱われる傾向にあった。

一方、甲斐では天正十七年に徳川氏が実施した検地を、奉行の伊奈熊蔵家次（後の備前守忠次）の通称から「熊蔵縄」と呼び、徳川氏の関東転封後、豊臣大名の浅野氏が文禄三年（一五九四）に実施した検地（浅野弾正少弼長吉［長政］の官途名から「弾正縄」と呼ばれる）や、関ヶ原合戦後の慶長六年（一六〇一）に徳川氏（奉行は大久保長安）が実施した慶長検地と関連して論じられている。先行研究でも武田旧臣の動向を中心に、東海地域とは異なる形で研究が進められてきた。

まず服部治則氏[3]は、伊奈家次の検地が河内・郡内二領を除く国中地域（甲府盆地周辺）において行われ、一貫文に籾四俵の割合で安堵状が発給された点など、基本的な事項を一九五〇年代の時点ですでに明らかにしている。また村上直氏[4]は、武田氏滅亡後に徳川氏に仕え、関東転封後に八王子千人同心として編成された小人頭の動向を論じた中で、天正十七年の検地にともなう知行地の集中化が行われ、旧来の甲府盆地一帯に分散・錯綜していた所領が整理されて、府中（甲府）を中心にほぼ三里以内の地域に集合されたことを指摘している。秋山敬氏[5]も甲斐の地域区分である「九筋」の成立について言及した中で、九筋の起源が天正十七年の検地を契機としていたことを明らかにし、さらに村上氏の評価を踏まえて、多くの寺社領が一ヶ所に集中させられたと述べている。

また最近では平山優氏[6]が、戦国期の武田領国の制度として、甲斐では一貫文＝甲州俵（二斗入）四俵＝八斗の原則があり、徳川領国下の伊奈家次による天正十七年の知行安堵でも、この原則が踏襲されたことを明らかにしている。

このように基本的には、服部氏・平山氏が指摘したように甲斐の枡が一俵二斗入であり、一貫文＝四俵で換算が行われていた点や、村上氏・秋山氏が述べたような検地を契機とした給人・寺社領の整理という点を中心に、研究が進められてきたといえる。また、近年刊行された『山梨県史』通史編[7]でも、甲斐における徳川氏の天正検地について言及されているが、従来の研究成果をまとめた概略的な内容に留まっている。

しかし、上記の先行研究では史料上の制約から、徳川氏の天正検地（熊蔵縄）と給人知行地・寺社領の画定（知行割）がどのように行われたのか、詳細はほとんど明らかにされていない。そこで本論では、甲斐における徳川氏の天正検地について、現在確認できる史料から見た具体的な事例を基に検討を試みる。

一、「熊蔵縄」の分析

甲斐で天正十七年に検地が実施された事例は、すでに多くの先学が指摘しているように、大野寺（福光園寺、笛吹市）・一蓮寺（甲府市）・永昌院（山梨市）の三例が確認できるのみである。しかし、その他にも「熊蔵縄」に関する後世の史料や、逆に例外的な（検地が実施されなかった）事例も見ることができる。ここではまず個別の事例を検討したうえで、甲斐における徳川氏の天正検地（熊蔵縄）に関する基本事項をまとめておきたい。

（一）大野寺領の事例

表題に「小石和筋大野寺大坊領水帳[8]」とあり、現存する中では唯一の天正十七年検地の帳面である。ここでは耕地の面積だけ記載され、反別斗代（面積一反あたりの基準）は不明であるが、一反＝三六〇歩で大（二四〇歩）・半（一八〇歩）・小（一二〇歩）の面積表記が採用されていることから、「伊奈熊蔵殿水帳」という表題の補筆の通り、天正十七年に徳川氏の下で伊奈家次が実施した検地の帳面と見て問題ないと思われる。

なお、大野寺は天正十一年四月に高家（笛吹市）の内で十八貫三〇〇文を安堵され、同十七年十二月には検地結果に基づいて、大野寺郷（同前）内で七三俵四升を安堵する旨の寺領証文を受給しているが、後述のように一貫文＝四俵＝八斗で換算されていることがわかる（表2№17。以下、表中の№で表記）。

(二)一蓮寺領の事例

次に、一蓮寺には大橋半三郎と中田喜太夫が天正十七年十月に作成した、寺領の検地に関する覚書が現存する。

【史料二】(「一蓮寺文書」山4三三)

一連(蓮)寺領相渡分覚書

上田七万二千六百四拾歩
　此取八百七拾四表(俵、以下同)五勺五才
中田三千百八拾壱歩
　此取廿九表壱斗三升六合壱勺壱才
中畠六百五十四歩
　此取四表弐斗五升三合三勺五才
下畠三千二百廿二歩
　此取拾七表弐斗六升九合九勺九才
表合九百廿六俵六升
歩合七万九千六百六十七歩
　已上　大橋半三郎
天正十七己丑年十月十五日　中田喜太夫
又勘定違申候ハヽ、明日ニも頓而もたせ可給候、為其ニ書立遣候、

一条（一蓮寺）御納所

史料一は一蓮寺領内における田畠の等級ごとの面積と年貢高（一俵＝三斗で計算）を集計したもので、その総額は九二六俵六升である。反別斗代は表1(1)の通りであり、一蓮寺領内における徳川氏の検地結果を基に作成されたと見て間違いない。なお、一蓮寺は天正十一年四月に甲斐国内の二三ヶ所で計四四四貫七百文を安堵され、天正十七年十一月には一条郷（甲府市）内で一〇一〇俵八升を安堵する旨の寺領証文を発給されているが（表2 No.2）、史料一で勘定が相違した場合は修正する旨が記されていることから、検地が実施されてから寺領証文が発給されるまでの間に、徳川氏配下の奉行・検地役人と一蓮寺との間で確認作業が行われたと考えられる。

表1　検地の反別斗代（面積1反＝360歩あたりの基準）

(1) 一蓮寺領

等級	斗代
上田	13斗
中田	10斗
中畠	8斗
下畠	6斗

(2) 永昌院領

等級	斗代	
	貫高	俵高
麦田	1300文	15.6斗
上田	1100文	13.2斗
中田	1000文	12斗
下田	900文	10.8斗
下々田	500文	6斗
上畠	1000文	12斗
下々畠	300文	3.6斗

※1貫文(1000文) ＝ 4俵(12斗)で換算

(三) 永昌院領の事例

一方、永昌院領で実施された検地は、他の事例とは様相が異なる。

【史料二】（「永昌院文書」新甲四七二）

永昌院御寺領重而熊①三（蔵）殿御手形ニて渡分

麦田三反百拾歩　此取四貫弐百九十六文　十三取

上田弐反小廿五歩　此取弐貫六百四十壱文　十一取

中田大八歩　此取六百九十文　十取

下田九歩　此取廿三文　九取

下々田小五拾歩　　此取弐百三十七文　　五取
上畠壱反小卅八歩　此取壱貫四百三十八文　十取
下々畠半三拾歩　　此取百七十五文　　三取
田畠合八反大九十歩
②右取合九貫五百文　　此籾三十八俵也
右名衆坪入之取、勘定如此ニ候、③但除夫免也、
（天正十八年）寅
三月廿五日　平岡帯刀左衛門尉（黒印）
田辺佐左衛門尉（黒印）
岡慶二郎
御納所

史料二は伊奈家次が発給する寺領証文の内訳として作成されたものと考えられ（①）、田畠の等級ごとの面積と、貫高による年貢高と反別斗代が記載されており、合計九貫五〇〇文を籾三八俵に換算している（②）。また、勘定から夫免が除かれているのは（③）、知行書立・寺社領証文（史料六）に見える、田畠一反につき一斗宛の夫銭に関する規定に対応していると考えられ、田畠からの年貢の他に領主（永昌院）へ夫銭（郷村が夫役を勤める代わりに納入する銭）が納入されたことを示している。

また、ここでは「取」（反別斗代）が貫高（「一取」が百文）で記載され、年貢高も貫高で集計されている点、そ

して一貫文＝四俵＝十二斗（一俵＝三斗）で俵高に換算されている点が特徴としてあげられる（反別斗代は表1(2)を参照）。

（四）慶長検地における「熊蔵縄」

他にも、天正十七年に伊奈家次の検地が実施されたことを示す証左として、慶長検地における「熊蔵縄」「熊蔵荒」の記載が指摘されている。これは、郷村側が検地の際に「熊蔵荒」（天正期の徳川検地で認定された不作地）と、「弾正荒」（文禄期の浅野検地で認定された不作地）を先例として提示し、年貢賦課対象から除外するよう求めたものである。『山梨県史』(9)通史編ではこの点を踏まえて、河内領の慶長七年検地で「熊蔵荒」「弾正荒」の記載がない点も含め、国中地域では伊奈検地（徳川氏の天正検地）と浅野検地が確実に行われていたと評価されている。

【史料三】（「美和神社文書」『山梨県史』通史編3近世1、三五頁）

二之宮御神領

以上　田畑屋敷合拾弐町三畝拾八歩

都合百七拾七石六斗六升

右之内百七拾七石五斗六升者　御神領分

残米京判壱斗　　地頭江可出分

右御神領者、御朱印并伊奈熊蔵殿水帳之面茂明鏡ニ候間、如前々被為付置候条、宮中朝清め祭礼、其外定所之つとめ不可有御無沙汰候、以大久保十兵衛殿指図、如右田畑地坪別帳ニ書候而渡シ候、以上

慶長六年辛丑十二月廿日　　平岡樵其斎（松雲斎）
宗寿　書判

二宮神主

上野三郎太郎殿

また史料三では、甲斐二宮の美和神社（笛吹市）で慶長六年に社領の安堵を受ける際に、「御朱印」（以前に徳川氏から発給された朱印状）と「伊奈熊蔵殿水帳」（天正十七年の検地帳）が証拠書類として提出されていることがわかる。

天正検地（熊蔵縄）の帳面がほとんど現存していない理由としては、『山梨県史』(10)通史編において、史料三のように慶長検地の際に天正検地帳が提出され、その後没収・廃棄された可能性が指摘されている。同時期に信濃国伊那郡虎岩郷（飯田市）で実施された検地の場合、天正十七年検地帳の紙背に慶長六年の検地結果が記載され、綴じられていた事例(11)が確認できることから、甲斐でも同様に廃棄されたか、紙背を後代の検地帳で再利用した可能性も考えられる。この点は今後の史料調査の成果を待ちたい。

（五）「七ヶ条定書」の交付

検地の実施と並行して、徳川領国内の各郷村に対して、地頭・代官への年貢・公事納入に関する規定を定めた「七ヶ条定書」が交付された(12)。甲斐では現在二十一点(13)が確認できるが、奉者は検地と同様に伊奈家次が中心であり、この他に西郡筋を原田種雄、大石和筋を寺田泰吉が一部担当している。また、交付の日付を見た限りでは、西郡筋↓小石和筋↓中郡筋・北山筋↓万力筋・栗原筋↓大石和筋の順番で、甲府盆地を西から東へ向かって検地の実施と「七ヶ条定書」の交付が進められたようである。なお、甲斐九筋のうち北西部の武川筋・逸見筋では一点も確認できないが、給人・寺社宛に発給された知行書立・寺社領証文では当該地域の郷村が含まれていることから、基本的には河内・郡内領を除く国中地域全域に交付されたと考えられる。

また、甲斐における検地の基準枡は、服部氏をはじめとする多くの先学が甲州枡（二斗枡）と述べてきたが、一蓮寺領（史料一）・永昌院領（史料二）の事例からもわかるように、東海地域と同じ下方枡（三斗枡）が使用されている。「七ヶ条定書」の基準も三斗枡であり、甲斐の検地も東海地域と同等の基準で行われたことが明らかである。

（六）請負証文の提出

検地の実施後、郷村側からは年貢の請負証文（百姓請負一札）が徳川氏に提出された。現在確認できる請負証文は三河の一点[14]だけだが、知行書立・寺社領証文（史料六）では基本的に「百姓請負一札」の文言が必ず付されていることから、請負証文の提出を経て各郷村の年貢高が画定したと考えられる。

なお、天正十八年四月付の伊奈熊蔵（家次）起請文写[15]も存在し、甲斐の「九筋百姓中」に対して耕作に精を入れるよう命じ、役人側に非違があった場合は罰を受けることを誓う内容になっている。先行研究では干支の誤記（天正十八年は己丑ではなく庚寅）が指摘されるのみだが、文中には「当年田地何れも被入精、散田被仕一札有之」「不限御蔵入諸給共九筋之内かやうニやくそく申候」など、年貢取収をめぐる「一札」の存在がうかがえる。

この「一札」は知行書立・寺社領証文の「百姓請負一札」に対応していると考えられるが、起請文の記載は、請負証文の内容とは明らかに一致していない。また天正十八年四月には、徳川軍が豊臣政権の北条攻めに従軍して伊豆を攻撃中であり、五月初旬に伊奈家次が伊豆国内の諸郷村に対して定書を大量に発給していることから、伊奈家次がこの時期に甲斐を不在にしていたことは明白である。従って伊奈家次起請文は、「百姓請負一札」の記述から何らかの「一札」が存在したという推測の下に、後世（この起請文を収録した『甲斐国志』の編纂以前）に作成されたものである可能性が高い。

しかしながら、秋山氏が指摘するように、甲斐九筋の成立は徳川氏の天正検地（熊蔵縄）を契機としており、伊奈家次起請文の干支が「己丑」であることは、この年（天正十七年）に甲斐で「熊蔵縄」が実施された事件を、地域社会の側が克明に伝えていたことを示す証左であるともいえる。

（七）検地免除の事例

その一方で、田野（甲州市）の景徳院のような例外も存在した。

【史料四】（「景徳院文書」山４六九四）

甲州栗原筋田野寺々中、同門前屋敷共ニ、勝頼公菩提所之由候間、今度御縄打之儀用捨仕候、彼寺中之儀永無相違披露申、御朱印を申請可進之候也、仍如件、

天正十七己丑年

十一月廿三日　伊奈熊蔵（判刻花押・黒印）

田野寺

史料四では、田野寺（景徳院）が武田勝頼の菩提所であることを理由に、徳川氏が検地を免除し、寺領安堵の朱印状は家康に披露した上で発給すると伊奈家次が報せている。景徳院宛の寺領証文は現存しないが、徳川氏にとって何らかの由緒を持つ寺社とその領内では検地が実施されず、徳川氏が過去に発給した安堵状の内容を（後述のように一貫文＝四俵＝八斗で換算して）そのまま認めた事例もあったことが確認できる。

（八）甲斐郡内領の検地

また、徳川領国下の甲斐郡内領では、すでに佐藤八郎氏[17]が指摘するように、鳥居元忠が独自に検地を実施していたことが確認できる[18]。ここでは、吉田（山梨県富士吉田市）の御師衆側の主張として、本来は無年貢であった開発地に対して、戦国期に郡内領を支配した小山田氏が「改め」を行って七貫文の年貢を賦課し、鳥居元忠（彦右衛門）の代には屋敷地を含めた「改め」の結果三十貫文に、さらに羽柴秀勝（少将殿）の甲斐入国後は三倍増の百貫文に増額され、浅野幸長（左京殿）が初めて「縄入」（検地）を行って五四〇石余になったと述べられている。

すなわち、郡内領では浅野氏が初めて「縄入」による検地（文禄三年検地）を行ったのであり、それ以前の小山田氏や鳥居元忠・羽柴秀勝の代には検使派遣による現地の確認（改め）に留まっていたことがうかがえる。穴山氏[19]が領有していた河内領、および鳥居元忠の支配下にあった郡内領では徳川氏の天正検地（熊蔵縄）は実施されず、国中地域（徳川氏の直接支配領域）に限定されていたのである。

二、「熊蔵縄」と甲斐の知行割

（一）貫高から俵高への換算

検地の実施後、伊奈家次が甲斐国内の給人に知行書立を、寺社に寺社領証文をそれぞれ発給し、徳川氏による知行地・寺社領の安堵が行われた。例えば、向嶽寺（山梨県甲州市）に対して天正十一年に発給された家康の安堵状と、同十七年の寺社領証文を比較すると、以下のようになる（表2№12）。なお、天正十一年・同十七年の知行地・知行高を比較できる事例について、寺領領（表2）の分をまとめたので参照されたい。

【史料五】（「向嶽寺文書」山4三五一）

甲州塩山寺領塩後之内五貫文、千野之内拾貫百五十文、歌田内六百文、萩原之内弐貫文、小曽之内八貫弐百文之事

右為本寺領之間、領掌不可有相違之状如件、

天正十一年

卯月廿日　家康御直判

塩山

【史料六】（「向嶽寺文書」山4三七三）

甲州栗原筋塩山領之事

一、百参表壱斗六升（黒印）　小曽郷塩後両郷内ニ而

已上

右依有　御判形、任面付員数如此、全所務可被成候、取高之外田畠上中下共ニ壱段ニ壱斗宛之夫銭有、右之分百姓請負一札有之、仍如件、

天正十七己丑年

十一月廿三日　　伊奈熊蔵（版刻花押）

塩山

これを見ると、天正十一年の段階（史料五）では塩後（甲州市）・千野（同前）・歌田（山梨市）・萩原（甲州市）・小曽（同前）など、向嶽寺周辺の諸郷村に分散していた寺領（計二五貫九五〇文）を、同十七年の段階（史料六）では塩後・小曽の二郷に整理し、俵高で寺領（一〇三俵一斗六升）を安堵している。

ただし、平山氏がすでに明らかにしたように、史料六では東海地域の公定枡（徳川領国の基準とされた枡）であった下方枡（三斗枡）ではなく甲州枡（二斗枡）が採用されており、一貫文＝四俵＝八斗（一斗＝一二五文、一升＝一二・五文）で換算されている。なお、徳川氏が天正十五年・十六年に「五十分一役」を賦課した際にも、甲斐では甲州枡（二斗枡）が基準とされ、下方枡（三斗枡）との間で「六合摺」（六〇％の割合）という換算値が存在した事実[20]が確認できる。

このように、徳川氏は直接支配領域（東海地域および甲斐国中地域）における検地や「七ヶ条定書」で下方枡（三

表２　甲斐の寺社領証文（天正10年・11年と同17年の比較）

No.	宛　所	年 月 日	在　所　名	寺社領高	出　典	
1	三宮神主（玉諸神社）	天正 11.4.24	国玉郷・巨世村内・上阿原内・塩部内・酒依内	103 貫文	磯部家文書	山 4-14
	国玉大明神々主	天正 17.11.23	国玉之郷	117 俵 7 升	磯部家文書	山 4-15
2	壱蓮寺	天正 11.4.19	一条・大畑分・下石田内・中飯田内・洲崎分・上条内・杓丸内・成島東方・同西方・中楯内・乙黒内・浅利内・市河新所・同大鳥居・市部内・観音寺分・平井内・国衙内・小窪内・野呂内・黒駒内・四日市場内・下原内大正寺分	444 貫 700 文	一蓮寺文書	山 4-32
	一蓮寺	天正 17.11.23	一条之郷内	1010 俵 8 升	一蓮寺文書	山 4-33
③	（三輪祢宜）	天正 11.4.19	宮地内・田嶋内・平岡内・鮎沢内・小笠原内・落合内・北条内・宮原内・里吉内・市川新所・極楽寺内・十日市場内	11 貫 400 文	今沢家文書	山 4-45
	三輪大明神神主	天正 17.11.23	下宮地郷内	45 俵 3 升 9 合 8 勺 1 才	今沢家文書	山 4-46
4	興因寺	天正 11.4.20	万力之内千手院分・中村明楽寺分	19 貫 544 文	興因寺文書	山 4-123
		天正 17.11.23	石水寺郷内	71 俵 1 斗 5 升 3 合 2 勺 6 才	興因寺文書	山 4-124
⑤	青松院	天正 11.9. 晦		10 貫文	青松院文書	山 4-179
		天正 17.11.23		40 俵	青松院文書	山 4-180
6	大泉寺	天正 11.4.18	南胡之内・平井之内・河田内・浄古寺之内	47 貫 360 文	大泉寺文書	山 4-198
		天正 17.11.23	島上条郷・南胡郷	74 俵 2 升 5 合	大泉寺文書	山 4-199
⑦	長松寺	天正 11.4.18	長塚内	3 貫文	長松寺文書	山 4-211
		天正 17.11.23	長塚郷	12 俵	長松寺文書	山 4-212
⑧	諏方神主	天正 11.4.18	志田内	5 貫 333 文	禰津（保丸）家文書	山 4-230
		天正 17.12.7	志田之郷内	21 俵 6 升 6 合	禰津（保丸）家文書	山 4-231
⑨	千塚八幡神主	天正 11.4.18	千塚内	1 貫 833 文	八幡神社文書	山 4-232
		天正 17.12.7	千塚郷	7 俵 6 升 6 合	八幡神社文書	山 4-233

⑩	法泉寺	天正 11.4.19	和田内・中飯田内	37 貫 500 文	法泉寺文書	山 4-244
		天正 17.11.23	和田郷内	150 俵	法泉寺文書	山 4-245
⑪	菅田宮	天正 11.4.18	於曽内	8 貫 250 文	菅田天神社文書	山 4-320
		天正 17.11.23	小曽郷	33 俵 1 合 1 勺 2 才	菅田天神社文書	山 4-321
12	塩山（向嶽寺）	天正 11.4.20	塩後之内・千野之内・歌田内・萩原之内・小曽之内	25 貫 950 文	向嶽寺文書	山 4-351
		天正 17.11.23	小曽郷・塩後両郷内	103 俵 1 斗 6 升	向嶽寺文書	山 4-373
⑬	橋立大明神祢宜	天正 11.4.19	林部之内	3 貫文	旧上万力村今沢美作旧蔵文書	山 4-498
	橋立宮神主	天正 17.12.7	林部郷内	12 俵	旧上万力村今沢美作旧蔵文書	山 4-499
14	賀茂春日祢宜	天正 11.4.19	立河内・平井内	3 貫 530 文	賀茂春日神社文書	山 4-561
	賀茂神主	天正 17.11.23	賀茂郷内	84 俵 1 斗 7 升 6 合 5 勺 5 才	賀茂春日神社文書	山 4-562
15	二宮神主（美和神社）	天正 11.4.19	塩部内・二宮郷内・唐柏郷内・蛇島内・夏目原内・井上内・下原内・米蔵代長内・河内之内・観音寺内・平井内・国衙内・黒駒郷内・成田内・栗原内	136 貫 67 文	美和神社文書	山 4-752
		天正 17.11.23	二宮郷内	493 俵 4 升 6 合	美和神社文書	山 4-753
⑯	神座山神主	天正 11.4.19	井上内・夏目原内・観音寺内・下原内・横手道内・竹居内・国衙内・小窪内・八代内・黒駒内・神郷内	18 貫 695 文	檜峰神社文書	山 4-767
	黒駒神座山別当	天正 17.11.23		74 俵 1 斗 5 升 7 合	檜峰神社文書	山 4-768
⑰	（大野寺領）	天正 11.4.20	高家之内	18 貫 300 文	大野寺文書	山 4-777
	大野寺	天正 17.12.7	大野寺郷内	73 俵 4 升	大野寺文書	山 4-779
18	一宮神主（浅間神社）	天正 10.10.22		200 貫文	浅間神社文書	山 4-792
		天正 17.11.23	一宮郷内	650 俵 1 斗 2 升	浅間神社文書	山 4-793

⑲	慈眼寺	天正 11.4.20	一宮之内	10 貫 700 文	慈眼寺文書	山 4-821
		天正 17.12.7	一宮郷内	42 俵 1 斗 6 升	慈眼寺文書	山 4-822
20	八代熊野	天正 11.4.19	八代内・小石和内	33 貫 850 文	福光園寺文書	山 4-776
	八代熊野領宮之坊	天正 17.11.23	八代郷内	103 俵 1 斗 8 升 5 合	熊野神社文書	山 4-836
㉑	円楽寺	天正 11.4.26	向山之内・寺尾之内・浅利之内・上曽根之内	20 貫 500 文	円楽寺文書	山 4-893
		天正 17.11.23	右左口郷	82 俵	円楽寺文書	山 4-894
㉒	薬王寺	天正 11.4.20	市川新所・同本所	20 貫文	薬王寺文書	山 4-940
		天正 17.11.23	市川郷内	80 俵	薬王寺文書	山 4-941
㉓	南明寺	天正 11.4.26	大窪内・内田分・南条内・市川新所・田島内	15 貫文	南明寺文書	山 4-1005
		天正 17.12.7	大窪郷内	60 俵	南明寺文書	山 4-1008
㉔	明王寺	天正 11.4.19	高林中村内・平岡内・落合内・八代内・市川新所	14 貫 200 文	明王寺文書	山 4-1012
		天正 17.12.7	明王寺郷内	56 俵 1 斗 6 升	明王寺文書	山 4-1013
㉕	慈照寺	天正 11.4.20	嶋下方内・志田之内・堀内	5 貫 600 文	慈照寺文書	山 4-1259
		天正 17.12.7	河原宿郷内	22 俵 4 升	慈照寺文書	山 4-1264
㉖	天沢寺	天正 11.4.17	亀沢内	18 貫文	天沢寺文書	山 4-1288
		天正 17.11.23	亀沢郷	72 俵	天沢寺文書	山 4-1290
27	法善寺	天正 11.4.19	加賀美内・寺部内・藤田内・加賀美中条内	102 貫 220 文	法善寺文書	山 4-1358
		天正 17.11.23	加々美郷内	272 俵 1 斗 1 升 6 合 7 勺	法善寺文書	山 4-1359
㉘	伝嗣院	天正 11.4.21	神山内・青野・龍昌院分・下今井隆円寺分	9 貫 280 文	伝心院文書	山 4-1368
	伝心院	天正 17.11.23	上宮地郷内	37 俵 2 斗 5 合	伝心院文書	山 4-1369
㉙	西光寺	天正 11.9.30	鮎沢村分地免	3 貫文	西光寺文書	山 4-1387
		天正 17.12.7	鮎沢郷内	12 俵	西光寺文書	山 4-1388

30	松雲院	天正 11.4.20	北原之内	9 貫文	松雲院文書	山 4-1390
		天正 18.1.14	南大師郷内	29 俵	松雲院文書	山 4-1391
31	深向院	天正 11.4.20	北条之内	30 貫 650 文	新光院文書	山 4-1394
	新光院	天正 18.1.14	宮沢郷内	23 俵 1 斗 6 升	新光院文書	山 4-1395
32	甘利南宮	天正 11.4.18	甘利上条内・同下条内・同河崎分	26 貫 600 文	歌田家文書	山 4-1410
	甘利南宮領神主	天正 17.11.23	甘利東之割	46 俵 1 斗 8 升 6 合 6 勺 7 才	歌田家文書	山 4-1411
㉝	大公寺	天正 11.4.20	甘利上条之内	5 貫 350 文	大幸寺文書	山 4-1421
	大幸寺	天正 17.11.23	甘利上条南割	21 俵 8 升 2 勺 3 才	大幸寺文書	山 4-1422
㉞	苗敷山（宝生寺）	天正 11.（4）.19	甘利上条内・矢戸内	5 貫 200 文	宝生寺文書	山 4-1427
		天正 17.11.23	甘利北割村	20 俵 1 斗 6 升 4 勺 5 才	宝生寺文書	山 4-1428

（出典）「山 4」…『山梨県史』資料編 4 中世 1、「山 5」…同資料編 5 中世 2（数字は史料番号）
※№が丸数字のものは、寺社領高が 1 貫文＝ 4 俵＝ 8 斗で換算されている事例。
※同一の宛所に安堵状が複数ある場合は、発給日が後のものを優先した。

斗枡）を基準としたが、甲斐では武田時代の遺制が踏襲され、知行地・寺社領を安堵する際には、同じ俵高でも甲州枡（三斗枡）が基準とされていた。

（二）知行地・寺社領の整理

また、「熊蔵縄」（天正十七年の伊奈検地）で「一郷一寺の原則」が存在したことは、次の史料からも窺い知ることができる。

【史料七】（「常林寺文書」新甲一〇三二）

南八代常林寺者、身延山末寺と申なから、壱郷壱ヶ寺ニ熊蔵殿時も被仰置候間、今度も御縄高之外ニ被成、六畝廿歩之屋敷所被為付置者也、

慶長六年
辛丑十二月廿一日　　宗寿（黒印）
当住
玄乗坊

この点については、村上氏がすでに知行地の集中化を指摘し、秋山氏もこれを踏まえて、多くの寺社領が一ヶ所に集中したと述べている。ただし、これは甲斐だけに限らず、東海地域でも同様の事例が見られ、三河松平一族の深溝松平家忠は、検地実施後の天正十八年二月に三河国内の各所に有していた「名職」を徳川氏に収公され、本拠の深溝（愛知県幸田町）近辺の郷村で替地を宛行われている。(21)

では、実際の知行割はどのように行われたのか、巨摩郡甘利郷（山梨県韮崎市）を事例に検討していきたい。甘利郷は天正十一年段階で「甘利上条・下条」として見えるが、同十七年には甘利南宮（南宮大神社、表2No.32）が甘利東割、大公寺（表2No.33）が甘利上条南割、苗敷山（宝生寺、表2No.34）が甘利北割をそれぞれ寺領・社領とされている。一方、給人では山本弥右衛門尉が甘利上条東割・下条北割を知行地とされており[22]、また折井市左衛門尉次昌が甘利下条北割で四百俵分の年貢を渡されて、地方は伊奈家次から報せると伝えられている[23]。

甘利南宮・大公寺・宝生寺は寺社領とされた村名に「内」がつかないことから、各村を一円知行していたと考えられる。上記の地名は、近世にそのまま村として把握されており、徳川氏が「熊蔵縄」（伊奈検地）によって同一地域内に錯綜していた領地を整理したうえで、給人知行地・寺社領ごとに「村切り」を行った結果、このような形になったと推定できる。また、給人・寺社の多くは同一の郷村内で相給とされ、甲斐の給人知行地・寺社領が、各郷村内の分散知行から、特定の郷村に集約されたことがうかがえる[24]。

なお服部氏は、寺社領が一貫文＝四俵の事例が多いのに対して、給人知行地の貫高と俵高の換算は一定しないことを指摘している。たしかに、寺社領の高が一貫文＝四俵＝八斗で換算されている事例（表2のNo.が丸数字）は三四例のうち二一例であるが、給人知行地は十四例のうち四例[25]だけである。この背景には、天正十年・十一年の安堵状が「天正壬午の乱」の混乱の最中に発給されたこともあって、徳川氏に申請した本領や諸権益がそのまま安堵された場合が多く、天正十七年の検地を経て、知行高が増減したことが考えられる。従って、貫高から俵高への換算にあたっては、基本的に一貫文＝四俵＝八斗の原則が適用されていたと見なすことができる。

（三）検地実施の目的

次に、徳川氏が天正十七年・十八年に領国内で検地を実施した目的について、筆者の見解を示しておきたい。まず、甲斐の天正検地（熊蔵縄）は郷村単位で実施され、同一地域内に錯綜していた各領地を整理した上で、給人・寺社に配分されていた点が特徴としてあげられる。東海地域でも遠江国引佐郡井伊谷の検地[26]で、各郷村が給人（井伊谷三人衆）にほぼ均等に配分されたことが指摘されている。これは甲斐と同様に、検地の実施によって各給人の知行地が整理された結果と考えられる。

当該期の徳川氏を取り巻く状況を見ると、天正十四年九月に徳川氏が豊臣政権に臣従して以降、豊臣政権と関東の北条氏との緊張関係が高まっていた時期にあたる[27]。同十七年末には豊臣政権による北条攻めが決定され、徳川氏に対しても同年十二月十三日に「京よりの御ふれ」として「相州御陣」が伝えられた[28]。また徳川氏は、豊臣政権から賦課された「本役」（知行百石につき五人の軍役）に基づいて三万人の兵を動員している[29]。

すなわち、徳川氏が当該期に検地を実施した最大の目的は、各郷村に錯綜する給人知行地・寺社領の把握と整理を行い、知行高を画定させることにあった。徳川氏はこの数値に基づいて領国内に軍役・知行役を賦課し、豊臣政権から徳川氏に賦課される軍役・知行役を勤めていたと考えられる。

冒頭で述べたように、徳川氏が領国独自の基準で検地を実施した事実は、先行研究で豊臣政権下の徳川氏が「相対的自立性」を有していたことの証左とされてきた[30]。しかし、近年指摘されているように、徳川氏の関東転封後に甲斐に入国した加藤氏も独自の基準（俵高制や一反＝三六〇歩の土地表記）で検地を行っており[31]、信濃の諸大名（真田氏・仙石氏・石川氏など）の検地も貫高制を基準にしていた点など[32]、地域社会の慣行（前代の遺制）に規定されていた点が明らかにされている。従って、領国独自の検地を実施したことを根拠にして、徳川氏の「相対的自立性」を主張することは、もはや難しい状況になっているといえる。

では甲斐の地域社会から見て、徳川氏の天正検地が実施された意義は何であったのか。一つめは、後世まで「熊蔵縄」と呼称されたように、甲斐国中地域で縄入（竿入）による丈量検地が初めて実施された点である。二つめは、徳川氏の直接支配領域（東海地域および甲斐国中地域）で同一基準（俵高）による検地が実施された点である。三つめは、「熊蔵縄」が慶長検地の基準とされたように、後世の地域社会における先例として機能した点である。ただし、甲斐では武田時代の遺制が踏襲され、知行地・寺社領を安堵する際には、徳川領国の基準とされた下方枡（三斗枡）ではなく甲州枡（二斗枡）が用いられ、一貫文＝四俵＝八斗で換算されていた点も指摘できる。

このように、豊臣政権下の徳川氏が武田時代の遺制を踏襲しながらも、戦国期以来の状況（今川・武田・徳川領国下の分散・錯綜した知行形態）を検地によって整理し、近世村落に繋がる地域社会を新たに形成した点に、天正検地の意義を見出すべきであろう。

おわりに

本論では、甲斐における徳川氏の天正検地（熊蔵縄）についての基本事項を検討した。ここでは東海地域（三河・遠江・駿河）と同じ基準で検地が実施された一方で、知行地・寺社領を安堵する際には、徳川領国の基準とされた下方枡（三斗枡）ではなく甲州枡（二斗枡）が用いられ、一貫文＝四俵＝八斗で換算された点を確認した。

すでに多くの先学が、甲斐では天正十年・十一年の知行高を一貫文＝四俵で換算した例について指摘しているが、上記の事実は、徳川氏が領国の統一基準（下方枡による俵高制）を設定した一方で、地域社会の慣行（貫高制や甲州枡）との換算値を設けていたことを示している。

また、徳川氏の天正検地は河内領（穴山領）・郡内領（鳥居元忠領）を除く甲斐国中地域（九筋）を対象として実施されたが、景徳院のように検地が免除されたり、何らかの理由で検地が実施されなかった地域も存在した。検地の実施後、給人には知行書立、寺社には寺社領証文が発給されたが、ここでは「一郷一寺の原則」が適用され、甲斐国内の諸郷村に分散・錯綜していた領地を一定の郷村に集中させるなど、給人知行地・寺社領の整理が行われた。また甘利郷のように、給人知行地・寺社領ごとに「村切り」を行った事例も確認できる。

この背景には、豊臣政権から徳川氏に賦課される軍役・知行役を勤めるため、給人・寺社の知行高を画定させる必要があったことがあげられる。また、天正検地は徳川氏の直接支配領域（東海地域および甲斐国中地域）で同一基準によって実施された丈量検地であり、「熊蔵縄」が甲斐の慶長検地の基準とされたように、後世の地域社会における先例としても機能した。このように、豊臣政権下の徳川氏が実施した天正検地は、戦国期以来の状況を整理し、近世村落に繋がる地域社会を新たに形成した点に、意義を見出すことができる。

註

（1）本多隆成「初期徳川氏の五ヵ国総検地」（『近世初期社会の基礎構造』吉川弘文館、一九八九年。初出一九八〇年）、同「五ヵ国総検地と七ヵ条定書」（『初期徳川氏の農村支配』吉川弘文館、二〇〇六年）。

（2）所理喜夫「関東転封前後における徳川氏の権力構造―天正十七、八年の五ケ国総検―」（『徳川将軍権力の構造』吉川弘文館、

一九八四年。初出一九六〇年）、北島正元『江戸幕府の権力構造』（岩波書店、一九六四年）、同『近世の民衆と都市』（名著出版、一九八四年）、和泉清司「五ヵ国時代の領国形成と支配」（『徳川幕府成立過程の基礎的研究』文献出版、一九九五年。初出一九九四年）、谷口央「徳川五か国総検地と分付記載」（『幕藩制成立期の社会政治史研究』校倉書房、二〇一四年。初出二〇〇三年）等。

（3）服部治則「甲斐の検地」（『甲斐史学』創刊号、一九五七年）。以下、特に断らない限り、服部氏の見解は本論による。

（4）村上直「八王子千人同心の成立」（同編『八王子千人同心史料―河野家文書―』雄山閣、一九七五年。初出一九六五年）。以下、村上氏の見解は本論による。

（5）秋山敬「九筋の起源」（磯貝正義先生古稀記念論文集編纂委員会編『甲斐の地域史的展開』雄山閣出版、一九八二年）。以下、秋山氏の見解は本論による。

（6）平山優「戦国期武田領国における貫高制の形成について―甲斐・信濃・西上野三国を事例に―」（柴辻俊六編『戦国大名武田氏の役と家臣』岩田書院、二〇一一年）。以下、平山氏の見解は本論による。

（7）『山梨県史』通史編2中世（二〇〇七年）第九章第三節（山本英二執筆）。

（8）「福光園寺文書」山4七七八。

（9）『山梨県史』通史編3近世1（二〇〇六年）第四章第一節（菊池邦彦執筆）等。

（10）前掲注（7）。

（11）「平沢文書」信17九。詳細は、吉田ゆり子「天正検地と「知行」―信州下伊那郡虎岩郷を事例として―」（『兵農分離と地域社会』校倉書房、二〇〇〇年。初出一九九〇年）、拙稿「信濃国伊那郡虎岩郷「本帳」と検地帳の分析」（本書第2部第三章）等を参照。

（12）前掲註（1）、本多隆成「徳川七ヵ条定書について」（大阪大学文学部日本史研究室編『近世近代の地域と権力』清文堂出版、一九九八年）を参照。

（13）前掲註（7）、五三八～九頁の表を参照。山本氏は甲斐国内宛の「七ヶ条定書」を十九点としているが、この他に二点（「古文書二代二七・「上矢文書」代六四）が確認できるので、計二十一点となる。

（14）「鳥居家文書」愛12一五八〇。

(15)「一蓮寺文書」山4三五。
(16) 静8二四六二～七一。
(17) 佐藤八郎「郡内領主小山田氏と御師衆」(柴辻俊六編『戦国大名論集10　武田氏の研究』吉川弘文館、一九八四年。初出一九六九年)。
(18)「富士浅間社御師注連屋家文書」新甲二二〇八。
(19) 徳川領国下の穴山氏については、柴裕之「徳川領国下の穴山武田氏」(『戦国・織豊期大名徳川氏の領国支配』岩田書院、二〇一四年。初出二〇一一年)を参照。
(20)「楓軒文書纂所収文書」山5八九〇。詳細は拙稿「「五十分一役」の再検討」(本書第1部第二章)、平山優「戦国期東海地方における貫高制の形成過程―今川・武田・徳川氏を事例として―」(『武田氏研究』三七・三八号、二〇〇七・二〇〇八年)を参照。
(21)「本光寺常盤歴史資料館所蔵文書」愛12一六一五・一六一六。詳細は拙稿「徳川氏の領国検地と深溝松平領の画定」(本書第2部付論二)を参照。
(22)『八王子千人同心史』資料編Ⅰ(八王子市教育委員会、一九九〇年)、一七〇頁。
(23)「折居文書」代一三五。
(24) 服部治則「天正十年安堵状貫高と天正十七年知行書立俵数について―特に小十人頭における―」(村上直編『八王子千人同心史料』所収、初出一九六九年)
(25) 岡部孫右衛門尉(「岡部家文書」山4三〇三・四)、波木井四郎左衛門尉(「久遠寺文書」山4一一四〇・一)、佐野兵左衛門尉(「楓軒文書纂所収文書」山5八八八・九一)、五味勘十郎(「甲州信州武州古文書所収文書」山5一〇二二・五)の四例。
(26) 本多隆成「初期徳川氏の五ヵ国総検地」(前掲註1)、宮本勉「遠州引佐郡井伊谷の内三岳村検地の実態」(『日本歴史』四一〇号、一九八二年)、巨島泰雄「引佐地方の五ヵ国総検地について」(『静岡県史研究』七号、一九九一年)を参照。
(27) 平山優『武田遺領をめぐる動乱と秀吉の野望―天正壬午の乱から小田原合戦まで―』(戎光祥出版、二〇一一年)、竹井英文『織豊政権と東国社会―「惣無事令」論を越えて―』(吉川弘文館、二〇一二年)等を参照。
(28)『家忠日記』天正十七年十二月十三日条(『増補続史料大成』第十九巻、臨川書店、一九八一年)。
(29) 平野明夫「豊臣政権の軍役」(『戦国史研究』四四号、二〇〇二年)、黒田基樹『敗者の日本史10　小田原合戦と北条氏』(吉川弘文館、二〇一三年）。
（30）前掲註（1）。
（31）『改訂南部町誌』上巻（一九九九年）第三編第四章第一節（平山優執筆分）、前掲註（10）。
（32）拙稿「豊臣政権下の信濃検地と石高制」（本書第3部第一章）。

第2部　徳川氏の従属国衆と支配構造

第一章　三河国衆としての深溝松平氏

はじめに

本章の課題は、三河の国衆としての深溝松平氏の支配構造と、徳川家中における深溝松平氏の位置を明らかにすることである。深溝松平氏に関する研究成果としては、煎本増夫氏[1]が徳川氏の軍団制について言及した中で、東三河の「旗頭」である酒井忠次の麾下として取り上げているのをはじめ、新行紀一[2]・盛本昌広両氏[3]によって、『家忠日記』（以下『日記』と略す）から見た深溝松平氏の動向がまとめられている。さらに近年では、平野明夫氏が家康以前の松平一族・三河国衆の動向を検討した中で、深溝松平氏が松平宗家から分立して形成していく過程を明らかにしている[4]。また、『日記』における儀礼や年中行事の分析を通して、深溝松平氏の家中構造についても言及している[5]。

次に、戦国期の国衆に関しては、黒田基樹氏が戦国大名と同質の権力を持つ領域「国家」としての評価を行っており、近年では武田領国を事例として、朝比奈氏[6]・小笠原氏[7]のような領国内国衆や、穴山氏・小山田氏[8]のような一門・家中（譜代家老層）に属する国衆の支配構造を明らかにする中で、領域内における紛争裁定の権限の有無を地域権力としての指標の一つにしている。柴裕之氏[9]も黒田氏の国衆論を継承する形で、国衆の権力構造は親類・被官を基軸とした家中よりなる一揆的権力構造であり、支配領域＝「国家」存立のため周辺の領域権力（戦国大名）に依存（従属）し、その保護下に入っていたこと、従属国衆の中には戦国大名への依存関係を強め、家臣化（家中への包摂）を選択する場合もあったことなどを述べている。一方、平野氏は国衆を大名に服属した領主層として評価し[10]、年中行事から見た徳川氏の家中構造について検討した中で、『日記』における国衆も徳川一門・一門並の領主層であったと評価している[11]。黒田・柴両氏が国衆「国家」の存立という観点から大名権力との関係を捉えているのに対し、平野氏は国衆を大名領国内の領主層として捉えた上で、大名権力による国衆の支配や編成の動向を重視しており、両者の間には見解の隔たりが見られる。

新行氏は、日記中で家忠が家康を呼び捨てにしていたように、松平宗家（徳川氏）と三河国衆は当初「一揆」的な関係にあったが、天正十四年頃から家康を「家康様」「殿様」、駿府城を「御城」と表記するなど呼び方が変化している点を挙げ、この現象を「家康の領国支配体制の確立と三河国衆の地位の相対的低下」の表れとして評価している。家康が豊臣政権への従属を契機として、家中統制や領国支配を強化していったことは異論のないところであるが、それ以前の戦国大名段階における徳川氏家中の構造や、国衆領の支配構造および家中構造についての分析は、史料上の制約から大給松平氏[12]や八名西郷氏[13]など一部の事例に留まっている。

そこで本章では、天正十八年（一五九〇）七月の関東転封以前、すなわち三河国衆としての深溝松平氏を取り上げ、その家中と領内の支配構造について、徳川氏や他の三河国衆との関係も踏まえながら検討していきたい。

一、深溝松平領の所在と知行高

まず、深溝松平領の所在と知行高であるが、これについては、天正十七・十八年に徳川領国で実施された検地（五ヶ国総検地）の後、伊奈家次（忠次）が発給した知行書立が手がかりとなる。

【史料一】（「本光寺常盤歴史資料館所蔵文書」愛12一六一五）

御知行書立

西三川

一、千九百卅弐表（俵、以下同）壱斗六升九勺壱才　中島郷
一、五百八拾六表壱斗壱升八合弐勺四才　おい（小美）の郷
一、弐百七拾九表壱斗六升六合四勺　ほゞ（保母）の郷
一、千参百拾四表四升壱合弐勺　長（永）良郷
一、弐百六拾四表弐斗八升九合九勺七才　さかさ（逆）河郷
一、弐千弐百八拾七表壱斗壱升三合七才　深須（溝）之郷
一、五百九拾壱表弐斗八升七合四勺七才　広（拾）石之郷

但八幡名共ニ

已上七千弐百五拾六表弐斗七升七合弐勺六才（黒印）

不替分
一、参百五拾九表七升六勺壱才　土呂三ノ場
一、四百拾四表壱斗九升六合八勺七才　きり（桐）山郷
一、九百拾七表壱斗四合五勺七才　野場（庭）之郷
已上千六百九拾壱表七升弐合二勺一才（黒印）
今度御縄之上替る地方
惣合八千九百四拾八俵四升九合三勺壱才（黒印）
此内弐千五百壱表壱斗四升弐合弐勺八才出目
右、如此可被成所務候、但取高之外田畠上中下共ニ壱段ニ壱斗宛之夫銭有、右之分百姓請負一札有之、仍如件、
天正十八庚寅年
二月五日　伊奈熊蔵（家次）（黒印・花押）
松平又八（家忠）殿

【史料二】（「本光寺常盤歴史資料館所蔵文書」愛12一六一六）
松平又八殿先御知行之時申成ケ（箇）今度改候て知行渡申候間、引除申分事
一、百四拾九表壱斗一升九合　東三河八幡領分
一、四拾表者　他所名職除分

　　但急速勘定之間、多少候ハヽ、重而改可申事
一、弐拾六表弐斗　蘆之屋《（芦谷）》年貢分ニ除
　以上弐百拾六表壱升九合分、小二右《（小栗吉忠）》之書立之内を引也、
　小二右より者渡候へと書立候へ共、除申候、両人断次第也、
寅《（天正十八年）》二月五日　伊奈熊蔵（花押）
　松平又八殿

このように、史料一で「不替分」とされた中島（愛知県岡崎市）・小美（同）・保母（同）・永良（愛知県西尾市）・逆川（同幸田町）・深溝（同）・拾石（愛知県蒲郡市）の各郷と、史料二で除外された東三河八幡領分・芦谷（幸田町）の年貢分などが天正十七年以前の所領であり、特に史料一に記載された各郷は「内」の記載がないことから一円知行であったことがわかる。史料一の知行高（八九四八俵四升九合三勺一才）から検地による出目（二五〇一俵一斗四升二合二勺八才）を引いた額（天正十七年以前の知行高）は六四四六俵二斗七合三才である。近年、平山優氏[14]は、戦国期の徳川氏が遠江では下方枡（三斗枡）を用いて一俵＝三七五文（一石＝一二五〇文）、三河では細川枡（二斗五升枡）を用いて一俵＝五〇〇文（一石＝二〇〇〇文）の換算率が存在していたことを明らかにしている。これに基づいて、史料一・二の下方枡を基準とした俵高を石高から貫高に換算すると、六四四六俵二斗（一九三四石七合三才×一二五〇文＝二四一七貫五〇九文になる。同様に、史料二で深溝領から除かれた分（二一六俵一升九合を石高から貫高に換算した額（六四石八斗一升九合×一二五〇文＝八一貫二三文）を加えると、天正十七年以前の貫高による深溝松平氏の知行高は約二五〇〇貫文と推定できる。

次に、深溝松平領が形成された経緯について検討する。『寛永諸家系図伝』[15]（以下『寛永伝』と略す）、『寛政重修諸家譜』[16]（以下『寛政譜』と略す）等の系譜類によると、深溝松平氏の初代忠定（五井松平元心の弟）が小美の領主米津四郎右衛門を滅ぼして小美・保母両郷を攻め取り、さらに深溝の領主大庭（大場）二郎左衛門を滅ぼして深溝郷を攻め取り、その地を居城としたとされる。ただし、近年では平野氏[17]によって、これらは忠定の祖父正則（松平氏第三代信光の子）の事績であったことが明らかにされている。また、中島・永良については、二代好景が永禄四年（一五六一）に中島城の板倉弾正を破った功で松平元康（徳川家康、以下家康で統一）から拝領したとされているが、天文二十三年（一五五四）に深溝松平氏が菩提寺の本光寺に中島の内で一貫八百文分の寺

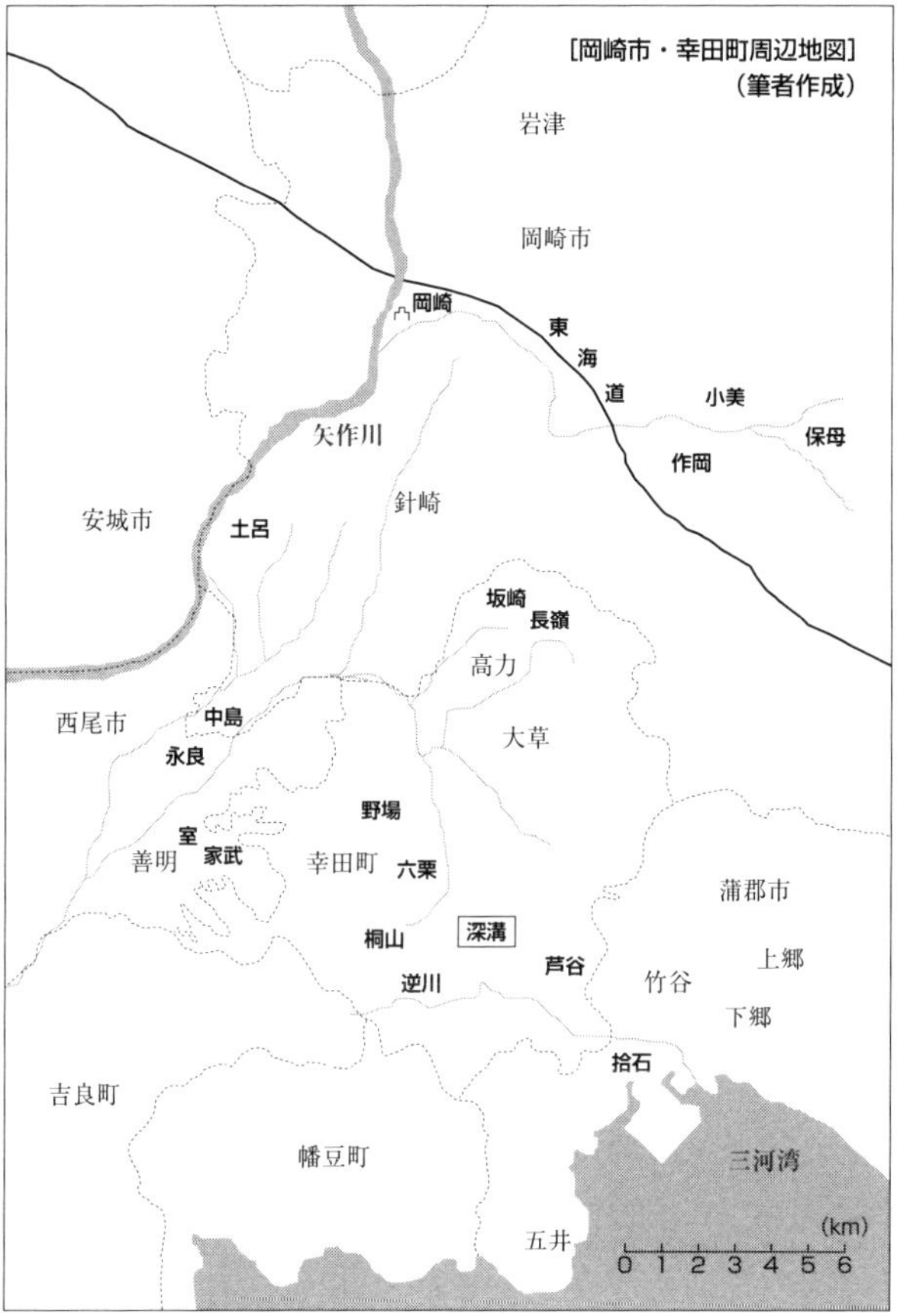

岡崎市・幸田町周辺地図

領を寄進し、当時三河を領国化していた今川義元がこれを承認していることから（「本光寺常盤歴史資料館所蔵文書」愛10一九四〇）、これより前に中島・永良が深溝松平氏の所領となっていたことは確実である。

深溝松平氏歴代の中で、戦国期の文書に最も多く登場するのが三代目の伊忠（家忠の父）である。伊忠は家康の西三河平定戦において功があり、永禄五年とその翌年に家康から永良と作岡（岡崎市）を本領として安堵された（「譜牒余録巻四〇」愛11二二・二九〇）。永良は一円知行であり、作岡は名職のみの知行であったが、伊忠はこの他にも、三河国内の各所で名職を所持していたことがわかる（「松平千代子氏所蔵文書」愛11一一三、「本光寺常盤歴史資料館所蔵文書」愛11六一二）。天正十八年に深溝領から除外された分は、これらの名職を指すと考えられる[18]。

また、好景の弟の康定は永禄四年に家康から拾石と赤川両郷で計百貫文を宛行われ、「前々より御本領」であった逆川十二貫文余を安堵された（「譜牒余録巻四〇」愛11一〇〇・一七七）。このうち、拾石は形原松平氏の本領であったが（「譜牒余録巻四一」愛11二六一）、形原松平氏に替地を与えたうえで康定に宛行われている（「譜牒余録巻四〇」愛11二九一）。

以上のように、深溝松平氏の所領は伊忠が当主であった永禄期までに形成され、本拠の深溝周辺や永良・中島、小美・保母などを知行地としていたほか、三河国内の各所に名職を所持していたことがわかる。

二、深溝松平氏の家中構造

（二）家中衆の構成

戦国期における国衆の家中が親類と被官を基軸としていたことは先に述べた通りであるが、『日記』に見られる深溝松平氏の家中も親類衆と被官で構成されていた（表を参照）。このうち、親類衆は天正十八年十月条の「身類衆知行分」として記載されている人名が該当し、歴代当主（好景・伊忠・家忠）の弟やその子孫（庶家）などの親族のほか、嶋田久助・稲吉主水の両名も親類衆に含まれている。

中でも、康定（勘解由左衛門・玄佐）は前述の通り、家康から直接知行を宛行われ、天正十七年二月に駿府城で開催された連歌会に出席するなど、徳川直臣としての一面も持っていた。康定は一族の長老として、深溝松平氏の家中で重要な位置を占めており、近世では康定の子孫が代々「大老」という家中筆頭の地位にあった[19]。黒田氏は、甲斐武田氏の一族国衆であった穴山氏の家老層が武田氏から直接所領を宛行われていた事例について、武田氏から直接統制を受けたのではなく、武田氏が穴山氏との関係の維持のために、家中の指導層である家老と密接な関係を維持しようとしており、一方で家老の側も宗家から存在を認められていたことを指摘している[20]。これと同様に、家忠が康定を派遣して徳川氏との交渉を担わせているのも、家康との関係や徳川家中への影響力を考慮してのことと考えられる。

一方、家忠の弟で幼名「犬法師」と推測される十三郎（玄成）は、天正八年正月二十三日に安城（現安城市）で一万疋（百貫文）の知行を宛行われ、浜松・駿府・江戸で家康に近侍していた。玄成は家康に直属する立場であり、『寛政譜』によれば、後に家康の十男頼宣に付属されて紀州へ赴いている。『日記』でも玄成は親類衆には含まれておらず、深溝松平氏の家中衆としては扱われていなかったことがわかる。このように、国衆の庶家の中

（２）『寛永諸家系図伝』『寛政重修諸家譜』に登場する人名

人　名	家忠との関係	記　事	居住地	知行高（天正18年）
板倉八右衛門（好重）	与力？	永禄４年、善明堤で討死（寛永伝・寛政譜）	小美	
板倉三郎九郎	与力？	永禄４年、善明堤で討死（寛永伝・寛政譜）	小美	
板倉喜蔵（定重）	与力？	好重の子、勝重の弟／天正９年、高天神城攻めで討死（寛永伝･寛政譜）	小美	
松平十郎右衛門（定政）	大叔父（祖父・好景の弟）	永禄４年、善明堤で討死（寛永伝・寛政譜）		
松平太郎右衛門（定清）	大叔父（祖父・好景の弟）	永禄４年、善明堤で討死（寛永伝）／子孫は浅野を称し家臣（寛政譜）		
松平久大夫（好之）	大叔父（祖父・好景の弟）	永禄４年、善明堤で討死（寛永伝）／子孫は市川を称し、松平勘解由家の家臣（寛政譜）		
松平新八郎（景行）	大叔父（祖父・好景の弟）	永禄４年、善明堤で討死（寛永伝・寛政譜）		
松平内記	庶家？	永禄４年、善明堤で討死（寛永伝・寛政譜）		
三浦平太郎	家臣	永禄３年、大高城退却戦で討死（寛政譜）		
石原十助（定房）	家臣	永禄12年、遠江懸川城攻めで功名（寛永伝・寛政譜）		
嶋田右衛門佐	家臣	元亀３年､姉川合戦で討死（寛永伝･寛政譜）		
大原長七郎	家臣	慶長５年、伏見城で討死（寛永伝）		
鵜殿藤三郎	家臣	慶長５年、伏見城で討死（寛永伝）		
松平理助	家臣	慶長５年、伏見城で討死（寛永伝）		
原田清七	家臣	慶長５年、伏見城で討死（寛永伝）		
酒井助大夫	家臣	慶長５年、伏見城で討死（寛永伝）		
宇野久四郎	家臣	慶長５年、伏見城で討死（寛永伝）		
横落熊蔵	家臣	慶長５年、伏見城で討死（寛永伝）		
酒井猪之助	家臣	慶長５年、伏見城で討死（寛永伝）		
越山甚一郎	家臣	慶長５年、伏見城で討死（寛永伝）		
越山喜大夫	家臣	慶長５年、伏見城で討死（寛永伝）		
服部八蔵	家臣	慶長５年、伏見城で討死（寛永伝）		
稲吉清助	家臣	慶長５年、伏見城で討死（寛永伝）		
酒井善五左衛門	家臣	大坂の陣で吉田城を守備（寛永伝・寛政譜）		
岡田孫左衛門	家臣	大坂の陣で吉田城を守備（寛永伝・寛政譜）		
板倉七兵衛	家臣	大坂の陣で吉田城を守備（寛永伝・寛政譜）		
松平孫左衛門（忠勝）	甥（元勝の子）	慶長19年、38歳で没（寛永伝）		

深溝松平氏の親類衆・家臣一覧

（1）『家忠日記』に登場する人名

人　名	家忠との関係	記　　事	居住地	知行高（天正18年）
松平勘解由左衛門（康定・玄佐）	大叔父（祖父・好景の弟）	天正20年5月7日に死去／子孫は家老（寛永伝・寛政譜）	深溝	
松平與五左衛門（親定）	叔父（父・伊忠の弟）・親類衆	大坂の陣で吉田城を守備（寛永伝）／子孫は羽太を称し家臣（寛政譜）	深溝	400石
松平十郎左衛門（忠勝）	弟・親類衆			400石
松平新次郎（伊長）	弟・親類衆	天正20年5月2日に死去	西深溝	400石
松平十三郎（玄成）	弟	家康に近侍、後に紀州頼宣に付属（寛政譜）		
松平権兵尉			中島	
松平小六右衛門			深溝	
松平喜平	親類衆	文禄2年1月13日、久兵衛に改名	深溝	500石
松平九郎二郎	喜平（久兵衛）の子	文禄2年1月13日に元服		
松平孫大夫（忠政）	庶家（定政の子）	額田郡で160石を知行／元和5年、72歳で没（寛永伝・寛政譜）	保母	
松平孫十郎（元勝）	妹婿（忠政の子）・親類衆	子孫は家臣（寛政譜）	保母	400石
松平九七郎（定広）	親類衆（康定の孫）	慶長5年、伏見城で討死（寛永伝）	保母	400石
松平半左衛門尉	親類衆			300石
嶋田久助	親類衆	慶長5年、伏見城で討死（寛永伝）		250石
稲吉二郎作		天正13年3月14日、他国へ去る	永良	
稲吉主水	親類衆			200石
稲吉小十郎				
板倉杢右衛門（忠重）	家臣	好重の子、勝重・定重の兄（寛政譜）		
大原修理（久信）	家臣	大坂の陣で吉田城を守備（寛永伝）	永良	
大原一平	家臣		永良	
大原九郎二郎	家臣（修理の子）	慶長5年、伏見城で討死（寛永伝）		
賀藤酒兵衛	家臣	天正13年3月12日に出奔		
木俣竹蔵	家臣			
酒井宗右衛門	家臣	天正8年12月12日に死去		
酒井平右衛門	家臣（宗右衛門の子？）			
佐野孫助	家臣	天正6年、駿河田中城攻めで功名（寛政譜）／天正9年1月24日、木俣を斬って逃亡		
宗入	家臣	天正17年6月22日に召し抱え／半僧半俗の伊勢衆		
原田内記	家臣	慶長5年、伏見城で討死（寛永伝）		
原田金左衛門	家臣			
三浦右衛門八	家臣	慶長5年、伏見城で討死（寛永伝）		
行家彦十郎	家臣	天正6年、駿河田中城攻めで功名（寛政譜）		
米津半助	家臣			

には上位権力と直接結びつきを持ち、家中において重要な地位を占めていた者や、家中から独立して上位権力の直臣となる者も存在したのである。

次に被官衆では、米津・板倉・大原・酒井・原田・三浦など、三河の領主層や土豪層と推測される者が多く登場するが、「半そく（半僧半俗）伊勢衆」の宗入など、他国出身の者を召し抱えることもあった。彼らは深溝での連歌会開催の記事などから、多くが深溝城周辺に居住していたと考えられるが、保母では松平孫大夫（忠政）・孫十郎（元勝）・九七郎（定広）、永良では大原修理（久信）と同一平、中島では松平権兵衛尉が、それぞれの居住者として確認できる。このことから、小美・保母・永良・中島などの遠隔地では一族や有力被官が在郷し、現地の所領支配を担当していたことがわかる。

深溝松平氏の被官衆の中で唯一系譜関係がわかるのは板倉氏であり、『寛政譜』には家康の奉行として登用された板倉勝重の父祖・兄弟に関する記述がある。[21] これによれば、勝重の祖父頼重は額田郡小美村に住して松平大炊助忠定（家忠の曾祖父）に属し、父好重は好景（家忠の祖父）に属して永禄四年に善明堤（西尾市）で好景とともに討ち死にしている。[22] この時、好重には忠重（杢右衛門）・勝重（四郎右衛門）・定重（喜蔵）の三子がいたが、忠重は深溝松平氏の家臣となり、勝重は僧籍にあったため、末子の定重が家督を継いだ。しかし、定重も天正九年の高天神城攻めで討ち死にしたため、兄の勝重が還俗して定重の跡を継ぎ、徳川氏の直臣となっている。『日記』で忠重は家忠の家臣として、勝重は家康の側近として登場しており、この点は『寛政譜』の記述通りとなっている。

また新行氏によれば、東条松平氏は永禄七年に東条城主となった甚太郎家忠が幼少であった関係から、家康によって多くの与力が付属されていたが、深溝松平氏に付属させられた与力の存在は『日記』からは確認できない。

ただし、板倉頼重・好重・定重の三代が深溝松平氏に「属す」とあり、好重の死後に兄の忠重が深溝松平氏の家臣となっていたために弟の定重が家督を継いだとされる経緯を考えると、板倉氏は深溝松平氏の被官ではなく、徳川氏が与力として付属させた可能性もある。後考を俟ちたい。

(二) 家中の紛争

次に、『日記』に見られる家中の紛争について検討する。当該期の国衆家中が不安定な状況にあり、当主と家臣、あるいは家臣同士の紛争が頻発していたことは、新行氏や平野氏がすでに指摘している。[23]『日記』に記載されているだけでも、植村家存が小者の反抗で負傷し二日後に死去した事件（天正五年十一月五日条）や、和屋新八が形原松平家忠を斬り深溝へ逃亡した事件（天正六年六月七日条）、長沢松平康直が小野与十郎を成敗し小野が負傷して逃亡した事件（天正十七年六月三日条）などがあげられる。

また、平野氏[24]は深溝松平氏についても、郷鎮守の深溝神社で行われる宗教行事や正月参賀、連歌会等を通して主従関係の強化をはかり、家忠は家中衆に対して成敗権を保持していたものの、一方で欠落して他家に仕官したり、当主の成敗権に抵抗する者もいて、家中の構造は必ずしも安定していなかったと述べている。深溝松平氏の家中衆の紛争としては、佐野孫助が朋輩の木俣竹蔵を斬って逃亡した事件（天正九年正月二十四日条）や、賀藤酒兵衛が出奔し稲吉二郎作が他国へ去った事件（天正十三年三月十二日・十四日条）、六栗の被官二人が喧嘩をし、相手一人を殺害した事件（天正十七年四月二十六日条）などがあげられる。しかし、新行氏が取り上げたように、天正五年に大給松平氏の家中で「親類衆」の紛争が発生したのに対して（「松平乗承家蔵古文書」愛11―一二一七）、『日記』や他の同時代史料からはそのような動きをうかがい知ることができない。また、欠落した奉公人の人返し規定は戦国期の徳川領国では見られないが、唯一の事例として、家忠が浜松へ「人改めの手判」を送付したことが天正六年五月二十九日条に見える。

家忠が合戦に際してどれくらいの人数を動員し、どのような形で軍役を勤めていたかも不明である。ただ、唯一の事例として、天正六年十一月十一日条の「着到」では「侍八十五人、中間百二十六人、鉄放十五ハリ、弓六張、鑓廿五本有、鑓使三人」と記されており、常時二百人強の兵を率い、鉄炮も持参していたことは確認できる。また、天正六年十二月九日条で指物を「侍衆」に遣わしているが、新行氏はこれを「軍装の統一をはかった」と評価している。

特に興味深い記事としては、天正七年十一月の駿河・遠江での進軍中に「人数」を三河へ返し、家忠単独で酒井忠次に同陣している点があげられる。この時は九月初めから牧野城の在番・対武田戦などで長陣をしており、通常は一ヶ月弱で深溝へ帰陣していることから、長期間本拠の深溝を空けることは不可能であったことがうかがえる。

三、深溝松平領の支配構造

（一）所領支配

家忠の所領支配に関する記事は少ないが、畑大介氏[25]が『日記』を題材として詳細に検討しているように、深溝松平領の永良・中島で発生した水害や治水に関する記述から、その様子を垣間見ることができる。
天正十一年七月二十日には大雨で五十年以来の大水が発生し、二十二日にはそれ以上の水嵩となって、中島・永良の堤が決壊した。この水害は三河国内の至る所で大規模に発生し、田地が残らず水没して家屋が損壊するほど大きな被害を出した。家忠は二十七日に、永良・中島が「無所務」となったので浜松へ訴訟のために使者を遣わし、翌二十八日には野庭から船に乗って中島の被害状況を見に行っている。浜松へ遣わした使者は翌月三日に帰還し、「縦普請有候共御赦免」という徳川氏の決定を伝えてきた。家忠は翌年の二月に、「知行之内人足」が普請を終えて浜松から帰還したため、永良・中島の堤の修復を行わせている。

深溝松平領における人足役には、城普請などのように徳川氏が動員するものと、堤の修復などのように領主の家忠が動員するものがあったが、これらはいずれも領内の百姓層を動員して行われていた。特に、徳川氏が城普請を行う際には領国内から「惣国人足」が集められたようである（天正十三年二月五日条）。徳川氏の普請に関わる人足の動員の際には、徳川氏が着到を行って動員人数を確認していたが（天正十七年八月八日条）、深溝松平領内の水害復興のために堤の修復を行う場合は、徳川氏からの人足賦課が免除されることもあった（天正十三年三月七日条）。

畑氏は『日記』における堤修復の記事から、家忠の築堤工事が天正十年を境に異なった傾向を示すようになり、前半は水害で破損した堤防の修復、後半は春の勧農の季節に水害予防を主目的として行われていた点、次第に家忠自身が治水工事に専念しなくとも対処できる体制が構築されていった点などを指摘している。

河川管理が領主の責務であり、中世を通して広く行われた慣行であったことは畑氏も言及しているが、その目的は毎年の年貢収取を確実に行うことにあった。雨乞いや日待などの宗教行事も、領主としての家忠の責務の一つであったと考えられるが、一方で家忠は知行方の勘定を頻繁に行い、吉田の酒井忠次や作岡の河合宗在などから借銭を重ねていた。三河一向一揆時の永禄六～七年や小牧・長久手合戦が勃発した天正十二年三月に徳川氏が徳政令を発し、深溝松平氏も徳政の対象となっているが（詳細は柴論文[26]を参照）、その背景としては、領内の水害などで安定した年貢収取を行うことができないことに加えて、たび重なる軍役や普請などの負担で出費が増える中で、深溝松平氏を含む三河国衆の家計が大変苦しい状況にあったことがあげられる。

(二) 領内の事件

次に、村落間相論や境目相論に関する記事を取り上げる。これについては、すでに盛本氏が領内の事件として紹介しているが、領主としての家忠の立場や大名権力（徳川氏）との関係を知る手がかりとして取り上げておきたい。

一つは、村落間や他領との境目に関する事件である。天正六年二月、深溝領の永良の者が御料所（徳川氏直轄領）の家《え》武《たけ》（西尾市）の山へ入ったことで相論が発生した。この時は永良と室（愛知県西尾市）・家武の双方から「けし人[27]（解死人）」を出すことで決着が図られ、同月十七日に家康から「御許し」が出た。

天正八年四月には、下郷（愛知県蒲郡市）の領主で家忠の妹婿にあたる鵜殿八郎三郎（康孝・長信）との間で、境目の足子をめぐって「山公事」が発生した。家忠は二十九日に家臣を「山かり（山刈）」に派遣し、検分を行っている。この「山かり」とは、係争地を先に押さえる行為であったと考えられるが、翌月三日には竹谷（蒲郡市）

の竹谷松平氏と下郷の鵜殿長忠（柏原一庵）から使者が到着し、親類で近隣領主でもある両氏が相論の仲裁に入ったことがわかる。また、五日には「山公事」の件で浜松へ使者を遣わしている。この「山公事」は八日に「あつかい」となり、浜松から家康側近の鵜殿善六が深溝・竹谷へ使者として遣わされた。善六は十日にも隠入院とともに深溝を訪れており、両者の間に立って奔走していたと考えられる。その結果、十二日には「前々の如く」境界を定めることとなり、「みねきり（嶺切）」が行われた。さらに、『日記』で事件の経過を窺い知ることはできないが、天正十三年五月一日には、永良でも草刈場をめぐる相論が発生した記事が見える。

天正十五年八月十四日、家忠は長瀬知行分の「御地見」の件で岡崎城の家康の下へ出仕している。これは八幡領内における家忠知行分の問題であり、家康の裁定によって深溝領を安堵されている（「本光寺常盤歴史資料館所蔵文書」愛12一四二七）。また、天正十六年八月十六日には天野伝右衛門との間で坂崎（愛知県幸田町）・長嶺（同）の田地をめぐって公事が発生した。同年十一月二日にも天野伝右衛門と長嶺の田地公事が発生しており、家忠はいずれも駿河へ叔父の親定を派遣している。この場合も、駿府で家康の裁定が行われたと考えられる。

もう一つは領内で発生した事件である。天正七年十二月一日、高橋から会下（本光寺）へ来ていた者が深溝領の芦谷で殺害された。この時は岡崎から検使が派遣され、同月十六日に犯人が見つかっている。天正十一年正月晦日には「悪党」が蔵で盗みを働き、閏正月三日に逃亡した。翌日、家忠は方々へ人数を派遣して領内の盗人改めを行っている。天正十三年二月十三日には、深溝領の小美山で岡崎の中根九左衛門尉が殺害される事件が発生した。この時は家忠が事件を報告し、横田新兵衛・今村彦兵衛から折紙が届いている。また同年五月二十日には、岡崎城代の石川数正が信光坊を派遣して小美山の事件の改めを行っている。

以上の点から、家忠期の深溝松平領においては、領土紛争・村落間相論などの裁定はすべて徳川氏に委ねられていたことがわかる。領内の検断は家忠が行っていたが、深溝領内で領外の者が当事者となる事件が発生した場合は徳川氏が検使を派遣している。一方、村落の自検断や近隣領主による仲裁＝合力関係も見られる。このように、『日記』が書かれた天正期の三河国衆は、すでに上位権力（徳川氏）によって紛争解決を規制されていたが、国衆同士の地域的な一揆関係も残存していたことがうかがえるのである。

（三）「五十分一役」賦課と検地施行

最後に、天正十五年から翌十六年に徳川氏が三河・遠江・駿河・甲斐（郡内・河内領を除く）の四ヶ国に対して賦課した「五十分一役」と、天正十七～十八年に徳川領国で実施された検地（五ヶ国総検地）について、『日記』と深溝松平氏の事例を基に見ていきたい。

天正十六年十月二十九日に家忠は「知行方五十分一の米銭」を送っており、これが『日記』における「五十分一役」の初見である。家忠は当初、高辻の五十分の一にあたる額を納入したが、その後、岡崎城代の本多重次から「五十分一役」を「当成ヶ」（定納）で出すよう指示が出されている。また、天正十八年正月十九日には「知行方亥年之五十分一高辻」を送るよう指示が出される一方で、同年二月三日には中泉（静岡県磐田市）で「知行方五十分一之出目」を下されると報せを受けており、高辻と定納の五十分の一の差額を返還されている。

「五十分一役」は徳川領国内の給人・寺社に対して賦課され、高辻の五十分の一にあたる額を徳川氏に納入させる「知行役」であった(28)。実際に、甲斐・駿河では天正十五・十六年に高辻を基準として「五十分一役」の徴収が行われており、遠江でも宇布見郷（浜松市中央区）の年貢勘定書において、天正十五・十六年に高辻の五十分の一にあたる額を「五十分一ニ引」として、年貢分から差し引いて徳川氏に納入している[29]。一方、三河では、財賀寺が亥年（天正十五年）・子年（同十六年）に得た米・銭の高辻と徳川氏に納入した「五十分一役」の額を記しているが、「五十分一役」はすべて「此納」（定納）の五十分の一になっている（「財賀寺文書」愛12一五二六）。

このように、遠江・駿河・甲斐の三ヶ国では「五十分一役」が高辻を基準としていたのに対し、三河では定納高が基準とされており、占領地の三ヶ国よりも本国の三河の方が役負担が軽かったことがわかる。『日記』の記述などから、三河では一年遅れの天正十六・十七年に「五十分一役」が賦課されていたという指摘[30]もあるが、徳川氏が本国三河の給人・寺社を優遇していたことは明らかであり、三河では他の三ヶ国とは異なる形で「五十分一役」が賦課されていたことは間違いないであろう。

次に、深溝松平領における徳川氏の検地について見ていく。新行氏が指摘する通り、深溝松平領で初めて検地が実施されたのは天正十七年である。同年八月に永良、十月に中島・小美で検地が実施され、十二月四日には家忠が岡崎城へ出仕して検地の内容を確認する作業が行われた。また、同年十二月には土呂（岡崎市）で検地が実施され、その結果を受けて翌年正月二十四日に中泉で知行割が行われた。その際に家忠は「前々之御判」を中泉まで持参するよう指示されたが、大給松平家乗にも「御指出之写」と「五十分一之請取」を中泉まで「然るべき仁」に持たせるよう指示が出されており（「松平乗承家蔵古文書」愛12一五九八）、知行割にあたって給人・寺社の指出と検地結果を照合する作業が行われていたことがわかる。その結果、家忠は以前から所持していた「名職」の替地として野庭（愛知県幸田町）・桐山（同）を宛行われたが、同年二月二十二日には新たに深溝領となった桐山の百姓が難渋を申し立てている。

一方、検地と同時期に徳川領国内の各郷村に交付された「七ヶ条定書」は深溝松平領では確認できないが、八名西郷領の八名郡賀茂郷（愛知県豊橋市）に神屋重勝が「七ヶ条定書」を交付しており（「竹尾家所蔵文書」愛12一五五九）、三河国衆の深溝（史料一）・五井（「長泉寺文書『御当家覚書寄并当家日記覚書』」愛12一六一七）・大給（「松平乗承家蔵古文書」愛12一六二二）の各松平氏と八名西郷氏（「記録御用所本古文書」愛12一六一三）に対して発給された知行書立で、他の給人・寺社と同様に「七ヶ条定書」の存在を示す「反別一斗宛之夫銭」と「百姓請負一札」が明記されている点や、徳川氏の奉行人が領内で検地を実施している点から、深溝松平氏を含む三河国衆の領内に「七ヶ条定書」が交付されたことは間違いないと考えられる。

徳川氏による検地が実施された天正十七・十八年の段階において、三河の国衆領は初めて大名権力（徳川氏）の介入を受け、替地の宛行など再編成の対象となった。また、「七ヶ条定書」の趣旨の通り、領内での恣意的な年貢・公事収取を規制された結果、深溝松平氏をはじめとする三河国衆は他の給人・寺社と同様に、徳川氏への従属度をより強めることとなったのである。

四、徳川家中における三河国衆の位置

『日記』において、徳川氏と三河国衆との関係が最も顕著に表れているのが起請文の提出に関する記事である。まず天正七年八月十日には、数日前に家康が嫡子信康を追放・幽閉（翌月に自害）した事件に際して「国衆」が

岡崎城に集められ、信康との音信を行わない旨の起請文を家康に提出している（詳細は小笠原論文[31]を参照）。これは、信康追放にともなう徳川家中の動揺や分裂を抑えるために家康が命じたものであり、武田信玄が嫡子義信を幽閉した後、永禄十年八月に武田氏の家臣団が起請文を提出した事例[32]と同様であったと考えられる。

また天正八年七月二十七日には、浜松城で「国衆」と「侍」が陣番を無沙汰しない旨の起請文を家康に提出している。ここでは、「国衆」と「侍」に明確な身分差が見られ、武田氏との抗争の最中に家康との主従関係・軍役奉公を確認したことがうかがえる。家康がこの時期に起請文の提出を命じた背景は不明だが、前年の信康事件と関連していた可能性が高い。また、前月の六月二十五日に家康の小姓の大須賀弥吉（康高の甥）が高天神城攻めで軍令に背いたために切腹させられており、あるいはこの事件が契機となった可能性も考えられる。

次いで、天正十三年十月二十八日には北条氏の「家老衆」二十人と徳川氏の「各国衆」「長人衆」が起請文を交換している。この時は羽柴（豊臣）氏との紛争・和平交渉の中で上方（豊臣方）へ人質を送ることの是非について浜松城で談合が行われ、国衆の総意として人質の提出を拒否することを決しており、起請文の提出も豊臣か北条かという選択の中で国衆が北条氏との同盟関係を維持して豊臣方と対決する道を選んだ結果であるといえる。

平野氏[33]はこの点について、徳川一門・一門並たる国衆が普段の政務には関与しないものの、領国の浮沈を左右する事項には意見を述べる存在であるが、徳川氏の本領への介入を受けるなど排他的領主としては確立していなかったこと、家忠に国衆が「長人衆」（宿老・奉行衆）よりも格上という認識があった一方で、戦国大名徳川氏の権力構造は家忠の認識とは逆に宿老・奉行人を頂点とする体制になっていたことなどを指摘している。

では、家忠はどの範囲を国衆と認識していたのか。『日記』における国衆の範囲については、平野氏[34]が天正十四年五月十二日条で豊臣方の使者を接待した「酒左（酒井忠次）馬寄之国衆」を例に挙げ、奥平（信昌）・野田（菅沼定盈）・西郷（家員）・下（鵜殿八郎三郎）・形原（松平家信）・深溝（松平家忠）・五井（松平伊昌）・二連木（戸田康長）・設楽（貞清）がその構成員であったこと、宿老・奉行人ではない三河の領主層（一門・一門並の領主）であったことなどを明らかにしている。また、天正六年九月六日条で「牧野衆」が国衆と別行動をとっていることから、平野氏は牧野氏が国衆に含まれないと述べているが、この「牧野衆」は牧野城在番衆であり、天正七年三月二十三日条で牧野家臣の稲垣平右衛門尉（重家・長茂）が「牛久保衆」と表記されていることから、牧野氏に関する平野氏の見解は成り立たない。

そこで、国衆の範囲を知るうえでもう一つの手がかりとなるのが、『日記』に見られる「○○（地名）衆」という表記である。ここでは、竹谷（松平）・東条（松平）・大草（松平）・形原（松平）・二連木（戸田）・牛久保（牧野）・足助（大給松平）・田原（本多）の各氏が該当する。彼らは三河国内の各地域を支配する領主層であり、松平宗家（徳川氏）の一族や、早くから家康に従っていた国衆家の当主とその家臣・軍団を指す呼称として使われていたと考えられる。なお、家忠とその家臣・軍団は他の国衆家から「深溝衆」と呼称されていたと推測され、天正十年六月六日条には「奚元衆」という表記が見える。家忠が統率していた「深溝衆」はすでに明らかにされている通り、「東三川衆」「酒左衆」として天正十八年まで酒井忠次・家次父子の軍団に所属していた。

松平宗家（徳川氏）と三河国衆の当初の関係は同格であり、一揆的な関係にあったことはすでに多くの先学が指摘しているところである。家忠が自らの日記の中で、徳川氏と同格の国衆としての意識を持っていたことは十分に考えられる。しかし実際には、家忠の段階ではすでに徳川氏の家中に包摂された存在であり、徳川氏の領国拡大に合わせて「遠州衆」「浜松衆」「懸河衆」「甲斐衆」など、他国衆に関する表記も見られるようになることから、国衆は単に「三河衆」の意として使われていた可能性もある。

なお、『日記』における「国衆」の終見は天正十八年二月十八日条であり、関東転封後は記載が見られなくなる。これは、転封を契機として徳川氏が三河国衆を再編成した結果と考えられる。

おわりに

深溝松平氏は徳川氏（松平宗家）の一族であり、家忠の段階ではすでに徳川氏の家中に包摂された存在であった。家忠は深溝松平氏の当主として親類・被官などの家中衆（深溝衆）を統率しながら、徳川氏に対して軍役・普請役などの奉公を行っており、関東転封以前は本拠の深溝周辺や永良・中島、小美・保母のほか、散在的に所領を持っていた。これらの所領は、父伊忠の代までに形成されたものである。

家忠の所領支配において注目すべき点は、他領との村落間相論・境目相論において、裁定がすべて徳川氏に委ねられていたことである。一方で、深溝領内で領外の者が当事者となる事件が発生した場合は徳川氏が検使を派遣していたが、深溝領内の収取・検断は基本的に家忠が行っていた。

深溝松平氏など三河国衆の所領が初めて大名権力（徳川氏）の介入を受けたのは、天正十七・十八年に徳川氏が実施した検地（五ヶ国総検地）の時である。さらに、「七ヶ条定書」の交付によって、三河国衆は他の給人・寺社と同様に、領内での恣意的な年貢・公事収取を規制され、徳川氏への従属度をより強めることとなった。

以上の点から、家忠が用いていた「国衆」という呼称は、一円的・排他的に領域支配を行う地域権力としての国衆ではなく、徳川領国下で三河国内の各地域を支配する領主層、あるいは徳川家中における「三河衆」のしての意味にしか過ぎないと考えられる。

『日記』が書かれた天正期において、徳川氏はすでに三河国衆との一揆的関係から戦国大名化を遂げており、豊臣政権下ではさらに支配関係が強化されていたことは事実である。しかし一方で、関東転封以前の徳川家中において、松平一族や近隣領主との繋がりなど、三河国衆の間に地域的な一揆関係が残存していたことも『日記』からは読み取ることができる。すなわち『日記』の記述から、実際の徳川氏の家中構造と三河国衆としての家忠の認識、この二つの段階的変化を見て取ることができよう。

註

（1）煎本増夫『幕藩体制成立史の研究』（雄山閣出版、一九七九年）。
（2）新行紀一「徳川家康の時代」（『新編岡崎市史』第四章、一九八九年）。以下、新行氏の見解は本書による。
（3）盛本昌広『松平家忠日記』（角川書店、一九九九年）。以下、盛本氏の見解は本書による。
（4）平野明夫『三河松平一族』（新人物往来社、二〇〇二年）。
（5）平野明夫「松平庶家とその家中」（『徳川権力の形成と発展』岩田書院、二〇〇六年。初出二〇〇三年）。
（6）黒田基樹「武田氏の駿河支配と朝比奈信置」（『戦国期東国の大名と国衆』岩田書院、二〇〇一年。初出一九九五年）。
（7）黒田基樹「遠江高天神小笠原信興の考察」（同上、初出一九九九年）。
（8）黒田基樹「甲斐穴山武田氏・小山田氏の領域支配」（『戦国期領域権力と地域社会』岩田書院、二〇〇九年。初出二〇〇七年）。

(9) 柴裕之「武田氏の領国構造と先方衆」(平山優・丸島和洋編『戦国大名武田氏の権力と支配』岩田書院、二〇〇八年)。
(10) 平野明夫「徳川氏と織田氏」(『徳川権力の形成と発展』所収、初出一九九五・一九九七年)。
(11) 平野明夫「徳川氏の年中行事」(同上、初出二〇〇〇年)。
(12) 前掲註(2)、(5)。
(13) 平野明夫「戦国期の徳川氏と三河国八名西郷氏」(『日本歴史』六九六号、二〇〇六年)。
(14) 平山優「戦国期東海地方における貫高制の形成過程―今川・武田・徳川氏を事例として―」(『武田氏研究』三七・三八号、二〇〇七・二〇〇八年)。
(15) 斎木一馬・林亮勝・橋本政宣校訂『寛永諸家系図伝』第一(続群書類従完成会、一九八〇年)、一二七～一二九頁。
(16) 高柳光寿監修『新訂寛政重修諸家譜』第一(続群書類従完成会、一九六四年)、一五四～一七八頁。
(17) 前掲註(4)、(5)。
(18) 拙稿「徳川氏の領国検地と深溝松平領の画定」(本書第2部付論二)を参照。
(19)『福知山市史』近世編(一九八二年)、第三章第二節(根本惟明執筆分)。
(20) 前掲注(8)。
(21) 高柳光寿監修『新訂寛政重修諸家譜』第二(続群書類従完成会、一九六四年)、一三八～一四〇頁。
(22) ただし、善明堤の合戦は好景の二十三回忌の記事(天正六年三月四日条)から逆算して、弘治二年(一五五六)に行われたと考えられる。「松平記」では好景の討死を同年四月としており(久曽神昇編『三河文献集成』中世編[愛知県宝飯地方史編纂委員会、一九六六年])、『日記』の記載とも符合する。
(23) 前掲註(5)。
(24) 前掲註(11)。
(25) 畑大介「『家忠日記』にみる戦国期の水害と治水」(『帝京大学山梨文化財研究所研究報告』第十集、二〇〇二年)。以下、畑氏の見解は本論による。
(26) 柴裕之「徳川氏の領国支配と徳政令」(『戦国・織豊期大名徳川氏の領国支配』岩田書院、二〇一四年。初出二〇一一年)。

(27)盛本氏は「下手人」、『愛知県史』は「解死人」と解釈しているが(愛11一一七三)、後者の方が妥当と考える。
(28)拙稿「「五十分一役」の再検討」(本書第1部第二章)を参照。
(29)拙稿「天正十年代の徳川領国における年貢収取構造―遠州宇布見郷年貢勘定書の分析―」(本書第1部第一章)。
(30)谷口央「家康の上洛と徳川権力―五十分一役の理解を通じて―」(『幕藩制成立期の社会政治史研究』校倉書房、二〇一四年、初出二〇〇二年)、同「徳川氏の三河支配と五十分一役」(同上、初出二〇〇五年)。
(31)小笠原春香「駿遠国境における武田・徳川両氏の戦争」(『戦国大名武田氏の外交と戦争』岩田書院、二〇一九年。初出二〇一一年)。
(32)「生島足島神社文書」(戦武一〇九九～一一八六、四二〇九・四二一〇)。
(33)前掲註(13)。
(34)前掲註(13)。

付論二　徳川氏の領国検地と深溝松平領の画定

天正十七年（一五八九）、徳川領国において検地（五ヶ国総検地）が行われ、同年から翌年初めにかけて各給人・寺社に対して俵高制に基づいた知行安堵が行われた。

『家忠日記』[1]の著者松平家忠の領地では、島田重次（天正十七年八月十五日）、小栗吉忠（同年十月十七日・二三日）らによる「縄打」（検地）を受けている。その後、家忠は、翌年二月五日付で深溝・中嶋・小美・保母・永良等の本領七二五六俵余の他に、土呂・切山・野羽等の替地一六九一俵余を加えた、計八九四八俵余（うち二五〇一俵余が増分）の知行書立を伊奈家次（忠次）から渡された（「本光寺文書」[2]七）。

しかし、同日に家忠宛で出されたもう一通の伊奈家次文書（「本光寺文書」八）は、これまで考察の対象とはされてこなかったので、本稿でその内容を検討したい。

松平又八殿先御知行之時申成ヶ、今度改候て知行渡申候間、引除申分事、[1]

一百四拾九表壱斗一升九合　　東三河八幡領分

一四拾表者　　他所名職除分

但急速勘定之間、多少候ハヽ、重而改可申事、[2]

一弐拾六表弐斗　　蘆之屋年貢分ニ除

以上弐百拾六表壱升九合分、③小二右之書立之内
を引也、
④小二右より者渡候へと書立候へ共、除申候、両人断次
第也、
刁（寅＝天正十八年）二月五日　　伊奈熊蔵（花押）
松平又八殿

ここでは「家忠が以前から知行してきたが、今回の知行書立発給の際に除かれた分」（傍線部①）として、「東三河八幡領分」一四九俵余、「他所名職除分」四十俵と、蘆谷郷で家忠が得ていた年貢分二六俵余の計二一六俵余が記されている。ただし、「他所名職除分」については概算であり、額が多少する場合は、重ねて申しつける（②）としている。

また、この没収分は「小二右之書立」の中から差し引かれたものであり（③）、「小二右」（小栗吉忠）が深溝松平領として一旦認めた土地であるにも関わらず、「両人」の判断で除かれた（④）ことがわかる。

まず「小二右之書立」の手掛かりとなるのが、『家忠日記』天正十七年十二月四日条の「城へ出仕候、知行方縄打うけあい候」という記事である。盛本昌広氏はこの件について、「家忠が岡崎城へ出仕し、家康と検地奉行立ち会いのもとで、深溝松平領で実施された検地の内容＝『書立』に間違いがないかどうか、当主の家忠に確認を取る作業が行われた[3]」との解釈を示している。すなわち、この確認作業に際して家忠に提示されたのが、小栗が作成した「書立」であったということになる。

次に、「両人」についてだが、これは小栗吉忠と伊奈家次のことだと考えられる。小栗は実際に深溝松平領の検地に立ち会った担当奉行であり、伊奈は徳川氏の全給人に対する知行書立の発給者である。おそらく、家忠の確認を取った後の段階で何らかの問題が発生したために、この二人の間で協議が行われ、再度知行割を変更した結果、問題の土地が没収され、土呂・切山・野羽が替地として給付されたと理解できる。

このように、深溝松平領の画定に際しては、知行書立の発給による安堵と同時に、従来の知行地からその一部を没収することも行われたのである。

今回没収の対象となった所を検討していくと、「東三河八幡領」について次のような史料がある。まず、年未詳九月十四日に長瀬の八幡領内にあった「又八殿御しはいの分」について、従前通り安堵するという内容の本多正信・大久保忠成連署状（「本光寺文書」六）が岡崎城代の本多重次宛で出されている。

さらに『家忠日記』天正十五年八月十四日条では、酉刻（午後六時）に家康が岡崎城に到着し、子刻（午前零時）にその知らせがあったために家忠が出仕したところ、「長瀬知行分」の検分を行うことを申し渡されている。

ここで問題とされている土地は家忠の父伊忠が三河国西郡の領主鵜殿氏から譲り受け、永禄六年（一五六三）に家康から安堵された「西郡八幡方岡下地」[4]のことと考えられる。ここから、天正十五年に家忠がこの件について岡崎城へ出仕し、家康の御前で深溝松平氏の「知行」地であることを「披露」した結果、再度家康から安堵の「御意」を受けたことがわかる。

残る「蘆之屋年貢分」は深溝松平氏の「本領」ではなかったが、これまで家忠が蘆谷郷で有していた年貢収取権のことを指すと考えられる。一方「他所名職除分」のように、検地によって今回初めて徳川氏に把握された、家忠の「名職」所有地も一括で記載されている。

「小二右之書立」の中にこれらの土地が含まれていたのは、天正十五年に家康の安堵を受けたことが念頭にあったのだろう。しかし今回、伊奈・小栗両氏の協議によりこれが除かれたのも、おそらくその背後には家康の意向があり、家康とその奉行衆との間で、給人の知行安堵に対する方針転換が行われたことを推測させる。

このように、太閤検地以前の「五ヶ国総検地」の段階で、徳川氏による「名職」の把握が初めて行われたことや、松平一族である家忠に対して知行地の画定が行われたことは、「五ヶ国総検地」施行段階における徳川氏の権力構造のあり方や当該地域の近世化を考える上で重要な意味を持つのではないだろうか。

註

（1）『増補続史料大成』第一九巻（臨川書店、一九八一年）。
（2）『新編岡崎市史』六、史料古代中世。以下、「本光寺文書」の出典は本書による。
（3）盛本昌広『松平家忠日記』（角川書店、一九九九年）、八六頁。
（4）中村孝也編『徳川家康文書の研究』拾遺集六頁（日本学術振興会、一九七一年）。

第二章　依田松平氏の信濃佐久郡支配

はじめに

本章では、天正十年（一五八二）末から同十八年七月まで三河・遠江・駿河・甲斐・信濃の五ヶ国を領有した徳川氏の下で、信濃の佐久郡を支配した国衆・依田（芦田）氏の領域支配について考察する。

徳川領国下の信濃では、真田氏（小県郡）・府中小笠原氏（筑摩郡・安曇郡）・木曾氏（木曽郡）・諏方氏（諏訪郡）など、各地の地域領主（国衆）が離反と従属を繰り返した。これに対し、依田（芦田）信蕃は終始徳川方に属し、天正十一年二月に信蕃が戦死した後も、嫡男の康国が徳川家康から松平名字と「康」の偏諱を拝領して家督を継承し、徳川氏から支配領域を安堵されている（以下、本章では「依田松平氏」と呼称する）。これらの点から、依田松平氏は徳川氏による軍事的保障を受けながら存立した地域権力として位置づけられよう。

先行研究における論点は、以下の二つがあげられる。一つは徳川領国下の佐久郡で実施された検地に対する評価で、徳川氏が天正十七年～十八年に実施した領国検地（五ヶ国総検地）との関連で論じられ、特に所理喜夫氏は「天正十七年初頭頃には、家康の検地はすでに現実の耕作者を直接把握しようとする政策を打ち出していた」と結論づけている。[1]

もう一つは、五ヶ国領有期の徳川氏と依田松平氏の動向に関する研究である。依田松平氏の佐久郡支配は『佐久市志』[2]『望月町誌』[3]『立科町誌』[4]等の自治体史で取り上げられているほか、近年では柴辻俊六氏[5]が戦国期の依田（芦田）氏と武田氏滅亡前後の依田信蕃に関する論考を発表し、井原今朝男氏[6]も五ヶ国領有期の徳川氏と依田松平氏の動向について、家康や信蕃・康国の発給文書を元に考察を行っている。

しかし、自治体史の記述はいずれも概略に留まっており、柴辻氏の論考も康国の家督継承後については触れられていない。また、所氏が佐久郡を「徳川氏の直接支配」と見なし、井原氏も依田松平氏を「家康の家臣」と評価しているように、従来の研究では徳川領国下の信濃が他の四ヶ国（三河・遠江・駿河・甲斐）と同列に扱われ、徳川氏の直接支配が強調される一方で、各地の地域領主（国衆）の動向は重視されていなかった。

これに対し最近では、武田氏滅亡後の争乱（天正壬午の乱）から羽柴（豊臣）秀吉の「信州郡割」（徳川・上杉両氏と信濃国衆の領土画定）に至る政治情勢と、信濃国衆の動向が詳細に分析されている[7]。また、柴裕之氏[8]によって徳川氏の重臣や従属国衆の領域支配に関する研究が進められ、「惣国」（戦国大名領国）が「国」（国衆領国）を包括する形で成立していた点などが明らかにされている。

そこで本章では、近年の研究成果に学びながら、依田松平氏の領域支配のあり方と、上位権力である徳川氏との関係について、残存史料から基礎的な部分を明らかにしていきたい。

一、依田松平領の支配構造

（一）発給文書の検討

まず、依田松平氏の支配構造と領内における権限を明らかにするため、「天正壬午の乱」が勃発した天正十年六月以降の発給文書について検討したい（以下、表中の№で表記）。

（1）依田信蕃

信蕃の二男・松平康真（加藤宗月、福井藩家老芦田家の初代）が寛永二十年（一六四三）に執筆した『依田記』[9]によれば、天正十年三月に武田氏が滅亡した後、信蕃は徳川家康に匿われて北遠江の小川（浜松市天竜区）に身を隠していたが、同年六月に本能寺の変が起こった後、甲斐の武田旧臣を糾合して佐久郡を経略する役割を家康から命じられたという。その後、信蕃は佐久郡へ侵攻した北条軍に対して春日（長野県佐久市）の三沢小屋を拠点に抵抗を続け、小県郡の真田昌幸を徳川方に寝返らせて攻勢に転じると、北条方に与していた佐久郡の国衆を相次いで従属させた[10]。

信蕃の発給文書については柴辻・井原両氏が検討しており、その成果に基づいて整理すると十点が確認できる（表1）。これを見ると、真田氏との交渉に関する書状（№2）を除いて、すべて知行宛行あるいは軍中の指示に関する内容である。特に知行宛行については、信蕃がいまだ領域支配を確立しておらず、北条軍や他の諸氏と戦っている最中に発給されたものであったために、約束手形の域を出なかったというように、先行研究では評価されてきた。

だが、信蕃の発給文書のうち八点で、印文「続栄」の方形印[11]が使用された点は重要である（№1・3・5～9は黒印状、№10のみ朱印状）。信蕃の軍事行動が徳川氏の下で行われたことは先行研究が指摘する通りであるが、当

表１　依田信蕃発給文書一覧（天正10年以降）

No.	年月日	文書名	署判	宛所	内容	出典	
1	天正10.9.晦	依田信蕃黒印状	信蕃（「続栄」方形黒印）	丸山左衛門太良	本意が達せられたら佐久郡中の大工を申し付け、50貫文の宛行を約す	丸山文書	信15-471
2	（天正10）10.10	依田信蕃・曾根昌世連署状写	依右信蕃書判・曾下昌世書判	加隠（加津野隠岐守昌春）	真田昌幸が徳川方に属したことの仲介を労い、今後の相談を申し入れる	譜牒余録後編十七	信15-467
3	（天正10）11.14	依田信蕃黒印状	蘆田（「続栄」方形黒印）	高見沢庄左衛門	計42貫文を宛行	高見沢文書	信15-519
4	天正10.11.19	依田信蕃判物	依田右衛門佐信蕃（花押）	小山田藤四郎	本領・新地の計1230貫文を宛行	大宮文書	信15-518
5	天正10.12.17	依田信蕃黒印状	（「続栄」方形黒印）	縫殿左衛門	駿州志太郡で５貫文の宛行を約す	古文書十九	静1609
6	天正10.12.17	依田信蕃黒印状	（「続栄」方形黒印）	新左衛門	駿州志太郡で５貫文の宛行を約す	古文書十九	静1610
7	（天正10）12.26	依田信蕃黒印状	信蕃（「続栄」方形黒印）	柳沢宮内助	佐久郡中の戦況を伝達	柳沢文書	藤369
8	（天正10）閏12.21	依田信蕃黒印状	信蕃（「続栄」方形黒印）	柳沢宮内助	北条方の動向を伝え、城内の用心を指示	柳沢文書	藤370
9	（天正11）1.21	依田信蕃黒印状	信蕃（「続栄」方形黒印）	柳沢宮内助	前山城の番替を伝達	柳沢文書	藤372
10	（天正11）2.8	依田信蕃朱印状	信蕃（「続栄」方形朱印）	左衛門太郎	阿江木（相木）領中の番匠を安堵	古文書集十九	信15-561

（出典）「信」…『信濃史料』（数字は巻数—頁数）、「静」…『静岡県史』資料編８中世４（数字は史料番号）。「藤」…『藤岡市史』資料編原始・古代・中世第３章第１節（数字は史料番号）。ただし日付・宛所・内容は、柴辻俊六「信濃依田芦田氏の支配」（註５）に基づく。

該期の家康の発給文書は、信蕃などの徳川方国衆に対する指示や知行宛行の約束、感状などに限定されており（表４No.１〜８）、信蕃の支配領域については、上位権力（徳川氏）ではなく信蕃自身の知行宛行権が行使されていたことがうかがえる。さらに、駿河の志太郡で知行宛行を約した文書が二点確認できるが（No.５・６）、これは以前に武田氏から宛行われた知行地（田中城〈静岡県藤枝市〉の在城料）であり[12]、徳川氏からも引き続き安堵を受けていたと考えられる。

また、一門の依田信守（肥前守、信蕃の弟・信幸の子）も、天正十一年二月に駿河の稲葉郷（藤枝市）で無主の地の開発を命じ、三年間年貢を免除する内容の黒印状を発給している[13]。信守は信蕃と異なる独自の印判を用いており、信蕃の一門（同名・親類）の中には、家康から直接知行地を宛行われた者もいたことが確認できる。

（2）松平康国

天正十一年二月二十二日、佐久郡平定戦の最中にあった信蕃は岩尾城（佐久市）攻めで重傷を負い、翌日に死去した[14]。家康は人質として浜松（浜松市中央区）にいた信蕃の嫡男で十四歳の竹福丸を元服させ、松平名字と「康」の偏諱を与えて松平源十郎康国と名乗らせ、大久保忠世を後見人として信蕃の遺領を継承させた（『依田記』）。康国の発給文書（表2）は、同年三月に一門の依田信守に同心衆を附属させたのが初見で（No.1）、天正十八年四月二十六日に康国が上野の総社（前橋市）で横死するまでの間に、十六点が確認できる。

内容は知行宛行や寺社領の安堵・寄進が八点、高野山（和歌山県高野町）の蓮華定院に関するものが五点、職人支配に関するものが一点、一字書出が一点だが、特に注目すべきは、天正十五年十一月から翌十六年二月までの間に、父信蕃と同じ印文「続栄」の方形印[15]（No.6・7）、天正十六年十月以降に印文「続栄」の円形印[16]を、それぞれ使用するようになった点である（No.8・10・12・13）。うち二点は奉書式印判状で、一点は依田信守（No.6）、もう一点は依田信春（善九郎、信蕃の弟）が奉者になっている（No.8）。

さらに、当時の依田松平氏の家臣団構造を示す史料として、天正十七年八月に康国が依田信春・依田信守ら九名に対し、佐久郡内における蓮華定院の勧進に協力させ、この旨を侍衆にも伝達するよう命じた判物がある（No.11）。ここに記された依田一門や松井・伴野らが依田松平氏の重臣層であったとみられ、その下に位置する「侍衆」を含めて「家中」を形成していたことがうかがえる。依田一門の中には、白屋（佐久市）城主の平尾（依田）昌朝（「大

表２　松平康国発給文書一覧

No.	年月日	文書名	署　判	宛　所	内　容	出　典	
1	天正11.3.26	松平康国判物写	松平源十康国書判	肥前守（依田信守）	同心衆として計47騎を定める	譜牒余録後編十四	信16-20
2	天正13.7.9	松平康国判物	康国（花押）	左衛門太郎	細工奉公の代償として、田口の御庫分から30貫文を宛行	丸山文書	信16-331
3	天正14.3.11	松平康国判物	松平源十郎康国（花押）	蓮華定院	佐久郡内の僧俗の宿坊を蓮華定院に定める	蓮華定院文書	信16-410
4	天正14.3.11	松平康国判物	松平源十郎康国（花押）	蓮華定院	日牌領として５貫文、春日で500文の屋敷を寄進	蓮華定院文書	信16-411
5	天正15.2.11	松平康国判物	康国（花押）	貞祥寺	前代の如く寺領を安堵	貞祥寺文書	信16-486
6	亥（天正15）11.23	松平康国朱印状	康国（**「続栄」方形朱印**）／依田肥前守奉之	臼田甚蔵	父監物の軍功を賞し、小宮山などで計26貫文を宛行	小林文書	信16-508
7	子（天正16）2.25	松平康国朱印状	康国（**「続栄」方形朱印**）	曽五郎	毛田井宮などの神領を宛行	古文書集一	信16-533
8	天正16.10.27	松平康国黒印状	康国（**「続栄」円形黒印**）／依田善九郎奉之	明照寺	上納500文を寄進	鷹野文書	信16-546
9	天正17.3.6	松平康国一字書出	康国（花押）	井出善三郎	国の一字を与える	井出文書	信16-571
10	天正17.7.10	松平康国朱印状	**（「続栄」円形朱印）**	丸山内匠助	佐久郡内の番匠の取り締まりを命じる	丸山文書	信16-577
11	天正17.8.16	松平康国判物	康国（花押）	依田善九郎・松井与兵衛・依田肥前守・同正斎・依田三郎兵衛・同十郎左衛門・伴野小隼人・依田勝三・同菅助	佐久郡内における蓮華定院の勧進に協力させ、この旨を侍衆にも伝達するよう命じる	蓮華定院文書	信16-581
12	天正17.10.24	松平康国朱印状	**（「続栄」円形朱印）**	臼田藤吉	平井などで計10貫文を宛行	小林文書	信17-45
13	天正17.11.2	松平康国朱印状	**（「続栄」円形朱印）**	丸山内匠助	田口などで計45貫540文を宛行	山宮文書	信17-46
14	天正17.12.13	松平康国判物	康国（花押）	丸山内匠助	上山宮豊後跡161貫30文を宛行	山宮文書	信17-68
15	天正18.3.8	松平康国判物写	松平修理大夫康国花押	蓮華定院	佐久郡内の貴賤の宿坊を蓮華定院に定める	蓮華定院文書	信17-100
16	天正18.4.3	松平康国判物写	松平修理大夫康国花押	蓮華定院	甲斐の知行地における貴賤の宿坊を蓮華定院に定める	蓮華定院文書	信17-108

（出典）「信」…『信濃史料』（数字は巻数―頁数）。「補」は補遺巻上。ただし、［表２］No.７の宛所は長野県立歴史館図録『武士の家宝』に基づいて修正した。

「静」…『静岡県史』資料編８中世４（数字は史料番号）。

「藤」…『藤岡市史』資料編原始･古代･中世第３章第１節（数字は史料番号）。ただし日付･宛所･内容は、柴辻俊六「信濃依田芦田氏の支配」（『戦国期武田氏領の形成』所収）に基づく。

井文書」信16一二八）や岩村田（佐久市）に居住した依田昌秀（「安養寺文書」信16七五）など、依田松平氏の下で所領支配を行った者もおり、彼らが若年の康国を支える体制をとっていたと考えられる。

次に、当時の依田松平領の範囲について分析を試みる。後世の家譜によると、康国は家督相続にあたり、本領の六万石に加えて駿河で二万石、甲斐で二万石、都合十万石を家康から拝領したとされる（「譜牒余録後編」信16二〇）。

まず「本領」の佐久郡については、天正十四年十二月に作成された『佐久郡之内貫之御帳』（「鈴木慎吾氏所蔵文書」信16四六九）を基に、依田松平氏の支配領域を確認することができる（表3および地図を参照）。

ここでは領内の各町村の貫高が「組」ごとに記載され、①佐久郡北部の小諸（長野県小諸市）・岩村田周辺と浅間山南麓、②田の口組（千曲川の東岸）、③望月組（佐久郡北西部）、④野沢組（千曲川の西岸と佐久郡南部）の四組に分けられており、合計高は三〇八〇四貫七〇〇文（実際は三三六〇五貫八七〇文）となっている。これらの「組」は、依田松平氏が本拠とした小諸城（小諸市）と、佐久郡内の拠点だった田口城・望月城・野沢城（いずれも佐久市）を中心に「領」として編成された地域と考えられ、ほぼ佐久郡一円に分布していたことがわかる。康国も自領を「当郡」「佐久郡」と認識しており（№3・10・11・15）、依田松平氏が天正十四年末の段階で、佐久郡の一円支配を行っていたことがうかがえる。

また、駿河の志太郡に信蕃の知行地が存在したことは前述したが、天正十八年四月に康国が甲斐の知行地における貴賤の宿坊を蓮華定院に定めており（№16）、在所は不明であるが、甲斐国内にも知行地を有していたことが確認できる。これらの知行地は、武田時代からの旧領を徳川氏から安堵されたと考えられる。

表３「佐久郡之内貫之御帳」集計表（天正 14 年 12 月）

①小諸・岩村田周辺（○）

No.	地　名	貫高（文）
1	小諸	288,000
2	諸村	130,000
3	西原	220,000
4	滝原	70,000
5	与良	300,000
	同町山前	3,000
6	柏木	70,000
7	かそ（加増）	70,000
8	岩村田	1,000,000
9	竜王（雲）寺分	35,000
	徳分所	71,000
10	上平尾	350,000
11	下平尾	350,000
12	安原	300,000
13	香坂	300,000
14	大和田（和田）	80,000
15	祢（根）々井	300,000
	同町之徳分所	15,000
16	横和	70,000
17	塚原	120,000
	上塚原	163,450
	下塚原	146,340
18	塩名田	67,000
19	耳取	278,000
20	市村	278,000
21	小田井	330,000
	同町ノ前田原	12,000
	同町ノ徳分所	3,000
22	横祢（根）	40,000
23	広戸	6,000
24	草越	6,000
25	軽井沢	30,000
26	おもかい（面背）	5,000
27	ほつち（発地）	70,000
28	くつかけ（沓掛）	73,000
29	追分	40,000
30	長土呂	700,000
31	森山	70,000
32	平原本郷	775,000
33	塩野	100,000
34	ひしの	120,000
	手城塚	350,000
	うとう坂	120,000
	鯰藤	6,000
	くぬき平	12,000
	後平	12,000
	同町山前	100,000
	松井村	350,000
	寺分	300,000
	岩尾	300,000
	落合	55,000
	梨沢	21,000
	久能	76,080
	前沢	12,000
	健（油）井	12,000
	塩沢	20,000
	百沢	18,000
	馬取かや	6,000
	前田原	55,000
	すか沢	35,000
	大沼	30,000
	かりやと	5,000
	徳分所	11,000
（合計）		9,252,870

②田の口組（◇）

No.	地　名	貫高（文）
35	田の口（田口）	1,000,000
36	大たへ（大田部）	300,000
37	志賀	700,000
38	瀬戸	260,000
39	新子田	300,000
40	内山	700,000
41	平賀	1,000,000
	平賀分	70,000
42	今井	36,000
43	中込	305,000
44	三内分上小越	70,000
	三分内高橋分	70,000
45	下越	100,000
46	入沢本郷	300,000
47	平林	70,000
48	海瀬	240,000
49	余地	17,000
50	大日向	70,000
51	小海	120,000
52	南阿木（南相木）	120,000
53	北阿木（北相木）	120,000
	ふか堀	100,000
	北沢	120,000
	同町ノ山田分	9,500
	山田	96,800
	清川	193,700
	よこ越	12,000
	いそへ	300,000
	中村	300,000
	徳分所	30,000
	崎田	140,000
（合計）		7,270,000

③望月組（□）

No.	地　名	貫高（文）
54	芦田	1,000,000
55	山辺	300,000
56	塩沢	40,000
57	茂田井	700,000
58	望月	500,000
59	かすか（春日）	619,000
60	塩川原	70,000
61	布下	70,000
62	羽けひ（毛山）	18,000
63	藤沢	70,000
64	大日向	40,000
65	下ノ城	960,000
66	院（印）内	300,000
67	山浦	120,000
68	入布施	40,000
69	牧ふせ（布施）	100,000
70	蓬田	300,000
71	桑山	100,000
72	矢島	250,000
73	八幡町	220,000
74	御馬寄	230,000
	ほそや	18,000
	前沢	12,000
	高江郷	100,000
	三井	100,000
	小平	100,000
	天神林	300,000
	比田井	400,000
	竹くら	300,000
	下県	100,000
	あい田分	100,000
	うねめ分	100,000
（合計）		7,677,000

④野沢組（△）

No.	地　名	貫高（文）
75	ねきわ（根岸）	660,000
	同所ノ石分	12,000
76	桜井	1,000,000
77	跡部	450,000
78	小宮山	750,000
79	前山	750,000
80	三塚	300,000
81	野沢	1,000,000
82	原村	530,000
83	大沢	550,000
84	臼田	700,000
85	勝間町	50,000
86	下小田切	350,000
87	中小田切	300,000
88	上小田切	300,000
89	原	300,000
90	屋と（宿）岩	100,000
91	上村	200,000
92	高野町	200,000
93	下畑分	150,000
94	中畑村	70,000
95	上畑村	70,000
96	八［郡村］	12,000
97	大石	12,000
98	馬越	4,000
99	本間	15,000
100	本間川	8,500
101	馬なかし	7,000
102	かきかけ	5,000
103	八池・松原	11,000
104	いなた	10,000
105	海尻	23,000
106	ひろせ（広瀬）	4,000
	西ひろせ（広瀬）	1,000
	東ひろせ（広瀬）	4,000
107	平沢	6,000
108	御所平	18,000
109	原村	18,000
110	大宮山	17,000
111	居倉	16,000
112	秋山	25,000
	城返	25,000
	下村	150,000
	高柳	150,000
	横つめ	12,000
	ぬくひ分	9,000
	小山分	35,000
	大窪分	12,000
	宮ノ下	4,500
（合計）		9,406,000

都合	30,804,700
（実際の合計）	33,605,870

※表中のNo.は地図中の数字に対応

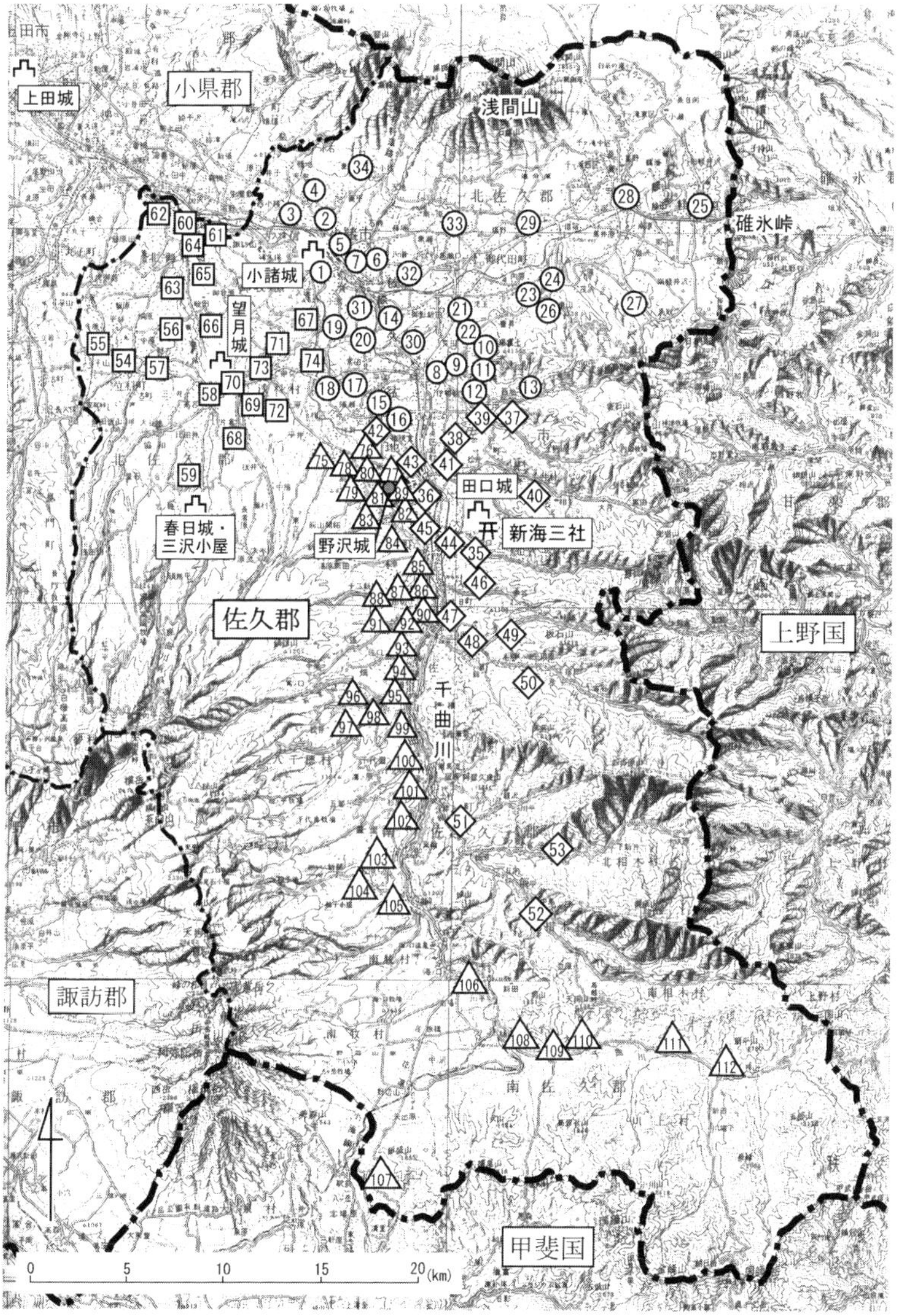

佐久郡地図　「国土地理院 20 万分 1 地勢図　長野・甲府」をもとに筆者作成

表４　徳川氏発給文書一覧（天正１０年～１８年、佐久郡関係）

No.	年月日	文書名	署判	宛所	内容	出典	
1	天正 10.7.11	徳川家朱印状写	家康様御朱印	平尾平三（昌朝）	忠節を賞し、平賀一跡を宛行	譜牒余録三十九	信 15-291
2	天正 10.7.11	徳川家朱印状写	家康御朱印	森山豊後守・同兵部丞	忠節を賞し、与羅（与良）一跡を宛行	譜牒余録後編三十	信 15-292
3	（天正 10）7.19	徳川家康書状写	家康御在判	依田肥前守（信守）	伴野での戦功を賞する	寛永諸家系図伝	信 15-331
4	天正 10.7.26	徳川家康判物	家康（花押）	依田右衛門佐（信蕃）	諏方・佐久郡を宛行	依田文書	信 15-348
5	（天正 10）10.27	徳川家康書状写	家康御書判	依田右衛門佐（信蕃）	北条方との和睦を伝達／詳細は依田肥前守から伝える	譜牒余録四十五	信 15-495
6	（天正 10）11.12	徳川家康書状	家康（花押）	小山田藤四郎	岩村田での戦功を賞する	大宮文書	信 15-518
7	（天正 10）11.22	徳川家康書状写	家康様御居判	平尾平三（昌朝）	佐久郡での戦功を賞する／詳細は大久保忠世から伝える	譜牒余録三十九	信 15-522
8	（天正 11）2.12	徳川家康書状	家康（花押）	依田右衛門佐（信蕃）	前山城の番替を伝達し、芝田康忠との談合を指示	依田文書	信 15-565
9	（天正 13）閏 8.28	徳川家康書状写	権現様御名乗御書判	松平源十郎（康国）	上田城攻めの際、禰津口での戦功を賞する	朝野舊聞裒藁	信 16-361
10	天正 13.9.17	平岩親吉・鳥居元忠・大須賀康高・井伊直政連署禁制	井兵部少輔（花押）・松平五郎左衛門尉（花押）・鳥井彦右衛門尉（花押）・平岩七之助（花押）	高野町	徳川軍の乱妨狼藉を禁ずる	高見沢文書	信 16-367
11	天正 13.10.2	某（徳川家康ヵ）朱印状写	朱印	中沢田左衛門	佐久郡小宮山・岩村田の内で計 37 貫文を宛行	古文書（内閣文庫）	信補 656
12	天正 14.4.16	徳川家康一字書出	家康（花押）	松平新六郎（康真）	康の一字を与える	依田文書	信 16-418
13	（天正 18）5.11	徳川家康判物	（家康花押）	新六郎（松平康真）	康国の死去に伴い、康真が跡を継ぐよう命じる	依田文書	信 17-131

（出典）「信」…『信濃史料』（数字は巻数―頁数）。「補」は補遺巻上。

（二）徳川氏との関係

一方、康国が家督を相続した天正十一年三月以降に家康が発給した佐久郡関連の文書（表4）は、上田城（長野県上田市）攻めにおける康国宛の感状（No.9）、弟の康真が元服した際の一字書出（No.12）、康国の死後に康真の家督相続を認めた文書（No.13）の三点しかない。また、家康の宛行状とされる文書（No.11）は「朱印」とのみ記された写であり、前述したように康国の朱印状だった可能性もあるため、家康の発給文書と判断することは難しい。

この他には、徳川軍が小県郡の真田氏を攻撃した最中の天正十三年九月に、甲斐衆を率いる平岩親吉・鳥居元忠・大須賀康高・井伊直政の四名が高野町（佐久市）宛で発給した禁制（№10）が一点見られるのみである。従って、徳川氏が佐久郡の支配に関与したことを示す史料はまったく確認できないことが判明する。

さらに、依田松平氏と徳川氏の関係を見ていくうえで重要なのが、徳川氏の重臣で遠江二俣（浜松市天竜区）の城代だった大久保忠世の存在である。忠世の弟・忠教が著した『三河物語』[17]によれば、大久保氏と依田松平氏の関係は深く、天正三年十二月に依田信蕃が大久保忠世に二俣城を引き渡した時から縁故があったという。天正十年二月に徳川軍が武田領の駿河へ侵攻した際にも、信蕃が田中城を忠世に引き渡し、その後は家康の命で二俣（忠世の居城）に匿われたとされている。「天正壬午の乱」が勃発すると、忠世は信蕃の援軍として佐久郡へ派遣され、さらに信蕃の戦死によって康国が家督を相続した後は、忠世が康国の後見役を務めたという。

その後も、天正十三年閏八月に徳川軍が真田昌幸の居城・上田城を攻撃した際には、初陣の康国が徳川方として従軍し、同年十一月に徳川氏重臣の石川康輝（数正）が出奔する事件が起こると、浜松へ帰還した忠世に代わって、忠教が天正十四年正月まで小諸城に残留している。また、天正十五年十一月には依田松平氏に忠世の嫡男・忠隣の女が嫁ぎ[18]、両氏は姻戚関係を結んだ。

このように、「天正壬午の乱」から佐久郡の平定、真田氏など信濃国衆の徳川方からの離反、羽柴（豊臣）秀吉の命による徳川・真田両氏の停戦と「信州郡割」に至るまで、大久保氏が依田松平氏と深く関わったことが確認できる。天正十三年十一月の段階で、大久保忠世は「佐久郡主」と呼称されており（「柳島文書」信16三八二）、他に甲府（甲府市）城将の平岩親吉と諏訪郡（諏方頼忠領）に駐留していた芝田康忠が「郡主」とされているが、「郡主」の権限は軍事指揮権などに限定され、領域支配に関する文書を一切発給していないことが、柴氏によって明らかにされている[19]。この点は、依田松平氏の本拠だった小諸城が信濃における徳川方の拠点とされた一方で、前述のように徳川氏が佐久郡の支配に関与したことを示す史料がまったく見られない点からも裏付けられる。

大久保氏が天正十四年まで小諸城に駐留したのは、佐久郡が徳川氏の敵対勢力（真田氏など）と境を接しており、依田松平氏のような領国の「境目」に位置する国衆の存立を維持することが、領域権力（徳川氏）の責務であったためと考えられる。また、同年に真田方との停戦が行われた後、大久保氏は小諸城から撤退したとみられ、以後は佐久郡での活動が一切確認できなくなる。

従って、前述のように康国が朱印の使用を開始し、『佐久郡之内貫之御帳』を作成して佐久郡内の町村の貫高を把握しようとしたのも、戦争の終息（「境目」状態からの解放）と支配領域の安定という要因によるものであったと評価することができよう。

次に依田松平氏の軍事行動が見られるのは、天正十八年の小田原合戦（北条攻め）の時で、康国は真田昌幸とともに徳川軍本隊とは別行動を命じられ、前田利家らの北国勢に加わって上野方面へ進軍している。同年の三月には、北条方に与して佐久郡から関東へ退去した阿江木（相木）氏・伴野氏らが白岩城（長野県北相木村）を占拠したが、康国は直ちに軍勢を派遣して同城を攻略し、戦況を家康に報告した（『依田記』）。家康は康国の注進状を秀吉に転送し、これを披見した秀吉は家康への返書で「能々松平（康国）ニ可被加詞候」と書き送っている（「依田文書」信17一〇四）。康国が北国勢に附属されたのは佐久郡が北条領国の上野と境を接しており、道案内を務めるためであったとされているが、戦況報告や褒賞は家康との間で行われており、さらに康国の横死後に康真が家督を相続した際にも、家康の承認を得ている（表4No.13）。上記の点から豊臣政権の下でも、依田松平氏は徳川氏の配下として扱われたことがわかる。

しかしながら、多くの先学が述べるように、依田松平氏を徳川氏の「家臣」と評価することはできない。五ヶ国領有期の徳川氏は佐久郡の領域支配に関与しておらず、依田松平氏は佐久郡一円を支配する国衆として、上位権力（徳川氏）に対しても自律性を有していたことは明らかである。

二、依田松平領の検地

続いて、天正十六年末から同十七年にかけて作成された三点の史料をそれぞれ分析し、依田松平氏が佐久郡内で実施した検地のあり方について考察することにしたい（表5を参照）。

（一）新海三社神領帳（表5①）

一点目は、新海三社（佐久市）の「神人」山宮豊後が天正十六年十二月に作成した指出である。

【史料一】（「山宮文書」信16五五〇。傍線部筆者、以下同）

新海御神領之事

田口之内

［　］井之内清水畑、ほまち、とうミやう免、下田

一　七百文　高辻　四百文　定納　ぬい□衛門尉

（中略）

ひかしみね畑三まい、御札振舞免　定納

一　壱貫五百文　同　壱貫仁百文　手作

（中略）

方々之神領

入沢之内田壱丁、三月辰日御祭免　定納

一　八貫文　高辻　四貫六百文　藤右衛門

三郎左衛門

（中略）

今町三たん、ひとほまち、畑三まい、三月之祭免

一　拾貫文　高辻　五貫仁百文　同　善右衛門

（中略）

栗原五たん、今ハ畑被成候、是ハすゞ免、五月七日振舞免

一　壱貫五百文　高辻　壱貫文　同　道卜

平右衛門

（中略）

御恩地之分
　大田辺之内壱丁五たん五ほまち
中田　　　　　　　　　定納
一　壱貫参百文　高辻　六百文　縫殿左衛門尉
上田　　　　　　　　　定納
一　壱貫参百文　同　　六百文　六郎右衛門
（中略）
　御神領・御恩地共ニ
惣都合百六拾壱貫三十文　高辻
　右之定納
　　合八拾四貫百十文（黒印）
　　　　已上
天正拾六年
　子之
　　十二月廿三日　　山宮豊後（黒印）

ここでは、「新海御神領」として「田口之内」（佐久市）と「方々之神領」、「御恩地之分」として「大田辺之内」（同

表５　佐久郡(依田松平領)の指出帳

①新海三社神領帳（天正 16 年 12 月）

項目		貫高（文）		納入率
		高辻	定納	
新海御神領	田口之内	46,500	22,820	49.1%
	方々之神領	47,150	25,400	53.9%
	都合	93,650	48,220	51.5%
御恩地	大田辺之内	18,270	8,000	43.8%
	そり田并高橋分	6,000	2,700	45.0%
	畑之分	27,370	16,200	59.2%
	日影在家分	12,000	5,250	43.8%
	屋敷分		3,740	
	都合	67,380	35,890	53.3%
御神領・御恩地共ニ惣都合		161,030	84,110	52.2%

②竹居栄直知行指出（天正 17 年１月）

項目	貫高（文）		納入率
	高辻	定納	
田	29,400	19,170	65.2%
畠	7,430	4,510	60.7%
外持（ほまち）	4,920	3,360	68.3%
屋敷	350	350	100.0%
不明(記載なし)	3,450	2,200	63.8%
合	32,500	23,070	71.0%
実際の合計	45,550	29,590	65.0%
損免	6,070	4,030	66.4%
祭免	750	750	100.0%
下城大宮	2,400	1,530	63.8%
横鳥之内	1,000	650	65.0%
(合計－控除分)	35,330	22,630	64.1%

③大宮社等神領指出帳（天正 17 年 12 月）

地名	項目	持主	貫高（文）		納入率	１升蒔あたりの貫高（文）		
			高辻	定納		田	畑	外持
大玉之郷	大宮神領	立神	9,300	5,340	57.4%	533 ～ 100		240 ～ 200
	大明神祭免	立神	8,000	2,900	36.3%	(蒔高なし)		
	八幡御神領分	刑部	3,660	3,000	82.0%	250 ～ 167	50 ～ 15	133
	下之城大宮御神領	大市	1,720	1,070	62.2%	325	20	200
蓬田之郷	八幡宮修理免	刑部	2,400	800	33.3%	429 ～ 400（そい・そり）		
	八幡之祭免	祢宜	11,350	5,050	44.5%	(蒔高なし、全て外持)		
矢嶋郷	矢嶋之宮御神領	刑部	2,040	1,462	71.7%	300 ～ 200	60 ～ 40	
		大市	800	576	72.0%	250	125 ～ 40	150
横鳥郷	樋口宮御神領	兵部	3,270	2,900	88.7%		50 ～ 13	300 ～ 133
	御嶽祭免	兵部	3,000	3,000	100.0%	(蒔高なし)		
	藤沢之宮御神領分	神四郎	1,270	870	68.5%	450	70	250
	矢嶋之宮御神領	丹後守	1,530	1,160	75.8%		42 ～ 12	625 ～ 75
(合計)			48,340	28,128	58.2%			

前）と「畑之分」「日影在家分」「屋敷分」（史料一では中略）における高辻（年貢の賦課基準）と定納（実際の納入高）が一筆ごとに記載されており、前者は山宮氏が以前から所持していた社領、後者は依田松平氏から宛行われた恩地と考えられる。

このうち「新海御神領」では、田が町反歩制（一反＝高辻五五〇～九〇〇文）、畑が枚数（一枚＝高辻一〇〇～五〇〇文）で把握され、「田口之内」には一部に田畑の等級を記した箇所（中田・下田・下畑）が見られる。また、これらは「灯明免」「祭免」「振舞免」など、新海社の祭礼に関わるさまざまな費用を負担するために設定された土地であったとみられ、「三たん、ひとほまち、畑三まい」のように一筆で複数の面積が記されるなど、耕地の収取状況をそのまま記載したと思われる箇所が多く確認できる。

これに対し、「御恩地」では「大田辺之内」や「日影在家分」で田が町反歩制、畑が枚数で把握され、記載内容も「新海御神領」に比べて整然としている。また、上田・中田・下田・下畑の等級が見られるが、一筆ごとの面積が記載されていないため、反別斗代は不明である。なお、田を町反歩制、畑を枚数で表記する方法は、以前から信濃で用いられており[20]、史料一もこれを踏襲したものと考えられる。

さらに史料一の特徴として、「ほまち（外持）」の記載があげられる。『日本国語大辞典』[21]によれば、「外持」とは「私の収入、余分の利得」を指す言葉であり、長野県佐久地方には「外持田」（税金のかからない新田）という言葉が残されているという。おそらく「外持」とは、それまで年貢が賦課されなかった耕地（開発地）を指し、「踏出」（検地増分）と同じ意味で使われていたと考えられるが、「壱丁五反五外持」のように、一定の面積を表す単位と思われる箇所もあるため、不明な点も多い。

（二）竹居栄直知行指出（表5②）

二点目は佐久郡の土豪・竹居河内守栄直が、天正十七年一月に自らの知行地の内訳を書き上げたものである。(22)

【史料二】（「金井文書」信16五六四）

高辻三拾弐貫五百文　竹居河内守知行
田とをしの畠
高百五十文　納百文　新四郎
（中略）
前の甫町
高三百文　納同（二百文）　手作
白山の下、甫町
高三百文　納同　同
（中略）
右之高合三拾弐貫五百文
定納弐拾三貫七十文
右之内三貫七百八十文　大宮之察（祭、以下同）免定納
同壱貫文　藤沢之宮察免定納

己丑　　　竹居河内守
□□（天正）十七年正月十一日　栄直（花押）

史料二には一筆ごとに地名と田畑の別、高（高辻）と納（定納）がそれぞれ記され、その合計額は高辻が三二貫五〇〇文、定納が二三貫七〇文で、寺社の祭礼費用として「大宮之祭免」と「藤沢之宮祭免」を負担していたことがわかる。所氏によれば、知行地の所在は佐久郡藤沢（立科町）とされ、小字名を比定した結果「非常に散在的であった」ことが指摘されているが、知行地の多くは「手作地」であり、竹居栄直は自らの名請地を宛行われた在村給人であったことが判明する。また、ここでも「甫町」「保町」（外持）の記載が見られるほか、史料一の「御恩地之分」と記載方法が同じであることから、以前の検地結果（戦国大名武田氏によるものか）を踏まえて作成された指出であったことがうかがえる。

（三）大宮社等神領指出帳（表5③）

三点目は天正十七年十二月に、大玉郷（長野県東御市）・蓬田郷（佐久市）・矢島郷（同前）・横鳥郷（長野県立科町）と藤沢宮（同前）における社領の内訳を書き上げたものである。

【史料三】（「丸山史料・古文書集九」信17七〇、後略）

指出　大宮神領・立神抱分

右之内

高辻九貫三百文　　大玉之郷地方
餅田、壱壱（ママ）舛五合蒔
　高八百文　　定六百文　　三右衛門尉
同所、壱舛五合蒔
　高八百文　　定六百文　　新九郎
　（中略）
柳ほまち、四はいまき
　高三百文　　定百五十文　　同人（新右衛門尉）
下あせた、三舛五合まき
　高四百文　　定仁百文　　三右衛門尉
　（中略）
　右之定納五貫三百四十文　　立神持分

ここでは信濃の「国枡」（一俵＝二斗の枡）を用いて蒔高で面積を把握し、一筆ごとに高（高辻）と定（定納）を記した上で、刑部・立神・兵部など神主の持ち分ごとに高辻と定納を算出しており、例えば大玉郷の「大宮神領・立神持分」の高辻は九貫三〇〇文、定納は五貫三四〇文と記されている。なお「立神」は、天正十四年三月に望月印月斎から断絶した神職の継承を命じられ、社領などを安堵された立神新九郎を指し（「大宮文書」信

16四一三）、蓬田郷・矢島郷にも印月斎の知行地が存在した（「蓮華定院文書」信16四一九・五七六）。これらの点から、史料三は望月氏に関わりの深い地域を対象にして作成された可能性が高い。

次に、蒔高とは田畑に蒔く種籾の量によって耕地の面積を表す方法で、戦国大名武田氏の検地で用いられた土地面積の単位[23]だが、その他に「一はい（盃）蒔」という単位も見られる。一盃蒔は一升蒔の五分の一（二合蒔）に相当し、先に挙げた「外持」と同じく佐久地方の慣行だったようである。[24]ただし、武田氏の検地では田畑に上中下の等級を設けて面積（蒔高）と貫高を算出しているが、史料三では田畑と「外持」の別だけで等級は設定されていない。また、史料三の記載内容も蒔高を除いて先の二点と同じであり、以前の検地結果（戦国大名武田氏によるものか）を踏まえて作成された指出であったと考えられる。

（四）検地実施の背景と意義

上記の史料からは、徳川領国下の佐久郡（依田松平領）で実施された指出の徴収と、その後の検地実施までの流れを見出すことができる。依田松平氏は天正十六年末から翌年にかけて、給人・寺社から指出を徴収した上で「改」（現地調査）を実施し、新たな知行高を画定した。その結果を示すのが次の史料である。

【史料四】（表2No.13）

定

田口之内
下山宮分

一、三拾五貫文

右之内丑之改ニ見出三貫八百五拾文、
此外御神職祭免有、
一、壱貫五百四拾文　　田口之内御庵分　居屋敷
一、三貫文　　同所之内　いそて
一、六貫文　　根井之内百貫分之内（ママ）　森山豊後知行之見出
高合四拾五貫五百四拾文
右之地、依別而奉公、出置候、向後弥々奉公不可有由断（油）者也、仍如件、
天正十七年己丑
霜月二日　（「続栄」円形朱印）
丸山内匠助殿

例えば史料四では、「丑（天正十七年）の改（検地）」によって把握された見出（増分）が、「奉公」の代償として丸山内匠助に宛行われている。検地によって村の高辻と定納を把握し、前回からの増分を給人に新恩として宛行うことは、武田氏などの戦国大名が基本的に行ってきた施策であり[25]、依田松平氏もこれを踏襲したとみられる。

なお、依田松平氏が検地を実施したのは、徳川氏が三河・遠江・駿河と甲斐の国中領（甲府盆地周辺、徳川氏の直接支配領域）で実施した領国検地と同じ時期であり、上位権力（豊臣政権や徳川氏）から賦課される軍役・知行役などの負担に対応するため、村の年貢高と給人・寺社の知行高を画定する目的であったと考えられる[26]。その点では、依田松平氏の検地が徳川氏の領国検地と連動して実施された可能性もある。

しかし、依田松平領（佐久郡）の基準は信濃の「国枡」を基準とする貫高制であり、同時期における徳川領国の基準[27]（下方枡を基準とする俵高制）とは明らかに異なる。五ヶ国領有期の徳川氏が佐久郡の領域支配に関与しておらず、依田松平氏が佐久郡一円を支配する国衆として、上位権力（徳川氏）に対しても自律性を有していたことは前項でも述べたが、領内の検地を含む支配制度も同様であったことがわかる。

さらに、天正十八年七月に依田松平氏が徳川氏の関東転封に従って上野藤岡（群馬県藤岡市）へ移った後、佐久郡に入部した仙石氏も領内の各町村から指出を徴収し、これを貫高から石高に換算して、五万石（一説には六万石）という佐久郡の石高を画定させている[28]。これらは直前に実施された依田松平氏の検地結果を踏襲したものと考えられ、仙石氏が領内で検地を実施した形跡がないことから、その後も佐久郡（仙石領）における基準として機能したとみられる。このように、依田松平氏は佐久郡内で独自に実施した検地は、近世社会にも継承されていったのである。

おわりに

徳川領国下で信濃佐久郡を支配した依田松平氏は、上位権力（徳川氏）の軍事的保障の下で存立した地域権力であった。この点は、徳川氏重臣の大久保忠世が「郡主」として依田松平氏を軍事指揮下に置き、大久保氏が天正十四年まで小諸城に駐留した事実からも裏付けられる。ただし、徳川氏や大久保氏が佐久郡の支配に関わった形跡はなく、依田松平氏は佐久郡一円を支配する国衆として、上位権力（徳川氏）に対する自律性を有していたことも、当時の史料から明らかになった。

また、天正十七年に依田松平氏が実施した検地も、信濃の「国枡」を基準とする貫高制が採用されており、同時期に徳川氏が実施した検地（下方枡を基準とする俵高制）とは方法が異なる。最近の柴氏の研究で、徳川領国が他の戦国大名領国と同じように、異なる基準を持つ国衆の支配領域を内包しながら成立していたことが明らかにされているが[29]、信濃佐久郡の国衆・依田松平氏と上位権力（徳川氏）の関係からも、これを裏付けることができよう。

註

（１）所理喜夫「関東転封前後における徳川氏の権力構造―天正十七、八年の五ヶ国総検―」（『徳川将軍権力の構造』吉川弘文館、一九八四年。初出一九六〇年）。以下、所氏の見解は本論による。
（２）『佐久市志』歴史編二中世（一九九三年）第六章第四節（井出正義執筆）。
（３）『望月町誌』第三巻歴史編一（一九九四年）第五章第四節・第五節（寺島隆史執筆）。

（4）『立科町誌』歴史編上（一九九七年）第三編第三章第二節（田中幹執筆）。
（5）柴辻俊六「信濃依田芦田氏の支配」（『戦国期武田氏領の形成』校倉書房、二〇〇七年。初出二〇〇五年）。
（6）井原今朝男「徳川家康と依田信蕃・康国―佐久郡の戦国・織豊期について―」（『武士の家宝～かたりつがれた御家の由緒～』長野県立歴史館、二〇一一年）。以下、井原氏の見解は本論による。
（7）竹井英文「戦国・織豊期信濃国の政治情勢と「信州郡割」」（『織豊政権と東国社会―「惣無事令」論を越えて―』吉川弘文館、二〇一二年。初出二〇〇九年）、平山優『天正壬午の乱―本能寺の変と東国戦国史―』増補改訂版（戎光祥出版、二〇一五年。初版二〇一一年）、同『武田遺領をめぐる動乱と秀吉の野望―天正壬午の乱から小田原合戦まで―』（戎光祥出版、二〇一一年）。
（8）柴裕之『戦国・織豊期大名徳川氏の領国支配』（岩田書院、二〇一四年）。以下、柴氏の見解は本書による。
（9）『新編信濃史料叢書』第八巻（信濃史料刊行会、一九七四年）。以下『依田記』の出典は本書による。なお、山崎会理「『依田記』成立の背景と由緒書への転換の可能性について」（『長野県立歴史館研究紀要』一八号、二〇一二年）では、松平康真（加藤宗月）が『依田記』を執筆した背景と、写本の伝来状況が明らかにされている。
（10）『依田記』には天正十年十一月に平尾平三（昌朝）や望月印月斎らが信蕃に臣従した記事が見えるが、印月斎はその後も遠州（徳川氏）へ出仕して家康の入魂を得ており（「蓮華定院文書」『信濃史料』第十六巻八三頁）、徳川氏とも直接関係を持っていたことがうかがえる。なお、戦国期の望月氏については『望月町誌』第三巻歴史編一（前掲註3）第五章第一節～第三節（寺島隆史執筆）を参照。
（11）前掲註（5）柴辻著書の一七三頁に写真が掲載されている。
（12）天野信直「依田氏（芦田）の参・遠・駿における事績について」（『信濃』十四巻一号、一九六二年）。
（13）「岡谷文書」（『静岡県史』資料編8中世4、一六二三号）。信守の黒印は同書の一一四一頁に掲載されている。
（14）井原氏は「同時代史料である『家忠日記』天正一一年二月二〇日条には（中略）徳川家忠の武家日記では信蕃・信幸・信春の三兄弟が鉄炮ではなく、矢で死去したとする。史実は同時代の信憑性によるべきである」（原文ママ、傍点部引用者）と述べているが、松平家忠が著した『家忠日記』の原本にそのような記述はない（『増補続史料大成』第十九巻〈臨川書店、一九八一年〉。以下、『家忠日記』の出典は本書による）。井原氏が引用したのは、家忠の孫・忠冬が寛文五年（一六六五）に編纂した『家忠日記増補追加』で（翻刻はされていないが、二〇一七年現在、早稲田大学図書館の古典籍総合データベース等で閲覧が可能）、成立年代は『依田記』の方が先である。なお、依田信春（善九郎）は信蕃の死後も活動が見られることから、『家忠日記増補追加』の記事は誤りで、岩尾城攻めの戦死者を信蕃・信幸とする『依田記』の方が、信憑性は高いと考えられる。

(15) 前掲註（６）図録の一五頁に写真が掲載されている。

(16) 『臼田町誌』第六巻（文化財・史料・年表編）の六六頁に写真が掲載されている。

(17) 斎木一馬・岡山泰四・相良亨校注『日本思想大系26　三河物語・葉隠』（岩波書店、一九七四年）。以下、『三河物語』の出典は本書による。

(18) 『家忠日記』天正十五年十一月二十八日条。なお、大久保忠隣の女の嫁ぎ先は「足田」（芦田）とだけ記されており、『寛政重修諸家譜』では松平康真の室としている（『新訂寛政重修諸家譜』第六〈続群書類従完成会、一九六四年〉二一五頁）。ただし、康真が慶長五年（一六〇〇）正月に京都で刃傷事件を起こし改易された原因として、一説には「兄康国亡き後、兄の妻を自分の妻にしたことを相手に揶揄された」話が伝えられていることから（前掲註９山崎論文）、天正十五年に大久保忠隣の女が松平康国に嫁ぎ、康国の死去後に康真と再婚した可能性もある。

(19) 柴裕之「徳川氏の甲斐国中領支配とその特質」（前掲註８に所収、初出二〇〇三年）、平山優『武田遺領をめぐる動乱と秀吉の野望』（前掲註７）二三二頁。

(20) 「諏訪大社文書」（戦武一〇二三）、「安養寺文書」（同一五七九）、「諏訪大社上社所蔵文書」（同二九四二）等。

(21) 『日本国語大辞典』（小学館、一九七五年）。

(22) 『信濃史料』の翻刻では、竹居栄直の署名・花押の後に「同氏太郎左衛門栄信・同子息太兵衛栄俊・孫太左衛門・彦子清六」と記されているが、長野県立歴史館所蔵の写本（丸山清俊資料）には「此は以後の計入」という注記があるため、後世に書き加えられたものと考えられる。

(23) 拙稿「武田領国における蒔高制」（『戦国大名武田氏の領国支配』岩田書院、二〇一五年。初出二〇一三年）を参照。

(24) 小笠原貞慶領の安曇郡でも、「つる懸枡」六盃入が「二斗俵」（信濃の「国枡」）で二百文に換算されている事例が見られることから（「浅野文書」信16四八四）、「盃」は信濃国内の各地で穀物の容積を示す単位として用いられていたようである。

(25) 拙稿「武田氏の検地施行原則」(前掲註23に所収、初出二〇〇八年)を参照。ここでは、戦国大名武田氏の検地が①指出の徴収、②役人(検使)の派遣による「改」(現地調査)の実施、③土地の実測(検地)の三段階に分かれていたことも指摘した。

(26) 小田原合戦(北条攻め)に際して豊臣政権が作成した陣立書では、徳川家康に三万人が賦課され(「伊達家文書」『小田原市史』史料編原始・古代・中世Ⅰ、七三九号)、また北国勢の松平康国は四千余人の兵を率いたという(『新訂寛政重修諸家譜』〈前掲註18〉、二一二頁)。この時の軍役は「一〇〇石五人役」であったことから、徳川氏の石高は六〇万石、依田松平氏の石高は八万石というように、豊臣政権から把握されていたことがわかる。詳細は黒田基樹『敗者の日本史10　小田原合戦と北条氏』(吉川弘文館、二〇一三年)を参照。

(27) 本多隆成「初期徳川氏の五ヵ国総検地」(『近世初期社会の基礎構造』吉川弘文館、一九八九年。初出一九八〇年)、同「五ヵ国総検地と七ヵ条定書」(『初期徳川氏の農村支配』(吉川弘文館、二〇〇六年)等を参照。

(28) 『御郡中永楽高辻』(『新編信濃史料叢書』第十一巻、一四九頁)、『佐久郡川西村々貫目帳』(同書一五二頁)。詳細は拙稿「豊臣政権下の信濃検地と石高制」(本書第3部第一章)を参照。

(29) 前掲註(8)。

第三章　信濃国伊那郡虎岩郷「本帳」と検地帳の分析

はじめに

信濃国伊那郡虎岩村（長野県飯田市下久堅下虎岩・飯田市虎岩）は、主に近世史の研究事例として、多くの先学によって取り上げられてきた村落である。その理由として、虎岩村の肝煎（名主）平沢家の文書群（飯田市美術博物館所蔵「平沢文書」）が大量に残存していることがあげられる。特に近年では、吉田ゆり子氏[1]や稲葉継陽氏[2]らによって、村請による近世虎岩村の年貢納入システムと肝煎平沢氏の役割が明らかにされている。それによると、虎岩村では二軒の肝煎屋敷内にあった「御蔵」に年貢が集められ、飯田城下を経由して江戸に送られていた。また、毎年の作付や年貢収納の際には、肝煎による種籾の貸し付けや立て替えが行われていた。

これに対して、戦国～織豊期の研究成果は、天正期「本帳」の分析を通して、当該期の虎岩郷の土地制度や年貢収取のあり方を考察したものが主である。なお、「平沢文書」所収の虎岩郷の「本帳」については、以下の三点が現存する[3]。

①天正十五年（一五八七）霜月吉日「虎岩本帳台所知行方共ニ」（十五年本帳、信16五一一、史料番号一―二九）

天正十二年頃から十八年七月まで伊那郡を支配した菅沼氏[4]が作成した「本帳」。「知行」人ごとに「本年貢」、「天役」、「亥之増」を書き出したもので、「本年貢」「天役」が貫高であるのに対して、「亥之増」は俵高で表記されている。

②天正十七年九月「大固朱引御検地帳」（十七年検地帳、信17九、史料番号一―四三）

虎岩郷の屋敷地・耕地の一筆ごとに上中下の等級をつけ、所在地、面積、分付主（名請人＝年貢納入者）、作人の名を記した検地帳。裏は慶長六年（一六〇一）の検地帳面として使用されており、後年に再度表面として綴じられた際、「大固」＝太閤検地帳と考えられて表題がつけられたようである。なお、反別斗代は上田一石三斗、中田一石二斗、下田九斗、上畑一石、中畑九斗、下畑二斗、屋敷地一石三斗で、枡は一俵＝二斗の「国枡」が使用されている。

③天正十八年十月二十九日「虎岩郷本帳」（十八年本帳、信17二〇三、史料番号一―四〇・四一）

天正十八年八月、徳川氏の関東転封に従って菅沼氏が上野国吉井（群馬県吉井町）へ移った後、新たに伊那郡の領主となった毛利氏が虎岩郷の「御代官」平沢道正に命じて作成させた「本帳」。名請人ごとの年貢高、「天役」、「亥之増」が記載されている点では「十五年本帳」と同じだが、「亥之増」が貫高である点、耕地の所在地と作人が一筆ごとに記されている点などが特徴としてあげられる。

この中で特に注目されているのは、「十五年本帳」の「知行」をどう解釈するかという問題であるが、これについて、近年では吉田ゆり子氏[5]の見解が定説となっているように思われる。吉田氏は、北島正元氏[6]・平沢清人氏[7]・古島敏雄氏[8]らの説を「「知行」人＝近世的な領主」として捉え、「「本帳」は菅沼氏から宛行われた知行地を給人からの指出をもとに集計した「知行帳」であり、その知行地から年貢を上納させるための「年貢帳」である」と理解したうえで、「「知行」人は給人ではなく、名田の所有者である」と批判している。また、伊東富雄氏[9]が「「本帳」は郷代官所に備え付けの土地台帳であり、検地帳や知行帳とは異なる「本帳」としての独自の性格を持つ帳簿であった」として、戦国大名（武田氏）段階の土地制度が反映されていたことを強調している点を支持し、「菅沼氏は武田氏の検地施行原則に従い、「亥之増」と「天役」の免除・徴収を通して、虎岩郷の全耕地を軍役衆の給地と百姓地に分離し、「軍役衆」＝下級奉公人として組み込んでいった」と結論づけている。

しかし、吉田氏は「知行」人のみを考察の対象としているため、非「知行」人を含めた虎岩郷内諸階層の実態や、その後の兵農分離の要因に関して明確な回答を示していない。これについては、牧原成征氏[10]が「名主としての百姓地の年貢は誰が収取したのか」、「「知行と百姓的土地占有との間に明瞭に差別が認められない段階」における「知行」のあり方について論じる必要がある」と批判した通りである。一方、平沢氏らの先行研究でも、「知行」人の一部は村落内に居住し、農業経営を行う一方、菅沼氏への軍役奉公を行う給人層（軍役衆）であったと述べられており、吉田氏が批判したように、「知行」人を近世的領主層とみなしていたわけではない。しかし、「本帳」の分析が行われていないため、「知行」人の分類が曖昧であり、先に挙げた吉田説と同様の問題点を指摘できる。

次に、「十七年検地帳」をめぐる研究では、船橋篤司氏・根本崇氏[11]が、虎岩村内での地名比定を通して、名請人と小作人との間に、特定の分付関係があったことを明らかにしている。しかし、「知行」に関する見解は吉田説に依拠しており、他の「本帳」との関係についても詳細な検討がなされているわけではない。

所理喜夫氏[12]・北島氏らの研究以後、「十七年検地帳」は、天正十七〜十八年に徳川氏が実施した「五ヶ国総検地」の検地帳の一つであるとされてきた。従って、虎岩郷は徳川氏の直轄地であり、菅沼氏の任務はその管理にあったと見られていたのである。しかし、筆者は本書第１部第三章において、検地が実施された地域では年貢書出を

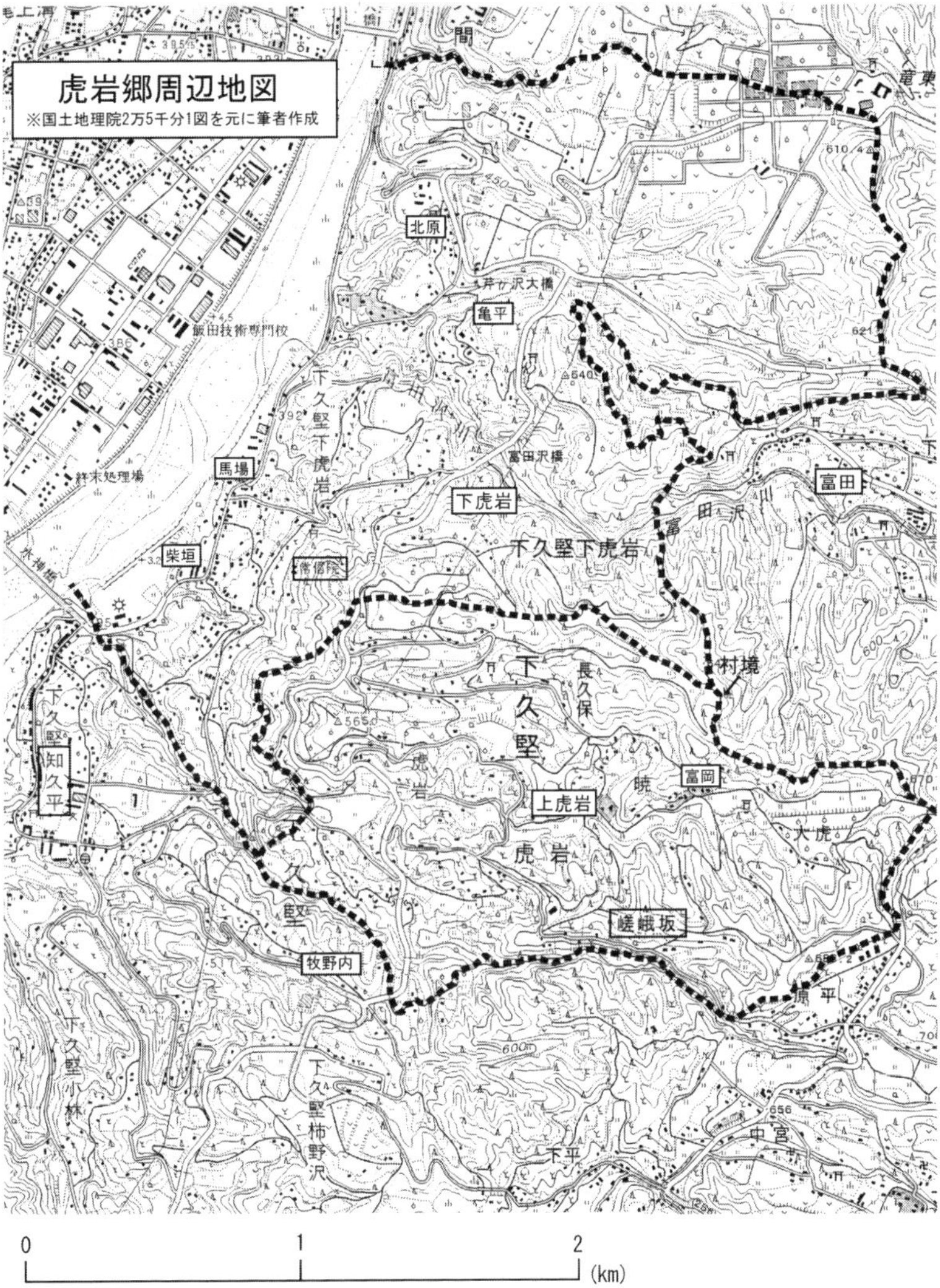
虎岩郷周辺地図
※国土地理院2万5千分1図を元に筆者作成
北原
芦ヶ沢大橋
亀平
飯田技術専門校
下久堅下虎岩
馬場
富田沢橋
下虎岩
富田
富田沢川
柴垣
下久堅下虎岩
村境
下久堅
長久保
下久堅
知久平
富岡
上虎岩
虎岩
大虎
久堅
嵯峨坂
牧野内
下久堅小林
下久堅柿野沢
下平
中宮
0
1
2
(km)

虎岩郷周辺地図

作成して村落単位で年貢高を集計しているのに対して、菅沼氏支配下の伊那郡では「国枡」の使用など、年貢高集計に関する方式が異なっていた点を指摘した。また近年では、谷口央氏[13]のように、「五ヶ国総検地」を太閤検地と同等のものと評価する立場から、徳川領国内の村落が近世化を遂げたとする意見もある。しかし、これも本書第1部第三章で述べたように、「五ヶ国総検地」と並行して交付された「七ヶ条定書」が信濃国では一点も見られないことから、当該地域が徳川氏の直接支配領域ではなく、「十七年検地帳」も徳川氏による「五ヶ国総検地」の一つとして評価できるかどうかは疑問である。

そこで本稿では、以上の問題点をふまえて、虎岩郷に関わる天正十五年・十八年の「本帳」と「十七年検地帳」の総合的な分析を行う。特に、これまで争点とされてきた「知行」の再検討を通して、戦国織豊期（中近世移行期）村落の存在形態や、菅沼氏の関東転封にともなう兵農分離の問題を中心に考察していきたい。

一、虎岩郷内諸階層の分析

ここでは「十五年本帳」（表1）に記載されている「知行」人と、「十八年本帳」（表2）に記載されている名請人の比較から、虎岩郷内諸階層の分析を行う。両「本帳」を見ると、「本年貢」、「天役」、「亥之増」（一俵＝二斗＝二百文で換算）の額が三石亀太郎（№38）を除いてすべて同じである。人物についても、「十五年本帳」の「知行」人と「十八年本帳」の名請人の名前が一致する（表1と表2の各番号がそれぞれ対応する）。ここから、十五年と十八年の両「本帳」を比較して「知行」人を分類すると、以下のようになる（表3）。

表1　天正15年「虎岩本帳」(十五年本帳)知行人一覧

№	知行人	本年貢	天役	亥之増	その他
1	田中源十郎	4貫424文	600文	7俵（内1斗大豆）	
2	**中村善兵衛**	1貫900文 **1貫文…彦兵衛前より出候** **900文…六兵衛方より取候**	140文	1俵（彦兵衛前）	中村屋敷300文
3	寺沢図書	5貫文	800文	1俵	屋敷500文
4	北沢孫右衛門尉	2貫500文	200文	3俵2升5合	
5	牧嶋善九郎	1貫文（本帳では2貫文）	200文	1俵2升5合	
6	**田中九郎**	2貫500文（内半分畠）	300文	2俵1斗（内3斗大豆）	
7	花村又八郎	2貫文	400文	2俵1斗	
8	田中甚三	2貫文	400文	2俵1斗	
9	幡指孫左衛門	2貫500文	400文	3俵2升5合	
10	幡指又五郎	1貫文(此外柏原富田ニ有)	200文	1俵	
11	幡指又六	1貫文	200文	1俵	
12	小右衛門尉	2貫500文（小作又六）	400文	2俵1斗	
13	田中縫殿助	13貫500文（内1貫300文畠）	1貫400文	12俵1斗6升（内1斗5升6合大豆）	
14	番匠与太郎	2貫400文	400文	1俵7升	
15	牧之内市丞	1貫200文	100文	1俵6升	見出400文
16	嶋岡越前	3貫文	400文	3俵	
17	羽生左忠	8貫文（小作七郎右衛門尉）	1貫文	**8俵(同是も給分也)**	
18	**福世三右衛門尉**	2貫文（小作彦兵衛）	260文	2俵(内1俵1斗大豆)	
19	**井ノ口平左衛門尉**	3貫文（小作善左衛門尉）	600文		
20	虎岩玄番允	5貫600文（内200文引）	1貫文	5俵1斗2升	かち走1人2貫500文
21	雲母八右衛門尉	4貫文（1貫740貫流引、2貫260文定納）			
22	寺沢孫四郎	3貫文（内1貫文隠居免）	200文	1俵	
23	満亀殿之弥三郎	5貫文（内1貫文流引）	400文	4俵（内1俵大豆）	
24	磯貝里平	2貫400文	400文	1俵2升	
25	**朝日千助・石野新蔵**	8貫500文	1貫400文		
26	平沢菅右衛門尉	19貫100文（内1貫500文原畠）	2貫400文**(是ハ御赦免之御手形御座候)**		
27	虎岩孫次郎	3貫300文	500文	3俵6升	
28	平沢助兵衛	1貫600文	100文		
29	**吉村七左衛門**	400文（小作助兵衛）		8升	
30	**南原経田**	6貫文（四郎兵衛・与二郎）		2俵	
31	池田六兵衛	**3貫文（内900文善兵衛知行）**	200文	2俵1斗	
32	平沢又七郎	2貫600文	200文	3俵2升（内1俵2升大豆）	
33	小夫忠右衛門尉	700文			

34	常真庵領	500 文			
	（源三左衛門尉）				伊勢神田 600 文
	（権守）				諏方神田 1 貫 200 文
	（神右衛門尉）				諏方神田 100 文
35	平沢四郎兵衛	2 貫 500 文	200 文	4 俵 1 斗	
36	中村宗左衛門尉・同名善左衛門尉	2 貫 500 文		2 俵 1 斗 5 升	
37	幡指又右衛門	3 貫 300 文（内 500 文屋敷）		1 斗	
38	三石亀太郎	6 貫 200 文（めなぶり共ニ）		1 俵	
39	平沢弥七郎	13 貫 920 文（内 1 貫 600 文畠）	1 貫 600 文 **（此内 500 文八右衛門分役共御赦免）**	11 俵	
40	**牧之内権助**	2 貫文	400 文	1 俵 1 斗 5 升	
合　計		160 貫 244 文	15 貫 800 文	102 俵 1 斗 4 升 5 合	

表２　天正 18 年「虎岩郷本帳」（十八年本帳）名請人・作人一覧

No.	名請人・作人	合計額	天役	亥之増	その他
1	源十郎分　七郎左衛門 900 文、900 文、源（十郎主作）600 文、700 文、1 貫 324 文	**4 貫 424 文**	600 文	1 貫 500 文（内 1 斗大豆）	
2	**彦兵衛 1 貫文、六兵衛 900 文**	**1 貫 900 文**	140 文	彦兵衛前 200 文	屋敷 300 文
3	図書分　1 貫 100 文、1 貫 300 文、500 文、2 貫 100 文	**5 貫文**	800 文	200 文	屋敷 500 文
4	孫右衛門分　500 文、1 貫文、1 貫文	**2 貫 500 文**	200 文	625 文	
5	善九郎　1 貫文	**1 貫文**	200 文	225 文	
6	与八郎分主作　田 1 貫 250 文、畠 1 貫 250 文	**2 貫 500 文**	300 文	500 文（大豆 6 舛石）	
7	又八郎分同人作　200 文、800 文、700 文	**2 貫文（ママ）**	400 文	500 文	
8	甚三分主作　300 文、600 文、300 文、800 文	**2 貫文**	400 文	500 文	
9	孫左衛門分　200 文、800 文、600 文、500 文	**2 貫 500 文**	400 文	625 文	
10	又五郎分主作　1 貫文	**1 貫文**	200 文	200 文	
11	又六分主作　1 貫文	**200 文**	200 文	300 文	
12	小右衛門分又□□作　2 貫文、500 文	**2 貫 500 文**	400 文	500 文	
13	縫殿助分　又助作 1 貫 400 文、孫七郎作 1 貫 600 文、数右衛門作 1 貫 400 文、源助作 1 貫 600 文、知久平之与八郎作 800 文、与五郎作 1 貫文、十郎左衛門作 1 貫 800 文、1 貫 300 畠文、図書 2 貫 600 文	**13 貫 500 文**	1 貫 400 文	2 貫 560 文	
14	与太郎分　覚泉作 1 貫 600 文、四郎兵衛作 800 文	**2 貫 400 文**	400 文	270 文	
15	市丞分　源三衛門作 800 文、孫七郎作 400 文、助六作 400 文	**1 貫 600 文**	100 文	260 文	
16	越前分　1 貫文、2 貫文	**3 貫文**	400 文	400 文	
17	左中分　助右衛門作 800 文、十郎左衛門作 800 文、小左衛門作 1 貫文、助兵衛作 1 貫 400 文、藤右衛門作 800 文、新左衛門作 1 貫文、惣左衛門作 2 貫 200 文	**8 貫文**	1 貫文	1 貫 600 文	

18	彦兵衛作　2貫文	**2貫文**	260文	400文（内3斗大豆）	
19	善四郎作　2貫文、1貫文	**3貫文**	600文		
20	玄番分　1貫500文、800文、与左衛門作3貫300文	**5貫600文**	1貫文	1貫120文	
21	八右衛門分　又七郎作400文、孫右衛門作800文、 新右衛門作500文、孫兵衛作500文、セ［　］60文	**2貫260文**			
22	孫四郎分　800文、孫兵衛作500文、 孫四郎分主作300文、600文、300文、500文	**3貫文**	200文	200文	
23	弥三郎分　藤兵衛作5貫文	**5貫文**	400文	800文	
24	理平分　助右衛門作700文、500文、四郎兵衛作600文、 助兵衛作600文（此内400文孫七郎作）	**2貫400文**	400文	220文	
25	孫兵衛2貫文、又八郎2貫文、又三郎1貫文、200文、 助兵衛1貫600文、助右衛門1貫文、十郎左衛門300文、400文	**8貫500文**	1貫400文		
26	勘右衛門分　とみたのすいとく作1貫文、数右衛門作800文、1貫600文、 善九郎作800文、覚泉作800文、孫四郎作1貫文、 新三郎作2貫文、富田ノ孫左衛門作1貫500文、与次郎作7貫600文	**19貫100文**	2貫400文（申事有）		
27	孫次郎分　又六作800文、600文、清兵衛作600文、 十郎左衛門作700文、助大夫作600文	**3貫300文**	500文	660文	
28	助兵衛主作　1貫600文	**1貫600文**	100文		
29	助兵衛作　400文	**400文**		80文	
30					
31	六兵衛主作　2貫100文	**2貫100文**	200文	500文	
32	又七郎分主作　600文、600文、400文、400文、600文	**2貫600文**	200文	620文（内1俵2舛大豆）	
33	小使忠右衛門主作　700文	**700文**			
34	常真庵　500文 源三左衛門作　伊勢領600文 善三郎作　諏方領1貫200文 助大夫作　諏方領100文				
35	四郎兵衛分主作　2貫300文、100文、100文	**2貫500文**	200文	900文**（申事あり）**	
36	善左衛門手作　1貫文 久三手作　1貫500文	**2貫500文**		550文	
37	又右衛門分主作　1貫400文、1貫400文	**2貫800文**		100文	屋敷500文
38	亀太郎分　甚四郎作　2貫200文	2貫200文		200文	
39	弥七郎分　300文、太郎左衛門作1貫200文、 善六作200文、与左衛門作500文、 せんもん作800文（せき免）、いぬほう作600文、祢き与助作1貫200文、主作8貫20文	**13貫920文**		2貫200文	**役銭1貫600**
40	七郎左衛門　1貫文、1貫文	**2貫文**	400文	350文	
	田方162貫719文、畑方大豆3貫800文（「亥之増」を含む）		17貫400文		

表３　虎岩郷内「知行」人分類表

（a）「十七年検地帳」「十八年本帳」に記載のない者

No.	名前	居住地	屋敷面積（坪）	名請高		「本年貢」高（貫高）	特記事項
				俵高	貫高		
6	田中九郎					2.500	
18	福世三右衛門					2.000	
19	井ノ口平左衛門					3.000	
29	吉村七左衛門					0.400	
30	南原経田（文永寺）	南原郷				6.000	

（b）虎岩郷内居住者

※	平沢道正	北原	1,620	73.06765	14.668		「十五年本帳」「十八年本帳」には記載がない。
26	平沢勘右衛門	富岡		249.03195	49.832	19.100	北原に屋敷地35坪を所有。近世虎岩村肝煎の一人。
28	平沢助兵衛	柴垣	144	48.09407	9.694	1.600	
32	平沢又七郎	薬師堂	76	36.18020	7.380	2.600	
35	平沢四郎兵衛	馬場	142	69.18651	13.987	2.500	近世虎岩村肝煎の一人。
39	平沢弥七郎	亀平	220	246.19725	49.397	13.920	
1	田中源十郎	城	101	74.12881	14.929	4.424	
2	中村善兵衛	ごんた平	52	13.07768	2.678	1.900	「十八年本帳」には記載がない。
3	寺沢図書助	上之城	64	34.18776	6.988	5.000	知久平郷にも「知行」地を所有。
5	牧嶋善九郎	せはいし	45	18.06370	3.664	1.000	
7	花村又八郎	とうけんあん	98	51.02189	10.222	2.000	
8	田中甚三	たら	45	29.13181	5.932	2.000	
9	幡指孫左衛門	石遊場	28	29.12722	5.827	2.500	
11	幡指又六	中田	40	0.00831	0.008	1.000	
22	寺沢孫四郎	中尾	38	34.08820	6.888	3.000	
31	池田六兵衛	上長窪	40	47.09817	9.198	3.000	
36	中村善左衛門	かいと田	45	27.13140	5.531	2.500	
	久蔵	かいと田	32	12.06661	2.467		中村宗左衛門の後継者か？
37	幡指又右衛門	のきわ	27	18.16862	3.769	3.300	

（c）飯田城下居住者

13	田中縫殿助	飯田		79.19225	15.992	13.500	
14	番匠与太郎	飯田		5.05168	1.052	2.400	知久平郷にも「知行」地を所有（手作）。
17	羽生左忠	飯田		12.08502	2.485	8.000	虎岩郷内に屋敷地75坪を所有。
24	磯貝理平	飯田		27.18085	5.581	2.400	知久平郷にも「知行」地を所有。

25	朝日千助	飯田		2.15750	0.558	8.500	菅沼氏の重臣。知久平郷にも「知行」地を所有。「十八年本帳」には記載がない。
	石野新蔵	飯田		2.14000	0.540		
40	牧之内権助	飯田		32.19919	6.599	2.000	知久平郷にも「知行」地を所有（手作）。「十八年本帳」には記載がない。

（d）郷外居住者

4	北沢孫右衛門	今田				2.500	
10	幡指又五郎					1.000	虎岩郷内に屋敷地54坪を所有。
12	中間小右衛門	今田		35.18775	7.188	2.500	知久平郷にも「知行」地を所有（手作）。
15	牧之内市丞	牧内		27.05162	5.452	1.200	
16	嶋岡越前	あく嶋		32.13656	6.537	3.000	
20	虎岩玄蕃允	富田		76.08252	15.283	5.600	
21	雲母八右衛門	米川		17.12773	3.528	4.000	
23	満亀殿之弥三郎	さか坂		43.17798	8.778	5.000	
27	虎岩孫次郎	富田		58.14280	11.743	3.300	
38	三石亀太郎	知久平		42.08244	8.482	6.200	知久平郷にも「知行」地を所有。
合　計　高				1,600.05370	322.857	156.344	

表4　天正15年「知久平本帳」知行人一覧

No.	知行人	本年貢	天役	亥之増
1	三石新左衛門尉	3貫300文（惣右左衛門尉）	400文	4俵4舛
2	森本藤左衛門尉	600文（与三衛門尉）	200文	5舛6合
3	斎藤与三衛門尉	500文（手作）	100文	1斗
4	中野吉左衛門	3貫800文（手作）、5貫文（畠同人）	600文	2斗1舛
5	上祝	1貫700文（手作）、800文（此内200文荒、同人）、		8舛
		400文（押名、同人）、500文（神田、いち）、		
		500文（三石宮内左衛門知行）		
6	**中間小右衛門尉**	1貫400文（手作）	200文	1斗
7	**磯貝利平**	3貫文（勘衛門）	400文	
8	田中織部	5貫文（六郎兵衛）	400文	4俵
9	豊田虎蔵	1貫200文（彦助）	200文	
10	与平次	1貫文（押名）	200文	
		1貫800文（孫太夫）	400文	8舛
11	番匠藤左衛門	300文（玄善）		
12	花井金助	1貫文（ぬた十郎左衛門）		
13	小池新八	500文（犬食）		4舛
14	塩澤八郎左衛門	3貫300文	300文	1俵1斗5舛
15	知久民部	4貫文（柿澤源左衛門）	400文	4俵
		4貫文（牧内又八郎）	400文	1俵2斗（大豆）
16	吉澤新助	4貫文（惣左衛門）、5貫文（畠、惣左衛門）	600文	3斗1舛

17	知久甚左衛門	3貫100文（三郎左衛門）	600文	2俵8舛
		500文（蜂かいと）		4舛
18	斎藤彦介	1貫900文（三郎左衛門）	500文	4俵
19	**寺澤図書助**	3貫文（又左衛門）	1貫文	2俵
20	恩澤左助	1貫文（市左衛門尉）	200文	8舛
21	知久弥次郎殿	1貫100文（牧内三郎左衛門）、100文（同人）		3舛
22	**牧内権助**	1貫200文（牧内ニ有、手作）	200文	2俵
		300文（畠、又八郎）		1斗5舛
		100文（与三左衛門）		2舛4合
		100文（善七）		7舛
23	中間孫右衛門	1貫文（六郎兵衛）	200文	1斗2舛
24	橋部八良左衛門	200文（善左衛門尉）		4舛
25	番匠対馬	800文（柿澤）	200文	8舛
26	**番匠与太郎**	400文（手作）		2舛
27	**台所入**	1貫文（小夫九郎衛門）	200文	
		400文（孫右衛門尉）	200文	
28	今斎	800文（彦七郎）		8舛
		500文（玄善）		
		400文（山口源兵衛）		3舛
29	舟越	1貫文(此内300文屋敷、手作)、1貫文(手作)	200文	
		小使免役共ニ取		
30	興善寺領	600文（三郎右衛門）	200文	8舛
31	法泉寺領	1貫300文（上祝新蔵衛門）	300文	1斗6舛8合
32	文阿弥	800文（二右衛門尉）		4舛5合
33	**千助・新蔵**	700文（源左衛門）	100文	
		500文（六郎兵衛）		
		2貫800文（山こセノ新次郎）	600文	
		500文（道畠久右衛門）		
		1貫300文（北澤藤左衛門）	200文	
		500文（稲葉尻藤十郎）	100文	
		500文（稲葉尻彦三郎）	100文	
		600文（与七郎）	200文	
		500文（金坂九郎兵衛）		
※	右之外	4貫文　知久平之内虎岩之帳ニ乗、		
		400文（是ハ**亀太郎**ニ給也、牧内ニ有、井免）		
合　計		83貫100文	10貫100文	37俵9舛3合

（a）「十八年本帳」に記載がなく、別人が「作人」として登録されている者。「十七年検地帳」において虎岩郷内に名請地・屋敷を持たない点でも共通する。

（b）虎岩郷内に「居屋敷」を持ち、各集落の地名が付されている者。うち平沢姓の者が五名いる。なお、（a）に分類される者の「知行」を耕作する「作人」も、すべてここに含まれる。

（c）人名の脇に「飯田」と記載され、飯田城下に居住する者。吉田氏によれば、菅沼氏は家臣団を在地から切り離して飯田城下に移住させ、城下町を建設していたという。

（d）知久平や富田など、虎岩郷近隣の村落に居住する者。なお、虎岩の南隣にある知久平郷で天正十五年に作成された「知久平本帳」(14)（表4）では、虎岩郷の「知行」人のうち、番匠与太郎（No.14）、磯貝理平（No.24）、牧之内権助（No.40）の三名が知久平郷に「知行」を持ち、うち与太郎と権助が知久平郷に持っていた分は「手作」とある。

次に、虎岩郷内に名請地・屋敷を持たない（a）を除く、（b）～（d）の層について、「十七年検地帳」登録者（表5）の分析を行うと、以下のようになる。なお、No.ゴシックは屋敷地登録者、名前ゴシックは「十五年本帳」で「知行」人として登録されている者である。

（1）虎岩郷内居住者（b。屋敷地登録者八十一名）

（ア）有力層

平沢勘右衛門、平沢弥七郎の両名。ともに五反以上、四十九石余の名請地を持ち、他を大きく引き離している。

荒地	名請地		被分付地		作　人	分　主
	面積（歩）	石　高	面積（歩）	石　高		
6	18,868	49.83195			与次郎９、安右衛門７、善九郎７、孫四郎７、善二郎６、小七郎５、新三郎５、孫左衛門５、覚泉坊４、惣左衛門３、瑞徳３、甚左衛門２、与右衛門１、与左衛門１、但馬１、千代坊１、宗衛門１、源三左衛門１、孫四郎１、安左衛門１、乙房１、与一右衛門１、喜左衛門１、新九郎１、孫右衛門１	
6	21,509	49.39725			太郎左衛門７、善五郎６、惣右衛門３、惣左衛門３、孫右衛門２、甚左衛門２、道珍２、二郎左衛門２、道正２、四郎兵衛２、しかほう２、周知家２、九郎左衛門２、弥左衛門２、新右衛門１、善三郎１、宗二郎１、新左衛門１、与三次郎１、助兵衛１、久三１、六郎左衛門１、九郎右衛門１、善四郎１、与五郎１、神左衛門１、甚左衛門１、孫兵衛１、与次郎１、孫七郎１	
8	8,141	14.92881			善左衛門14、新次郎11、七郎左衛門９、惣左衛門４	
2	5,206	14.66765	3,793	4.36285	七郎左衛門４、新右衛門３、二郎衛門１、宗衛門１、惣八１、善五郎１、善四郎１、太郎左衛門１、又七郎１	弥七郎２
	4,784	13.98651	1,187	3.74756		弥七郎２、理平２、小使１、孫次郎１
3	4,086	13.17831	1,242	3.97250		権助３
	3,057	10.22189	468	0.92401		孫左衛門３
	3,936	9.69407			十郎左衛門（たわ）１、善六１	
3	4,272	9.49817			文阿ミ６、覚泉坊４、与太郎１、甚四郎１	
2	2,273	7.38020	560	0.79723	与三郎２、源三左衛門１	八右衛門２、道正１
	3,708	6.98776			与八郎13、助右衛門２、助左衛門２、宗左衛門１、惣兵衛１、与七郎１	
2	3,558	6.88820			惣右衛門２、孫兵衛１、甚三１	
2	3,308	6.76700	575	1.73382	孫四郎１、善次郎１、小七郎１、孫左衛門１	孫次郎１、越前１
2	2,152	6.01963	559	1.39450		弥七郎１、八右衛門１、縫殿助１

表５「十七年検地帳」における虎岩郷内諸階層の耕作状況一覧

（b）虎岩郷内居住者

№.	名前	居住地	屋敷面積（坪）	主作地						分付地						被分付地					
				上田	中田	下田	上畑	中畑	下畑	上田	中田	下田	上畑	中畑	下畑	上田	中田	下田	上畑	中畑	下畑
1	**（平沢）勘右衛門**	北原（かめ平ニ）※実際は富岡に居住	35		1	4				11	11	20	6	6	23						
2	**（平沢）弥七郎**	亀平北原	220	3	4	2	3	1	5	5	16	24	1	2	8						
3	**（田中）源十郎**	城	101	2	1	4	1	1	4	1	5	9	3	2	18						
4	（平沢）道正	（北原）	1,620		1	2	1	1	1		1	5	2	4	2					1	1
5	**（平沢）四郎兵衛**	（馬場）	142	3	3	3	2	3	1							1	2	1		1	1
6	彦兵衛	足之口	82	4	2	2		1	3							1	1			1	
7	**（花村）又八郎**	とうけんあん	98	3	3	1	1	1	1								1		1		1
8	**（平沢）助兵衛**	柴垣	144		2	2	2	2	1						2						
9	**（池田）六兵衛**	上長窪	40			6	1	3	4	5	3	4									
10	**（平沢）又七郎**	薬師堂	76	1	2	5		2	1									2			1
11	**（寺沢）図書助**	（上之城）	64		4	1	1		6		2	8	2	1	7						
12	**（寺沢）孫四郎**	中尾	38	1	2	7		1	7			1		1	2						
13	十郎左衛門	塚平とうしやうもり	30	3	1	2			5					3	2		1			1	
14	善三郎	中嶋	84	1	1	6		2										2		1	

1	2,035	5.93181				
1	2,736	5.82722			又八（石遊場）5、又八郎4	
	1,798	5.53140				
3	2,021	5.35389	2,379	7.08061	善六2	玄番3、小右衛門1、弥七郎1
	1,939	5.01758	1,326	4.12477		勘右衛門4、六兵衛4、孫次郎1、与太郎1
	2,326	4.62178				
	3,576	4.04992	2,046	4.17681	二兵衛6	図書助9、孫兵衛2
3	1,901	3.76862				
1	1,874	3.66370	727	2.47286		伝左衛門1、縫殿助1
	1,216	3.40010			与次郎3、与八郎2	
	1,397	2.93513	364	1.50298		市丞2、勘右衛門1、又七郎1
3	1,388	2.80901	755	1.88750		
	1,361	2.67768			駒千代2、惣左衛門1、新三郎1	
	919	2.46661	96	0.24000	新左衛門1、甚左衛門1	弥七郎1
	1,001	2.18669	132	0.33000		縫殿助2、左中1
	787	2.14494				
1	1,097	2.03880				
	1,009	1.95473	350	0.26254		玄番3
	637	1.81606	382	1.37975		次右衛門1
	629	1.73671				
2	491	1.63677	272	0.36777		図書1、縫殿助1
1	412	1.33173	1,626	5.66705		小右衛門5
	808	1.27110	119	0.29750		孫次郎1
2	345	0.79250	474	0.69112		道正3、弥七郎1、藤四郎1
1	363	0.90750	2,673	6.12123		源十郎9、権助1
	526	0.85846	3,481	3.84149	彦三郎（舟越）1	与八郎6
	631	0.83723				
	463	0.82196			四郎兵衛（馬場）1	
	270	0.67500	420	1.13642		弥七郎2、道正1
	250	0.62500	1,428	3.40891		勘右衛門5、善兵衛1
	183	0.45750	343	1.23872		孫次郎1
	437	0.44703				
	422	0.34556	278	0.69500		孫次郎2
1	162	0.33698	2,056	5.95607		勘右衛門8、市丞1
	140	0.32500	1,029	3.15996		弥七郎6
	95	0.23750	604	0.63502		善兵衛2
	30	0.10001	1,121	3.35534		市丞3、縫殿助2

15	**（田中） 甚三**	たら	45	1	3	2	1		1												
16	**（幡指） 孫左衛門**	石遊場	28		3	3	1	1	4		2	3	1		3						
17	**（中村） 善左衛門**	かいと田	45	4			1		2												
18	与左衛門	かちやほら	34		2	3					1	1				1		3			1
19	覚泉坊	中田	35	2	2			2	5							3	3	1	1		2
20	又蔵	（とらいわ）	58		3	2	1	3	3												
21	与八郎	石遊場	42		1				1			2			4		1	3	2	2	3
22	**（幡指） 又右衛門**	のきわ	27		1	3			3												
23	**（牧嶋） 善九郎**	せはいし	45		1	5			4							1		1			
24	孫兵衛	中尾	16								2	2		1							
25	源三左衛門	足之口	12	1			1		4									1			3
26	助右衛門	塚平	59	2		3			4									1			
27	**（中村） 善兵衛**	権田平	52	1		1		4	1			2			2						
28	**久蔵**	かいと田	32		3	1		2							2			1			
29	郷左衛門	塩澤平	50		1	3			1									3			
30	孫六	中田	28	1				2	1												
31	又三郎	溝上	143		1	2	1		2												
32	安右衛門	塚平	64			4		1	2									2			1
33	孫兵衛	向出	18		2	1										1					
34	惣左衛門	すなは	8		1	1			1												
35	助右衛門		212		1													1			1
36	又次郎	下中田	84		1											2		2			1
37	清兵衛	中嶋	18		1				1									1			
38	新右衛門	北原	60					1										3			2
39	七郎左衛門	あ田か	48													1	3	2	1		3
40	仁兵衛	（竹のはな）	30		2				3									2			4
41	**常信院**		55		1				1												
42	安右衛門	小使	21			3						1									
43	次郎右衛門	北原	48			1										1		2	1		
44	新三郎	富岡	22						1									2		2	2
45	助大夫	ふかさわ	12			3		1								1					
46	千手寺	北原	84					1	3												
47	宗助	石遊場	45			2												1		1	
48	安右衛門	足之口	24					1	1							2	4	2			
49	善五郎	北原	35					1									3	3			
50	駒千代 （駒坊）					1												1			1
51	備後	畑中	240		1												1		2		2

	140	0.07779	1,431	4.52124		縫殿助 6
	17	0.04250	1,347	2.44560		縫殿助 7
1	35	0.01948	1,053	3.26477		弥七郎 7、道正 2、八右衛門 1
	15	0.00831	1,715	5.30428		孫次郎 4、孫七郎 1
			2,607	6.51994		亀太郎 6
			2,054	6.25011		勘右衛門 5、孫兵衛 3、弥七郎 1
			2,131	5.79328		越前 6
			2,038	5.29202		玄番 9
			1,921	4.74891		弥七郎 4、孫四郎 2、道正 1、勘右衛門 1、図書助 1、千助 1
			1,923	4.25736		弥七郎 5、勘右衛門 2、久三 1
			1,825	4.22537		伝左衛門 5
			2,410	4.12677		弥三郎 6
			1,338	3.39364		玄番 3
			1,303	3.25750		弥七郎 2
			1,037	3.08330		玄番 2、縫殿助 1
			788	2.62669		権助 1
			991	2.41511		勘右衛門 7
			961	2.40250		弥七郎 2、与太郎 1
			714	2.29827		道正 1、弥七郎 1、次右衛門 1
			1,429	2.07334		源十郎 3
			643	1.86835		弥七郎 2
			798	1.83062		源十郎 4、勘右衛門 3、弥七郎 2、善兵衛 1
			1,142	1.75323		源十郎 13
			565	1.72938		勘四郎 4、弥七郎 1
			745	1.70974		勘右衛門 3、十郎左衛門 1
			447	1.69295		理平 2、縫殿助 1
			596	1.55856		道正 4
			650	1.10070		勘右衛門 7、十郎左衛門 1
			569	1.35769		孫左衛門（石遊場）5
			363	0.77191		与左衛門 2、助兵衛 1
			309	0.77550		弥三郎 1
			229	0.76346		勘右衛門 1
			360	0.72502		勘右衛門 2

52	与七郎	下長窪	15						1								1	3	1	1	
53	又介	たから	31			1											2	3		1	1
54	太郎左衛門	亀平北原	32													2	2	4	1	1	
55	(幡指)又六	中田	40						1									1	2		2
56	次郎左衛門	めなふり	40													2	1			1	2
57	与次郎	北原	42													2	2	3		1	1
58	宗円	はまいは	12														1	2	1		2
59	孫四郎	道下	9													1	1	1	1	1	4
60	宗右衛門	亀平北原	10														2	5		1	2
61	甚左衛門	北原	40														3	3	1		1
62	十郎右衛門	わつはやき	6														1	1		1	2
63	藤兵衛																1	2	1		2
64	善次郎	瀧平															1			1	1
65	九郎左衛門	とらいわ																2			
66	善二郎	たき平														1		1		1	
67	七郎左衛門	あだか															1				
68	善九郎	富岡	12													1	1	2		1	2
69	孫右衛門	北原	25													1		2			
70	善四郎		9													1	1	2			
71	新二郎	ひら(ほら)																1			2
72	弥左衛門	亀平北原	12														1	1			
73	惣左衛門	北原	52														1	5	1		3
74	善右衛門	ほら	18														2	2		2	7
75	与五郎	亀平北原	21														1	2			
76	小七郎	北原	17															1	1	1	1
77	与三兵衛	虎岩															1			1	1
78	七郎左衛門	北原	32														1			3	
79	孫四郎	寺之内男	12															3	1		4
80	又八	石遊場	18														1	2			2
81	善六	助兵衛内男	35														1	1			1
82	甚四郎	足之口																1			
83	祢宜　喜左衛門	北原															1				
84	与右衛門	城山	60																	1	1

			153	0.44106		弥七郎２
			374	0.42172		孫次郎２、助兵衛（柴垣）１
			140	0.35000		八右衛門２
			26	0.31500		又七郎２
			121	0.26167		縫殿助２
			120	0.24167		縫殿助２
			75	0.13998		弥七郎２
			130	0.07504		弥七郎１
			30	0.07500		弥七郎１
			115	0.06395		玄番１
			114	0.06345		勘右衛門１
			18	0.05002		勘右衛門１
			75	0.04171		越前１
			95	0.01283		勘右衛門１

6	6,357	15.99225			又助７、与七郎６、与三兵衛３、郷左衛門２、喜衛門２、備後２、清左衛門２、源助１、与三左衛門１、善二郎１、助右衛門１、善三郎１、四郎兵衛１、善九郎１	
	2,030	6.59919			彦兵衛３、七郎左衛門１	
3	1,949	5.58085			与三兵衛２、助右衛門１、四郎兵衛１	
5	894	2.48502			郷左衛門１	
	500	1.05168	166	0.41500	覚泉坊１、孫右衛門１	六兵衛１
	178	0.55750			惣右衛門１、駒千代１	
2	216	0.54000				

5	6,169	15.28252			善次郎９、孫四郎７、与左衛門４、安右衛門３	
1	4,119	11.74280			又六７、十郎左衛門３、惣助２、覚泉坊１、清兵衛１、四郎兵衛１、助大夫１	
5	4,247	8.77798			藤兵衛６、善十郎３、三郎左衛門１、甚四郎１	

85	しうしか（しかほう）	北原	25														1	1			
86	十郎左衛門	たら	120															1			2
87	喜左衛門	北原																2			
88	与三郎	中嶋																2			
89	与三兵衛	虎岩																1			1
90	清左衛門	なしの木																1			1
91	道珍	桃木平																1			1
92	九郎右衛門	亀平																			1
93	与三次郎	亀平																1			
94	善次郎																				1
95	但馬	とうけんほ																			1
96	被官　乙房																		1		
97	宗玄	わつはやき																			1
98	千代坊	はんは																			1
99	玄光	上之城	52																		
100	孫右衛門		54																		
101	孫三郎	さか坂	24																		

（c）飯田城下居住者

102	（田中）縫殿助	飯田								2	4	13	3	3	6						
103	（牧之内）権助	飯田								1	2			1							
104	（磯貝）埋平	飯田									1	1		2							
105	（羽生）作中	（飯田）	75									1									
106	（番匠）与太郎	飯田										1			1			1			
107	（朝日）千助	飯田										2									
108	（石野）新蔵	飯田																			

（d）郷外居住者

109	（虎岩）玄蕃	富田								1	3	7	1	3	8						
110	（虎岩）孫次郎	富田								2	2	5	2	1	4						
111	弥三郎	さか坂									2	5	1		3						

3	3,442	8.48244			次郎左衛門 6	
3	2,387	7.18775			又次郎 8、与左衛門 1	
	2,594	6.53656			宗円 6、十郎左衛門 2、宗玄 1	
2	1,998	5.45162			備後 3、源三左衛門 2、龍蔵主 1、安右衛門 1	
	1,825	4.22537			十郎右衛門 5	
1	1,501	3.52773			喜左衛門 2、又七郎 2、善四郎 1、善三郎 1、六郎左衛門 1、孫兵衛 1	
			921	3.32617		勘右衛門 3
			735	2.65429		勘右衛門 1
			759	1.89705		弥三郎 1
			524	1.59384		六兵衛 3
			455	1.26363		弥三郎 3
			118	0.38557		縫殿助 2
			56	0.02779		二兵衛 1

	25,192	14.39557				
			10	0.02500		
	5,643	20.71660				

98	213,442	477.83576	73,939	280.64772		

112	**(三石)亀太郎**	知久平								2	1			1	2						
113	**(中間)小右衛門**	今田				1				2	1	3			3						
114	**(嶋岡)越前**	あく嶋									1	2	1	1	4						
115	**(牧之内)市丞**	牧内							1	2	1	1			4						
116	伝左衛門	あく嶋									1	1		1	2						
117	**(雲母)八右衛門**	米川		1							1	6			1						
118	**(北沢)孫右衛門**	今田																			
119	**(幡指)又五郎**																				
120	瑞徳	富田														3					
121	与一左衛門	富田														1					
122	三郎左衛門	牧内																1			
123	文阿ミ	知久平														1	1	1			
124	善十郎	舟渡(知久平)															1	1			1
125	喜衛門	知久平														1		1			
126	彦三郎	舟越																			1

●その他

	勘右衛門分　道正執［　　］												1						
	孫四郎・源十郎両人作															1			
	屋敷地（81軒）																		

虎　岩　郷　合　計	34	58	93	18	38	91	34	63	131	23	33	114	32	54	115	20	29	86

※総面積…59町2反大82歩（322歩）

※村高……2389俵3舛5合7夕6才＝477貫836文

(注) 面積…1町＝10反、1反＝360歩、大＝240歩、半＝180歩、小＝120歩。

年貢高…1石＝10斗＝1貫文、1俵＝2斗。

反別…上田1石3斗、中田1石2斗、下田9斗、上畑1石、中畑9斗、下畑2斗、屋敷地1石3斗。

№ゴシック…屋敷地登録者、名前ゴシック…「知行」人。

（イ）「本百姓」（自作農）層
名請地を所有する者（太線より上の階層）。自分で耕作を行う自作地と、他の者に小作させる分付地がある。
（ウ）零細百姓層、小作人
名請地を持たず、被分付地のみ登録されている者（太線より下の階層）。主に居住地周辺の土地を耕作する。
（エ）屋敷地非登録者（二十二名）
虎岩郷内に居住しているが、屋敷地が登録されていない者。何れも（ウ）と同じく、特定の分付主の小作人として隷属する。

(2) 飯田城下居住者（c）、郷外居住者（d）

（オ）村落外地主層（十六名、うち「知行」人十五名）
虎岩郷以外の場所に居住し、郷内に名請地を所有する者（太線より上の階層）。自作地はなく、全員が分付地のみ所有。小作人はすべて虎岩郷内の百姓層である。
（カ）村落外小作農（七名）
富田、知久平などに居住し、虎岩郷内に被分付地を所有する者（太線より下の階層）。（ウ）（エ）と同じく特定の分付主に隷属。

ここまでの検討から、以下の点が明らかになった。第一に、「知行」人はすべて（ア）（イ）（オ）の階層＝村落上層（侍分）に含まれる。第二に、天正十八年以降に虎岩郷の「郷代官」を務めた平沢道正や、足の口を居住地とする彦兵衛など、「知行」人に匹敵する経済力を持つ非「知行」人がいたことである。吉田氏の見解では、「知行」人以外の者が所有する名請地は天正十五年の時点で把握されなかったことになる。しかし、「十七年検地帳」の分析によって、非「知行」人の方が圧倒的に多いという結果が明らかになった以上、吉田説には同意し難い。そこで、先に挙げた分類を基に、各「本帳」に見える諸階層の年貢収取関係について取り上げていきたい。

二、「知行」の再検討――虎岩郷における年貢収取と「本帳」

本項では、各「本帳」の比較から、虎岩郷の年貢収取関係を明らかにし、「十五年本帳」の各項目と「知行」の再検討を行う。なお、各№は表1・表2の番号にそれぞれ対応する。

（一）本年貢

（1）中村善兵衛「知行」（№２）

（十五年本帳）

中村善兵衛知行
壱貫九百文　但此内（壱貫文彦兵衛前より出候／九百文六兵衛方より取候）　本年貢
三百文　中村屋敷　同人

足之口

壱俵亥之増　是ハ彦兵衛前より出、

百四拾文　天役

（十八年本帳）

宮ノほら　いぬかえり

壱貫九百文　田此内壱貫文　彦兵衛

九百文　六兵衛

弐百文　亥之増

彦兵衛□

参百文　大豆六舛ます　屋敷

百四拾文　天役

合弐貫百文

此米拾俵壱斗　本成□□□（増共二）

（2）池田六兵衛「知行」（No.31）

（十五年本帳）

池田六兵衛知行

参貫文　　　本年貢
　此内九百文善兵衛知行
弐百文　　　天役
弐俵壱斗　　亥之増

（十八年本帳）
なかくほ
弐貫百文　田此内六百文荒間　六兵衛主作
五百文　　　亥之増
弐百文　五升石　天役
　合弐貫六百文此内六百文あれ間
　此米拾三俵　本成増共ニ

谷口氏は、「十五年本帳」において、池田六兵衛（№31）が菅沼氏の「知行」者であると同時に、中村善兵衛（№2）に年貢を負担する耕作地を所有しており、一方の「彦兵衛前」を「百姓前」であると述べている。この見解については筆者も同意できるが、谷口説では善兵衛の知行形態についてまったく考察が行われていないという問題点がある。そこで、先の分類（表5）を基に、善兵衛と六兵衛、彦兵衛の関係について、もう少し踏み込んだ考察を行いたい。

まず、三者とも「十七年検地帳」に「居屋敷」、名請地の記載があり、虎岩郷内居住者（b）であることがわかる。

六兵衛の耕地は二十六筆で、合計高は四十四俵一斗四舛二合一夕六才、貫高にして五貫百三十文（一俵＝二斗＝二百文で換算。以下同じ）である。すべて名請地で、「主作」（自作地）の他、覚泉坊、文阿ミを作人とする分付地を所有し、地域的にもまとまりがみられる。彦兵衛は中村善兵衛の他、福世三右衛門（№18）の「知行」二貫文の「作人」でもあるが、一五筆の名請地（内二筆は荒地）を所有し、すべて「主作」。合計高は六十五俵一斗五舛七合二夕七才、貫高にして十三貫一五七文である。その他に、牧之内権助（№40）の名請地で三筆、計二十一俵一斗五合九才（四貫三五六文）の分付百姓として登録されている。

次に、善兵衛の耕地は十筆、すべて名請地で、「主作」「駒千代作」「新三郎作」などがあり、合計高は十一俵一斗六舛七合六夕一才、貫高にして二貫三六八文であるが、六兵衛・彦兵衛との分付関係は管見できない。しかし、「十八年本帳」と「十七年検地帳」の記載部分を対比させると（表5）、名請人、地名が完全に一致する。

ここから、中村善兵衛は虎岩郷内に自らが所有していた二貫余の名請地とは別に、一貫九百文の「知行」地を所有していたことがわかる。その内訳は、彦兵衛から一貫文、池田六兵衛から九百文であった。すなわち、池田六兵衛、彦兵衛は中村善兵衛に対し、「百姓」として年貢納入を行っていたことが見て取れる。また、六兵衛の「知行」三貫文から善兵衛が九百文を収取していたため、六兵衛の実際の収取高は二貫百文だったことになる。

（3）雲母八右衛門「知行」（№21）

（十五年本帳）

雲母八右衛門尉知行

四貫文　　　　　　　本年貢
　此内壱貫七百四十文流ニ引
　残而弐貫弐百六十文定納

雲母八右衛門の「知行」四貫文の内、一貫七百四十文が「流引」、残りの二貫二百六十文が「定納」とある。「定納」とは領主の実際の年貢収取高を指し、戦国期は軍役賦課の基準とされた。[15]

天竜川では、慶長五年（一六〇〇）から三百六十年間に二百五十余回の洪水の記録が残されている。[16] 戦国期の虎岩郷も、「十七年検地帳」に多く見られる荒地の表記から、天竜川の氾濫による被害を頻繁に受けていたことは容易に想像できる。「十五年本帳」にある「流引」の記載も、そうした水害に対する救済措置と考えられる。なお、「十八年本帳」では、「八右衛門分」が二貫二百六十文あり（表2）、「定納」と同額である。地名も「十七年検地帳」における彼の名請地と一致する（表6）。

（4）朝日千助・石野新蔵「知行」（No.25）

朝日千助（重政）・石野新蔵（弘光）は菅沼氏の三河以来の重臣で、虎岩郷宛文書の発給者として散見される。後に菅沼氏に従って関東へ移ったため、「十八年本帳」には登場しない。吉田氏は「朝日・石野の両人も虎岩郷に名請地を所有していた」と述べ、「知行」人は給人ではないという説の根拠としている。たしかに、「十七年検地帳」に「千助分」「新蔵分」は存在するが（表5）、二人の名請地は二筆ずつ、合計しても約一石しかなく、非常に零細である。また、「十八年本帳」の「作人」と名請人の名がすべて一致する（表6）。これらの耕地はすべ

表６「十七年検地帳」「十八年本帳」における「知行」地

（1）田中源十郎「知行」

名請人	居住地	等級	面積（歩）	所在地	石高	作人	本年貢（貫高）
源十郎	とら岩	中田	170	あたか	0.56668	あたか之　**七左衛門**	1.400
源十郎	虎岩	上田	144	あだか	0.52033	あたかの　**七郎左衛門**	
源十郎	虎岩	下田	36	あだか	0.09000	あたかの　**七郎左衛門**	
源十郎	虎岩	下田	132	あだか	0.33000	あたかの　**七郎左衛門**	
源十郎		下田	187	あたか	0.46750	当荒	0.400
源十郎		下田	24	あたか	0.06000	当荒	
源十郎		下田	57	あたか	0.14250	当荒	
源十郎	城	下田	36	さしきたう	0.09000	**主作**	0.600
源十郎	城	上田	116	田中	0.48281	**主作**	0.700
源十郎	とらいわ	下田	224	田中	0.56000	**主作**	
源十郎	虎岩	下田	658	森之前	1.64500	ひらの　新二郎	1.324
			1,784	合計	4.95482	合計	4.424

（2）中村善兵衛「知行」

名請人	居住地	等級	面積（歩）	所在地	石高	作人	本年貢（貫高）
六兵衛		中田	255	いぬかへり	0.85011	知久之　文阿ミ	0.900
六兵衛		下田	166	いぬかへり	0.41500	与太郎	
六兵衛		下田	118	いぬかへり	0.29500	めなふり　甚四郎	
彦兵衛	あしのくち	上田	450	宮之ほら	2.62470	主作	1.000
彦兵衛	あしのくち	中田	240	宮之ほら	0.80000	主作	
			1,229	合計	4.98481	合計	1.900

（5）牧嶋善九郎「知行」

名請人	居住地	等級	面積（歩）	所在地	石高	作人	本年貢（貫高）
善九郎	せはいし	下田	20	せはいし田	0.05000	主作	1.000
善九郎	せはいし	中田	294	せはいし田	0.73500	主作	
			314	合計	0.78500	合計	1.000

（6）田中九郎「知行」

名請人	居住地	等級	面積（歩）	所在地	石高	作人	本年貢（貫高）
与八郎	とらいわ	下田	771	河原た	1.92750	竹のはな　二兵衛	1.250
与八郎	とらいわ	下畑	385	嶋はた	0.21393	竹のはな　二兵衛	1.250
与八郎	とらいわ	下畑	1,284	しまはた	0.71338	竹のはな　二兵衛	
与八郎	とらいわ	下畑	781	嶋はた	0.43389	竹のはな　二兵衛	
与八郎	とらいわ	下畠	50	しまはた	0.02779	竹のはな　二兵衛	
与八郎	とらいわ	下畠	45	嶋畑	0.02508		
			3,316	合計	3.34157	合計	2.500

（7）花村又八郎「知行」

名請人	居住地	等級	面積（歩）	所在地	石高	作人	本年貢（貫高）
又八郎	とうけんあん	中田	166	さしきたう	0.55347	**主作**	0.200
又八郎	とらいわ	中田	213	市場	0.71006	**主作**	0.800
又八郎		上田	420	とうけんな	1.51667	**主作**	0.700
又八郎	のきハ	中畑	430	とうけんな	1.43356	**主作**	
又八郎	のきハ	上畑	420	とうけんな	1.16667	**主作**	
			1,649	合計	5.38043	合計	1.700

(12) 中間小右衛門「知行」

小右衛門	今田	下田	217	たから	0.59250	中田　**又二郎**	2.200
小右衛門	今田	(下)田	20	たから	0.05000	田中之　**又次郎**	
小右衛門	今田	下田	20	たかう田	0.05000	当荒	0.300
小右衛門	今田	下田	65	たかうと	0.16250	当荒	
			322	合計	0.85500	合計	2.500

(14) 番匠与太郎「知行」

与太郎	飯田	下畑	102	日かけひら	0.56680	**覚泉坊**	1.600

(21) 雲母八右衛門「知行」

八右衛門	米川	下田	220	ふちしり	0.55000	**又七郎**	0.400
八右衛門	米川	中田	92	大門しり	0.30666	**孫兵衛**	0.500
八右衛門	米川	下田	27	かしらほし田	0.06750	北原　喜左衛門	0.060
八右衛門	米川	下田	113	かしらほし田	0.28250	北原　喜左衛門	
			452	合計	1.20666	合計	0.960

(22) 寺沢孫四郎「知行」

孫四郎	中尾	下田	362	ごんた平	0.95000	**主作**	0.800
孫四郎	中尾	中田	314	ごんた平	1.04688	**主作**	
孫四郎	とらいわ	下田	252	てうあみた	0.63000	とらいわ　孫兵衛	0.500
孫四郎	中屋	下畑	32	ひかけ田	0.01777	**主作**	0.300
孫四郎	とらいわ	中田	82	かち作	0.27362	**主作**	0.600
孫四郎		下畑	132	北畑	0.07333	**主作**	0.500
孫四郎		下畑	180	北畑	0.10000	**主作**	
			1,354	合計	3.09160	合計	2.700

(23) 満亀殿之弥三郎「知行」

弥三郎		下田	303	さか坂	0.75750	**藤兵衛**	3.500
弥三郎		中田	568	さか坂	1.89356	**藤兵衛**	
弥三郎	さか坂	下田	234	さか坂	0.58500	**藤兵衛**	
弥三郎	さか坂	下田	120	さか坂	0.30000	当荒	1.500
弥三郎	さか坂	下田	59	さか坂	0.14750	当荒	
			1,284	合計	3.68356	合計	5.000

(25) 朝日千助・石野新蔵「知行」

孫兵衛		中田	268		0.89356	**主作**	2.000
又八郎	とうけんあん	上田	665	つゝミはた	2.27491	**主作**	2.000
又三郎		下田	56	またき田	0.19000	当荒	1.000
助兵衛	しはかき	中田	560	てうあみた	1.40000	**主作**	1.600
又三郎	虎岩	下田	144	つはき田	0.36000	**主作**	0.200
十郎左衛門	塚平	下田	96	きたはし	0.24000	**主作**	0.300
十郎左衛門	塚平	中田	77	きたはし	0.25691	**主作**	
助右衛門	つか平	下田	198	のきわ	0.49500	荒	1.000
十郎左衛門	つか平	下田	231	なかそれ	0.57750	荒	0.400
			2,295	合計	6.68788	合計	8.500

（27）虎岩孫次郎「知行」

孫次郎	とみた	上畑	1,291	中田	4.66183	中田　**又六**	0.800
孫次郎	富田	下田	119	中嶋はた	0.29750	虎岩之　**清兵衛**	0.600
孫次郎	とみた	中田	334	こうの免	1.11332	とらいわの　**十郎左衛門**	0.700
孫二郎	とらいわ	上田	343	ぬまた	1.23872	澤　**助大夫**	0.600
孫次郎		下田	95	上あたか	0.23750	**又六**	0.600
孫次郎	とみた	中田	412	上たか	1.37334	**又六**	
孫次郎	とみた	下田	10	みねた	0.02500	**又六**	
			2,604	合計	8.94721	合計	3.300

（26）平沢勘右衛門「知行」

勘右衛門		上田	234	七洞	0.84502	富田之　**瑞徳**	2.300
勘右衛門		上田	260	七洞	0.93909	富田之　**瑞徳**	
勘右衛門		下田	410	七ほう田	1.02500	当荒	0.700
勘右衛門	富岡	中田	287	ひなた田	0.95680	**安右衛門**	0.800
勘右衛門	富岡	中田	86	ひなた田	0.28698	**安右衛門**	
勘右衛門	富岡	中田	105	こぬま	0.35000	**安左衛門**	1.600
勘右衛門		中田	240	ちやうくりや	0.80000	虎岩之　**覚泉坊**	0.800
勘右衛門	富岡	下田	232	ほうのくほ	0.58000	**孫四郎**	1.000
（同人）		下畑	30	きつたか入	0.01112	飛岡之　**新三郎**	1.900
（同人）		下田	900	きつたか入	2.25000	飛岡之　**新三郎**	
勘右衛門		下田	38	切田かいり	0.09500	当荒	0.100
勘右衛門	飛岡	上田	287	下飛岡	1.03639	とみたの　**孫左衛門**	1.500
勘右衛門	飛岡	上田	822	下飛岡	1.96843	とみたの　**孫左衛門**	
勘右衛門	飛岡	中田	352	下飛岡	1.17343	とみたの　**孫左衛門**	
勘右衛門		上田	558	前田	2.01512	**与次郎**	5.750
勘右衛門		上田	319	前田	1.15183	**与次郎**	
勘右衛門		上田	1,556	前田	5.61893	**与次郎**	
勘右衛門		下田	95	前田	0.23750	**与次郎**	
勘右衛門		下田	272	わつはやき	0.68000	**与次郎**	
勘右衛門	富岡	下田	92	前田	0.23000	**与次郎**	
勘右衛門		中畑	279	なしの木	0.69750	**与次郎**	
勘右衛門	富岡	下畑	200	石原はた	0.11112	**与次郎**	
勘右衛門	富岡	下畑	130	ひしやくはな	0.10556	**与次郎**	
勘右衛門尉		下田	21	富岡	0.05250	当荒	1.850
勘右衛門	富岡	下田	186	富岡	0.60000	当荒	
勘右衛門	富岡	下畑	71	富岡	0.03945	当荒	
			8,062	合計	23.85677	合計	18.300

（28）平沢助兵衛「知行」

助兵衛	しはかき	中田	288	しはかき	0.96013	**主作**	1.600
助兵衛	柴かき	中畑	390	しはかき	1.30001	**主作**	
助兵衛	柴かき	上畑	900	しはかき	2.50001	**主作**	
助兵衛	しはかき	上畑	194	柴かき	0.53890	**主作**	
			1,772	合計	5.29905	合計	1.600

（30）南原経田（文永寺領）

孫兵衛	とらいわ	中畑	150	きやう畑 **南原寺領**	0.37500	虎岩之　与八郎	6.000
孫兵衛	とらいわ	下田	624	きやう畑 **南原寺領**	1.56000	虎岩之　与八郎	
四郎兵衛	とらいわ	中田	384	きやう畑 **南原寺領**	1.28020	**主作**	
四郎兵衛	とらいわ	中田	275	きやう畑 **南原寺領**	0.91669	**主作**	
四郎兵衛	とらいわ	中畠	168	きやう田 **南原寺領**	0.42000	**主作**	
孫兵衛	とらいわ	中田	240	きやう田 **南原寺領**	0.80000	とらいわ　**与次郎**	
孫兵衛	とらいわ	中田	192	きやう田 **南原寺領**	0.64010	とらいわ　**与次郎**	
四郎兵衛	とらいわ	下田	65	きやう田 **南原寺領**	0.16250	**主作**	
孫兵衛	中尾	下田	10	きやうてん **みなはら寺領**	0.02500	中尾　**与次郎**	
四郎兵衛	馬場	下田	150	きやうてん **みなはら寺領**	0.37500	**主作**	
			2,258	合計	6.55449	合計	6.000

（31）池田六兵衛「知行」

六兵衛		下田	180	長窪	0.45000	**主作**	1.500
六兵衛		下田	560	つきの木田	0.31112	**主作**	
六兵衛		下田	39	つきの木田	0.09750	**主作**	
六兵衛		下田	152	前田	0.38000	**主作**	
六兵衛		下田	85	くるミの木下	0.04727	**主作**	
六兵衛		下田	37	家之上	0.09250	**主作**	
六兵衛		下田	435	いぬかへり	0.58750	当荒	0.600
			1,488	合計	1.96589	合計	2.100

（32）平沢又七郎「知行」

又七郎		上田	740	めなふり	2.67243	**主作**	0.600
又七郎	薬師とう	下田	320	大門	0.80000	**主作**	0.400
又七郎	薬師とう	中田	200	大門	0.66660	**主作**	
			1,260	合計	4.13903	合計	1.000

（34）常信院（常真庵、常信庵）寺領

常信庵	とらいわ	中田	175	さしきたう **寺領**	0.58335	**主作**	0.500
又七郎		下田	97	つゝ見しり	0.74250	足之口　源三左衛門	0.600

善三郎	いしあすん	下田	62	ねきや坂 **神領**	0.15500	**主作**	1.200
善三郎	石あそミはの祢宜	下田	288	中そり **大明神領**	0.72000	**主作**	
祢き善三郎		下田	110	日かけた **大明神領**	0.30000	**主作**	
祢き善三郎		下田	39	塚越 **大明神領**	0.09750	**主作**	
善三郎		上田	324	めなふり **大明神領**	1.16979	**主作**	
善三郎		下田	329	めなふり **大明神領**	0.82000	**主作**	
善三郎		下田	318	松木はら **大明神領**	0.79500	**主作**	
善三郎		下田	124	まつの木平 **大明神領**	0.31000	当荒	
			1,594	合計	4.36729	合計	1.200

助大夫	とらいわ	下田	64	はしつめ田 **諏方神領**	0.16000	**主作**	0.100
助大夫	とらいわ	下田	7	前田 **諏方神領**	0.01750	**主作**	
助大夫	とらいわ	下田	54	きやうてん **諏方神領**	0.13500	**主作**	
			125	合計	0.31250	合計	0.100

（35）平沢四郎兵衛「知行」

四郎兵衛		上田	469	たなた	1.69372	**主作**	2.300
四郎兵衛	馬場	下田	45	河原た	0.11250	**主作**	0.100
			514	合計	1.80662	合計	2.400

（36）中村宗左衛門・中村善左衛門「知行」

善左衛門	かいとた	上田	1,010	はんてう田	3.64712	**主作**	1.000
久三	とらいわ	中田	198	殿平	0.66012	**主作**	1.500
久蔵	とらいわ	中田	135	市は	0.45011	**主作**	
			1,343	合計	4.75735	合計	2.500

（37）幡指又右衛門「知行」

又右衛門	野きわ	中田	248	やふ下	0.82668	**主作**	1.400
又右衛門	とらいわ	下田	324	河原田	0.81000	**主作**	1.400
			572	合計	1.63668	合計	2.800

（40）牧之内権助「知行」

権助		中田	788	森之前	2.62669	あだかの　**七郎左衛門**	2.000

て主作地であり、実際は「作人」が名請人（年貢納入責任者）となっていた。すなわち、朝日・石野も中村善兵衛と同じく、領主として百姓層から年貢収取を行う存在だったということになる。

（5）平沢勘右衛門「知行」（No.26）

平沢勘右衛門は虎岩郷の「御代官」平沢道正の子で、後に近世虎岩村の肝煎（名主）になる人物である。屋敷地は北原にあるが、父道正から多くの田地を譲られ、上虎岩の富岡（飛岡）に居住していたとされる[17]。先に述べたように、勘右衛門の名請地は四十九石（四十九貫文）余あり、「知行」高は十九貫百文である。「十七年検地帳」を見ると（表5）、彼は名請地の大部分で富田郷の瑞徳、孫右衛門らと分付関係を持ち、耕作を行わせていた。これを「十八年本帳」と比較すると（表6）、勘右衛門の「知行」地はすべて自らの名請地に含まれ、地名、作人の名も一致する。ここから、勘右衛門が分付地の約三分の一にあたる部分を「知行」として認められていたことがわかる。

以上の考察により、「知行」が文字通り菅沼氏から宛行われた給地（知行地）であったことが明らかになった。また、虎岩郷の「知行」人には、朝日・石野のような領主層だけでなく、雲母八右衛門や平沢勘右衛門のように、自らの名請地をそのまま給地として与えられていた者も多く存在したのである。

（二）「亥之増」

「亥之増」とは、亥年＝天正十五年の検地の際に発生した増分と考えられ、四十人中三十三人にこの記載がある（表１）。

吉田氏は「十五年本帳」を「軍役衆には検地増分を新恩として給付し、百姓からは没収して新たに年貢を徴収するという戦国大名検地の施行原則に基づいたものである」と評価した根拠として、羽生左忠「知行」（№17）の「亥之増」の項に、「同是も給分也」と記載があることに注目している。

（十五年本帳）

羽生左忠知行

八貫文　本年貢　小作宗左衛門尉

壱貫文　天役

八　俵　同是も給分也、亥之増

しかし、戦国大名検地においては、すべての耕地から必ずしも増分（踏出）が発生したわけではなく、武田氏が実施した恵林寺領の検地（山４二九五）のように、「増分なし」として年貢高が据え置かれた例も存在する。[18]また、朝日・石野をはじめとする「亥之増」の記載がない者を、増分を菅沼氏に没収された「百姓」と捉えるのは無理であろう。さらに、「十五年本帳」では本年貢と「亥之増」が別に表記されているのに対し、「十八年本帳」では両者の合計額（本成増共ニ）が記されている。

（十八年本帳）

（「左中分」六筆、計八貫文分略）

壱貫六百文　亥之増

壱貫文　　五斗石　　天役
合九貫六百文此内壱貫五百文荒間　本成増共ニ
此米四拾八俵

ここから、菅沼氏の段階では、「亥之増」は「知行」人（軍役衆）に給付され、天正十八年以降、「知行」人が「百姓」となった時点で毛利氏に収取されたと理解することができる。

（三）「天役」

「天役」は田役ともいい、田方から「本年貢」の二〇％の割合で賦課される役（段銭）である。なお、新行紀一氏は[19]「天役」を天正十五～十六年に徳川氏の各給人から徴収された「五十分一役」と関連させているが、すでに本書第1部第二章で前述したように、五十分の一＝二％を示す数値は検出されず、無関係である可能性が高い。

虎岩郷内の三十八名の「知行」人（寺領を除く）のうち、朝日・石野を含めた三十一名が「天役」を一律二十％で賦課されたが、平沢勘右衛門（№26）と平沢弥七郎（№39）の二人だけが免除されている。平沢勘右衛門は「十五年本帳」において「是ハ御赦免之御手形御座候」とあり、平沢弥七郎は「十八年本帳」において赦免分を「役銭」と記されている。

拙稿[20]で前述したように、「天役」（田役）は武田領国時代から徴収が行われていた。伊藤氏によると、これらは全給人に賦課され、大名（武田氏）の御蔵に納入されるべきものだったという。また、「天役」は給人の経歴や功績によって免除されることがあった。勘右衛門、弥七郎が虎岩郷内の最有力者であったことは先に述べたが、おそらくこうした理由によって、萱沼氏から「御赦免之御手形」が発給されていたのだろう。「亥之増」と「天役」の違いは、「亥之増」が検地施行原則に基づいて給人に「新恩」として給付されたのに対し、「天役」は各給人に賦課され、萱沼氏が収取した点にあった。もちろん、それらの負担が虎岩郷内の百姓層に転嫁されたことは、「十八年本帳」に同様の記載があることからも明らかである。

「十五年本帳」における「本年貢」の対象地は、「十七年検地帳」と「十八年本帳」との比較により、大部分を特定することができた（表６）。これに対して、「亥之増」「天役」は、「本年貢」のように対象となる地名の記載がなく、「十七年検地帳」との比較ができないため、これ以上のことは立証できない。しかし、これまでの考察結果を見た限りでも、虎岩郷における萱沼氏の年貢収取制度は、戦国大名武田氏の原則をそのまま引き継いだものであり、村落構造もいまだに戦国期の段階にあったことは確かだといえるだろう。

おわりに

（一）天正期虎岩郷における「知行」と兵農分離

天正十八年以前、徳川領国下では虎岩郷内外に居住する百姓層が名請地を所有し、給人単位で個別に年貢収取を行っていた。「十五年本帳」における「知行」とは、萱沼氏から各給人が与えられた給地であり、十五年本帳は虎岩郷における年貢、その他雑収入の収取関係を記したものであったといえる。すなわち、「知行」人はすべて萱沼氏の給人（軍役衆）であり、吉田氏の見解は誤りという結論に達した。

この段階での「知行」人には、次の二種類があった。一つは、菅沼氏の重臣であった朝日千助や石野新蔵に代表されるような、在地に経営基盤を持たない領主層である。彼らは天正十八年八月に虎岩郷内の「知行」地を離れ、菅沼氏に従って関東へ移住したため、これ以後の「本帳」には記載されていない。もう一つは、自らが所有する名請地をそのまま知行地として与えられ、軍役衆化した者である。彼らは徳川氏が関東へ移った後も「百姓」身分として虎岩郷に留まり、天正十八年以降も分付経営を継続した。彼らは「知行」地以外の名請地では百姓として菅沼氏に年貢を納入しており、また一方で、池田六兵衛のように他の「知行」人に年貢納入を行う場合もあった。中村善兵衛は虎岩郷内に名請地を持ちながら、前者に属する例外的な存在であり、それ故に「十五年本帳」において注記されたと考えられる。すなわち、菅沼氏の関東転封に際し、「知行」人が「兵」と「農」に分離した要因は、従前からの郷内における経済基盤＝名請地を所有しているか否かにあったといえるだろう。

また他に、「知行」人ではない者＝「百姓」層も多く存在し、それぞれ耕作を行っていた。谷口氏はこれを「『知行』人とは同等ではないが、それに準じる百姓層」としているが、平沢道正、彦兵衛のように、経済的には「知行」人と同格か、それ以上の者も存在する。彼らは平山優氏[21]のいう「百姓身分を選択し、郷役人となった者＝地下人」であり、村落の有力者と定義することができる。すなわち、「知行」人と百姓層は、「兵」（武士＝軍役奉公）を選択したか、「農」（百姓＝年貢・夫役納入）を選択したかの違いでしかなく、村落内での身分差はなかったと考える。

（二）各「本帳」と年貢収取関係

「十五年本帳」における「亥之増」「夭役」の徴収・免除は、基本的に武田氏の検地施行原則を引き継いだものである。しかし、吉田氏が主張するような「『本帳』に記載された者を給地と百姓地に分離した」のではなく、その表題に「台所知行方共ニ」とあるように、虎岩郷を知久平郷と同じく、「台所」（菅沼氏の直轄地）と「知行方」（給人領）に分離したものであった。「十五年本帳」に記載された「知行人」以外の者は、平沢道正のように「百姓」として菅沼氏への年貢納入義務を負ったのである。

また吉田氏は、「十八年本帳」が「十七年検地帳」ではなく、「十五年本帳」の情報を反映したものと述べているが、なぜ前年に作成された「十七年検地帳」ではなく、「十五年本帳」が用いられたのかという疑問に対しては、明確な解答を示していない。そこで次に、各「本帳」の関係について言及しておきたい。

当該期の虎岩郷では、郷内外に居住する給人・百姓層がそれぞれ自作地（「〇〇分主作」）や分付地（「〇〇分×作」）を所有し、年貢納入を行っていた。「十五年本帳」は虎岩郷における「知行」地のみが記載されていたが、「十七年検地帳」は虎岩郷全体における実際の耕作状況を記載したものであった。「十八年本帳」が「十五年本帳」に基づいた記載がなされたのは、天正十八年十月の段階で新たに「百姓地」として編入された旧「知行」地（「十五年本帳」の対象地）の年貢納入責任者と作人を、平沢道正が集計して毛利氏に提出したためであり、耕地や分付主・作人の記載内容が「十七年検地帳」と一致することから、「十八年本帳」には前年の「十七年検地帳」の結果が反映されていたことは明らかである。

「十八年本帳」が作成された時点で、虎岩郷内の旧「知行」人は「百姓」身分とされ、「知行」地もすべて「百姓地」とされた。これによって、虎岩郷は平沢道正を中心とする「百姓中」が毛利氏に年貢を納入する体制へと移行したのである。[22]

註

（1）吉田ゆり子「幕藩体制成立期の村落と村請制」（『兵農分離と地域社会』校倉書房、二〇〇〇年。初出一九八五年）。
（2）稲葉継陽「村の御蔵と年貢収納・種貸・つなぎ―一七世紀初頭虎岩村の機能と連帯―」（『戦国時代の荘園制と村落』校倉書房、一九九八年。初出一九九六年）。
（3）先行研究では、天正十七年に作成された虎岩郷の「本帳」も取り上げられているが、この史料は「十五年本帳」と同内容である上、「平沢文書」の所収文書としては存在しないため、本論では検討の対象から除外する。なお、「史料番号」は飯田市美術博物館所蔵「平沢文書」の所蔵番号である。
（4）天正十年代の徳川領国下における菅沼氏の伊那郡支配については、柴裕之「徳川氏の信濃国伊那郡統治と菅沼定利」（『戦国・織豊期大名徳川氏の領国支配』岩田書院、二〇一四年。初出二〇〇五年）を参照。
（5）吉田ゆり子「天正検地と「知行」―信州下伊那郡虎岩郷を事例として―」（『兵農分離と地域社会』校倉書房、二〇〇〇年。初出一九九〇年）。以下、吉田氏の見解は本書による。
（6）北島正元「徳川家康の信濃経営―天正十年代を中心として―」（『近世の民衆と都市』名著出版、一九八四年。初出一九六四年）。
（7）平沢清人『近世村落への移行と兵農分離』（校倉書房、一九七三年）。
（8）古島敏雄『近世経済史の基礎過程』（岩波書店、一九七八年）。
（9）伊藤富雄「武田氏の土地制度と下伊那地方の本帳」（『伊藤富雄著作集第三巻　信濃中世土地制度研究』永井出版企画、一九八一年。初出一九六一～六二年）。以下、伊藤氏の見解は本論による。
（10）牧原成征「書評　吉田ゆり子著『兵農分離と地域社会』」（『日本史研究』四八一号、二〇〇二年）。なお近年、牧原氏は「十七年検地帳」の原本について、後世の綴じ直しの際に乱丁・落丁があったことを指摘している（牧原成征「虎岩郷の天正検地と土地制度」『飯田市文化財研究所年報』八号、二〇一〇年）。また、同論文において拙稿に「行論の細部に多くの問題点を有する」と指摘しながらも、具体的にはどの点に問題があるのかは、まったく明示されていない。
（11）船橋篤司・根本崇「戦国虎岩の人と耕地―天正検地帳からの復元―」（『信濃』四八巻一一号、一九九六年）。
（12）所理喜夫「関東転封前後における徳川氏の権力構造―天正十七、八年の五ヶ国総検―」（『徳川将軍権力の構造』吉川弘文館、一九八四年。初出一九六〇年）。

(13) 谷口央「徳川五ヵ国総検地と分付記載」（『幕藩制成立期の社会政治史研究』校倉書房、二〇一四年。初出二〇〇三年）。以下、谷口氏の見解は本書による。

(14) 信16五一六、史料番号一―二一。

(15) 湯本軍一「戦国大名武田氏の貫高制と軍役」（柴辻俊六編『戦国大名論集10　武田氏の研究』一九八四年。初出一九七七年）。

(16) 『下久堅村誌』近世第五章。

(17) 前掲註（7）、（9）。

(18) 勝俣鎮夫「戦国大名検地に関する一考察―恵林寺領検地帳の分析―」（『戦国期の権力と社会』東京大学出版会、一九七六年）、村川幸三郎「戦国大名武田氏の恵林寺領検地について」（『研究と評論』三六・三七号、一九八六年）等。

(19) 新行紀一「徳川五か国検地研究ノート―五十分一役を中心に―」（『愛知県史研究』創刊号、一九九七年）。

(20) 拙稿「武田氏の田役と段銭」（『戦国大名武田氏の領国支配』岩田書院、二〇一五年。初出二〇一二年）。

(21) 平山優「戦国期地下人（郷中乙名衆）の存在形態」（『戦国大名領国の基礎構造』校倉書房、一九九九年。初出一九九四年）。

(22) 毛利氏が伊那郡に入部した直後の天正十八年九月、飯田城代の篠治秀政は平沢道正を虎岩郷の「御代官」に任命し、仮に虎岩郷の年貢高を五五一石三斗余と定めたうえで、道正に年貢納入の基準となる「指出」の提出を命じている（「平沢文書」信17一七一）。

第3部　豊臣大名の検地と地域社会

第一章　豊臣政権下の信濃検地と石高制

はじめに

天正十八年（一五九〇）七月、三河・遠江・駿河・甲斐・信濃の五ヶ国を領有していた徳川氏が、豊臣政権の命で関東へ転封された事件は、当該地域を中世社会から近世社会へと転換させた画期として評価されている。

徳川領国下の信濃では各国衆による領域支配が行われていたが、徳川氏の関東転封に従う形で、小諸（長野県小諸市）の依田（松平）康真が上野国藤岡（群馬県藤岡市）へ、高島（長野県諏訪市）の諏方頼忠が武蔵国奈良梨（埼玉県小川町）へ、木曾谷（長野県木曽町）の木曾義昌が下総国網戸（阿知戸、千葉県旭市）へ、松本（長野県松本市）の小笠原秀政が下総国古河（茨城県古河市）へ、高遠（長野県伊那市）の保科正光が下総国多胡（千葉県多古町）へ、松尾（長野県飯田市）の小笠原信嶺が武蔵国本庄（埼玉県本庄市）へ、飯田（飯田市）の菅沼定利が上野国吉井（群馬県高崎市吉井町）へそれぞれ移された。

その後、小諸（旧依田領）には仙石秀政、松本（旧小笠原秀政領）には石川吉輝（数正）、高島（旧諏訪領）には日根野高吉、飯田（旧小笠原信嶺・保科・菅沼領など）には毛利秀頼がそれぞれ入部した[1]。木曾谷（旧木曾領）は秀吉の蔵入地（直轄領）とされ、尾張国犬山（愛知県犬山市）城主の石川光吉が代官に任じられた。一方、上田（長野県上田市）の真田昌幸は転封されず、北信濃の川中島四郡を領有した越後の上杉景勝と同様に、豊臣政権下の大名として独自の領域支配を続けた。このように、徳川氏の関東転封後、信濃国内には旧徳川領国下の国衆領を単位として大名が配置されたことがわかる。

当該期の各大名領の支配構造については、『長野県史』[2]『長野市誌』[3]『佐久市史』[4]『大町市史』[5]『松本市史』[6]『諏訪市史』[7]などの各自治体史でまとめられているが、検地と石高制に関する研究成果は、主に二つの地域を事例として行われ、論点が集中してきた。

一つは、文禄・慶長期の北信濃検地に関する研究である。特に金井喜久一郎氏[8]・古川貞雄氏[9]らによって、文禄四年（一五九五）の越後・北信濃における上杉検地の大部分が旧来の方式で実施され不徹底であったのに対して、慶長三年（一五九八）の上杉氏転封後に実施された検地は典型的な（先進地的な）太閤検地がもつ小農自立策を忠実に適用したものであり、不徹底に終わった上杉氏の検地を補正して北信濃の石高を把握したものとして評価されている。一方、小林弌氏[10]は、文禄検地が豊臣政権と上杉氏が共同で実施した検地であり、一反＝三〇〇歩制の完全な太閤検地方式を越後に初めて導入した画期的なものと評価した上で、太閤検地方式が越後の土地制度として定着せず、上杉氏が一反＝三六〇歩制でやり直したのが慶長検地であったと述べている。一方、越後検地については、文禄期の豊臣政権による検地が「指出」に基づく帳簿上の処理で行われたものに過ぎず、慶長期の上杉検地で年貢定納高が確定されたとする再評価が行われている[11]。

もう一つは、真田氏の検地と貫高制に関する問題である。これについては、以前から多くの論考[12]があり、石高と貫高の間に一貫文＝二石四斗七升という換算値が設定されていたことを前提として、当該地域で近世を通じて貫高制が採用された背景について議論が行われている。特に、上田領では真田氏の転封後も貫高制が維持され、石高（統一政権下での基準）と貫高（上田領内の基準）の換算値が存在していたことは以前から指摘されていたが、全国的な議論の対象とはなっていなかった。

これらの議論はいずれも基本的に安良城盛昭氏[13]の「太閤検地＝封建革命（封建的変革）」説に依拠し、豊臣政権の下で生産高表記としての石高制を基準として、検地帳に登録された者が名請人として個別に把握され、近世社会における百姓層の一職支配が確立したとする太閤検地の施行原則と比較したうえで評価が行われていた。しかし近年では、石高が生産高ではなく年貢高であったことや、織豊～近世初期における検地の実施方法や石高制のあり方などについて多くの新事実の提示と再評価が行われている[14]。戦国期研究の側からも、池上裕子氏[15]が戦国大名検地・織田政権下の検地と太閤検地の連続性について指摘しており、豊臣政権下で実施された検地も奉行衆による検地のみを太閤検地として、各大名が実施した検地とは明確に区別すべきことを提唱している。また、石高制の問題についても、平山優氏[16]が戦国期の甲信・東海地域における基準枡と貫高・俵高制の問題を論じた中で、近世社会でも各地域の基準枡（甲州枡など）と統一基準（京枡による石高制）との換算値を設け、社会経済システムの慣行を包摂することで成立していた点を明らかにしている。

当該期に信濃国内で作成された検地帳のうち、太閤検地の基準による検地帳は十八点が確認できる（表１―(1)。以下、表中のNo.で表記）。このうち十三点（No.1～13）は、天正十八・十九年に日根野氏・毛利氏によって作成されたものであり、残りは文禄四年が二点（No.14・15）、慶長三年が三点（No.16～18）である。このように、豊臣政権下での検地事例は天正期と慶長・文禄期に大きく分けることができ、前者は豊臣系大名が入部した直後にその領国において実施した惣検地（代替わり検地）や天正十九年の「御前帳」徴収に際して実施された検地、後者は政

表１　信濃における検地事例（天正18年〜慶長３年）

（1）石高による検地実施

No.	日付	大名	郡名	郷村名	現地名	奉行	出典	
1	天正 18. 10.26	日根野	諏訪	山裏内北大塩村	茅野市	弓削清左衛門	渡邊政春氏所蔵文書	17-188
2	天正 18.10	日根野	諏訪	真志野村	諏訪市		南真志野共有文書	17-194
3	天正 18.12	日根野	諏訪	塩沢村	茅野市		塩沢共有文書	17-236
4	天正 19. 11.15	毛利	伊那	大草之内日曽利郷・飯沼郷・丸尾郷・谷田郷・四徳郷・桑原郷・鹿養郷	飯島町・中川村	大島彦左衛門・長谷川作右門	高坂文書	17-288
5	天正 19. 11.28	毛利	伊那	大草之内大河原郷	大鹿村	林長兵衛・山田半七	松下文書	17-315
6	天正 19. 11.26	毛利	伊那	大草之内宮地郷	中川村	山田半七郎・林長兵衛	高坂文書	17-345
7	天正 19. 11	毛利	伊那	南山ノ内大畑村	泰阜村	原勝兵衛・河村新右衛門尉	温田文書	17-403
8	天正 19. 11	毛利	伊那	（開善寺領）	（飯田市）	浅井九兵衛・安井小右衛門	開善寺文書	補 -718
9	天正 19	毛利	伊那	大草郷	中川村		高坂文書	17-334
10	天正 19	毛利	伊那	南山之内野宇村	泰阜村	原衛［　］・［　　］部	中嶋文書	17-396
11	（天正 19 ？）	毛利	伊那	上穂村	駒ヶ根市		赤穂郷土博物館所蔵文書	17-371
12	（天正 19 ？）	毛利	伊那	上河路村	飯田市		清水文書	17-406
13	（天正 19 ？）	毛利	伊那	下殿岡村	飯田市		矢澤文書	補 -708
14	文禄 4. 9.29	上杉	更級	川中島内中氷鉋村・下氷鉋村	長野市	大橋才次（増田長盛の手代）	青木文書	18-140
15	文禄 4. 12	日根野	諏訪	中沢村	茅野市		中澤共有文書	18-153
16	慶長 3. 7.9		高井	五閑村	須坂市	石川光吉	五閑共有文書	18-276
17	慶長 3. 7.13		高井	井上村ノ内中嶋村	須坂市	杉本五左衛門尉（古田重勝の手代）	堀内文書	18-278
18	慶長 3. 11.1	京極	伊那	阿嶋郷	喬木村	太田才次・矢邊源介	原文書	18-305

（2）貫高による指出

No.	日付	大名	郡名	郷村名	現地名	作成者	出典	
1	天正 18. 10.13	真田	小県	（金縄寺領）	（上田市）		金縄寺領帳	17-183
2	天正 18. 10.29	毛利	伊那	虎岩郷	飯田市	平沢道正（代官）	平沢文書	17-203
3	天正 18. 10	石川	筑摩	和泉郷	松本市		中嶋文書	17-211
4	天正 18. 12	真田	小県	（安楽寺領）	（上田市）	順京（興国寺住持）	安楽寺文書	17-244

(3) 貫高による検地実施

№.	日付	大名	郡名	郷村名	現地名	奉行	出典	
1	天正 19. 4.6	真田	小県	野倉村	上田市		野倉共有文書	17-265
2	文禄 3. 7.30	真田	小県	（安楽寺領）	（上田市）		安楽寺文書	18-4
3	文禄 3. 9.14	真田	小県	秋和村	上田市		中島文書	18-14
4	（文禄 3 ？）	真田	小県	東松本村	上田市		山寺文書	18-31
5	慶長 5. 4.3	真田	小県	越戸村	上田市	善次郎	越戸共有文書	18-393

（注）出典…『信濃史料』第 17 巻・第 18 巻・補遺巻上（巻数 - 史料番号と略記）

権末期における太閤秀吉の強い意向で実施された検地として評価されている。しかし、当該期の信濃で実施された検地と石高制の問題について総括した研究成果は皆無であり、秋沢繁[17]氏が豊臣政権の対東国検地の一事例として日根野氏・毛利氏の検地を若干取り上げているに過ぎない。

そこで本論では、各豊臣系大名の支配構造を、貫高制と石高制、検地基準などの問題を中心に検討する。特に、統一政権と各大名、大名権力と給人・村落の関係を軸に、前代の武田・徳川領国期からの連続面と画期について見ていきたい。

一、各大名領の支配構造

(一) 石高制

太閤検地の基準による検地を実施し、石高制による領域支配を行った大名としては、日根野氏と毛利氏があげられる。

日根野氏は入部直後の天正十八年十月から十二月にかけて、北大塩（№.１）・真志野（№.２）・塩沢（№.３）の各村で検地を実施している。検地帳の分析は『長野県史』ですでに行われているが、これらの検地では、京枡による石高制、一段（反）＝十畝＝三百歩制の採用など、太閤検地の基準の通りに行われた点、徳川氏の関東転封にともなう村落構成員の「失人」が多く、入作者の存在など各帳の重複記載が多い点などが特徴としてあげられる。

毛利氏も日根野氏と同様に、太閤検地の基準通りに検地を実施しているが（1―4～13）、その一方で、地域枡（三斗五升枡）や俵高制が使われていた事例も確認できる（「原喜一郎氏所蔵文書」信17四九八）。同時期の甲斐でも、浅野氏が文禄三年に検地を実施した後は、京枡による石高制が基準とされたが、京枡・石高制と甲州枡・俵高制を換算する慣行が幕末まで継続していた点が明らかにされている[18]。このように、領内の基準として豊臣政権と同じ京枡・石高制を採用していた地域においても、地域枡の使用は禁じられず、従前通りに通用されていたことがわかる。

また、上杉氏も天正十九年八月に領国内の基準を石高制に統一していることが、次の史料から確認できる。

【史料一】（「反町英作氏所蔵文書」上2三五〇五、傍線部筆者）

定

右、分国中升之儀、今般自京都任　仰出之旨、悉相改、土貢・商売共以京升被相定候、若以私之升令叙用族有之者、当人之儀者勿論、其一在所可被処罪科之由、被成（平出）御朱印者也、仍如件、

（上杉景勝）（朱印）　天正十九年八月　日　奉行中

傍線部からも明らかなように、上杉氏は京都（豊臣政権）からの命令に応じて領国内の基準枡を京枡に定め、その他の「私之升」を使用することを禁じた。実際の年貢収取でも、これ以前は銭（貫高）と米（俵高）を基準としていた（「反町英作氏所蔵文書」上2三四七四）のに対し、以後は京枡を基準とする石高に統一されている（「片

岡伍郎氏所蔵文書」上２三五一〇）。

さらに、文禄三年には家臣団から知行定納石高の指出を徴収し（「世間瀬文書」信18八八）、これを基に「知行員数目録[19]」を作成している。これらの作業によって、上杉氏は年貢収取基準と給人知行高を京枡による石高制に統一したが、特に注目されるのは、指出と「知行員数目録」において、「信州衆」だけが「六合摺」（六〇％）で籾から「京枡之米」に換算されている点である。すなわち、上杉領国下の信濃では京枡による石高制に統一された後も、越後とは異なる基準（地域枡）が存在しており、上杉氏は豊臣政権と同一の基準を定める一方で、信濃における基準との換算値を設けていたことがわかる。

（二）貫高制

貫高制による領域支配を行っていた大名としては、従来から知られていた真田氏の他に、石川氏と仙石氏があげられる。

石川氏は入部直後の天正十八年に、領内の郷村ごとに定納高を貫文で記載した指出帳（(2)―3）を徴収し、文書上で貫高を石高に換算して「両郡郷村御朱印御高附」（「百瀬文書」信21三七四）を作成している。『大町市史』によれば、これは石川氏の拝領高八万石に近い数値であり、石川領では石高と貫高の換算値が存在していたことがうかがえる。また、石川氏は領内で検地を実施した形跡が見られないが、これは前代（小笠原氏）の支配構造や検地結果を継承していたためと考えられる。

天正十八年まで当該地域を支配した小笠原氏の場合、二斗枡で「一俵（二斗）＝二百文、一貫文＝籾五俵」という換算値が存在していた（「浅野文書」信16四八四）。これは「国舛二斗入」（「中田文書」信16二二二）とあり、旧武田領国の支配構造を継承したものであったが[20]、石川領でも五斗枡で「一貫文＝籾二石五斗」という換算値が存在していたことが『大町市史』で指摘されている。

なお、石川氏が石高制を採用したのは幕藩体制下に入ってからであり、慶長七年三月から五月にかけて、石川氏家臣の鶴見喜左衛門と西村善兵衛が、安曇郡舟場（八坂村）・野平（同前）両郷（「坂井文書」信19一七二）と筑摩郡泉郷（長野県松本市、「中嶋文書」信19一七八）で前年（丑＝慶長六年）分の年貢勘定目録を作成している。特に泉郷では、二百六十石一斗から三石九斗二升六合（本銭で一貫百二十文分）が「丑荒」として控除され、残りが「定納」とされており、精銭（本銭）による貫高と籾子による石高の換算値が存在していたことがわかる。

次に仙石氏は、文禄四年五月に検地を実施し（「古文書集一」信18一二六）、さらに同年六月には領内から指出を徴収して「御郡中永楽高辻」を作成している[21]。これは、与良（長野県小諸市）・梨沢（同御代田町）・沓掛（同軽井沢町）・平原（同小諸市）・北沢（同佐久市）など、川東（千曲川東岸地域ヵ）の村の肝煎（名主）十四名が、仙石氏の代官・川田平四郎に提出したもので、五十五ヶ村を八組に分けて十四名の肝煎（名主）が各組で取りまとめを行い、合計額は一万六百八十三貫七百四十文であった。川西（千曲川西岸地域ヵ）でも同時期に「佐久郡川西村々貫目帳」[22]が作成され、こちらは七十一ヶ村で合計は一万七千五百十六貫六百四十四文であった。また、慶長十五年十月に作成された佐久郡の「貫目御帳」[23]では惣高三万三千八百四貫七百文とある。元和期の事例ではあるが、仙石領では一貫文＝一石七斗五升六合という換算値が設定されており（「竹内文書」信20五八八）、この通りに計算すると、文禄期で四万九千五百二十石、慶長期で五万九千三百六十一石となることから、豊臣政権・幕藩体制下における仙石氏の知行高五万石は、これらの数値を基に設定された可能性が高い。すなわち、仙石氏は元和八年に転封されるまで領内の基準値として貫高を用い、石高との換算値を設けて領国支配を行っていたことがわかる。

なお、天正十八年まで当該地域を支配した依田氏の検地は、「作人」単位で一筆ごとに耕地面積を蒔高で算出し、高辻と定納の額を貫高で記載している（「古文書集九」信17七〇など）。これは武田氏の検地施行原則を継承したものであり、仙石氏も依田氏の検地結果を継承した可能性が高い。

（三）統一政権と各大名領の関係

ここで、豊臣政権下で入部した各大名の支配構造と、領国外（特に統一政権内）との関係性についてまとめておきたい。

当該期の信濃では、日根野氏と毛利氏が太閤検地の基準による検地を実施し、石高制を採用していた。また、上杉氏も天正十九年に領国内の基準を京枡による石高制に統一し、年貢収取や給人知行高の把握を行っていた。同年に全国で検地が実施され、石高制への統一（石直し）が実施された背景としては、秀吉が朝鮮出兵の準備として、天皇に献上するための「御前帳」を作成するよう各国に命じていたことを、秋澤氏がすでに指摘している[24]。特に上杉氏の場合は、豊臣政権の命によることが明記されており、他の大名に対しても同様の命令が下された可能性が高い。

しかし一方で、石川氏や仙石氏のように、各郷村から指出を徴収し、徳川領国下の国衆検地（元は武田検地）を継承した上で貫高制を採用した大名も存在しており、諸大名が一律に太閤検地と石高制を推し進めたわけではなかった。

なお、以前から諏方頼忠・小笠原貞慶・保科正直の三氏が領有権をめぐって争っていた[25]小野・塩尻は、徳川氏の関東転封に従って三氏が移された後、豊臣政権の裁定によって石川領（長野県塩尻市）と毛利領（同辰野町）に分割され、天正十九年十一月には小野村で三十五貫文分の土地が北方（石川領）から南方（毛利領）に引き渡された（「守矢文書」信17四三三）。ここでも、貫高（石川領の基準）から石高（毛利領の基準）へ換算されたうえで、引き渡しが行われたと考えられる。

天正十九年に指出や検地が集中している背景には、中野等氏[26]によって、同年に豊臣政権から「御前帳」の徴収と検地令が命じられ、統一政権と各大名間の知行・軍役高を規定していったことが指摘されている。また、豊臣政権下の信濃において貫高制を採用した大名は、支配領域内の基準（貫高）と豊臣政権の基準（石高）の換算値を設定しており、統一政権下の基準（石高制）と領内の基準（石高・俵高・貫高制）の二重構造にあったことが、本論の分析からも明らかである。

二、検地方法と貫高・石高制

従来の研究成果[27]では、豊臣政権期（天正十年〜慶長三年）の検地の類型として、以下の三つが挙げられている。

A型…秀吉自身がその直臣の奉行に命じて、彼らを各地に派遣して検地を行わせた場合。これはさらに、①畿内近国などで国・郡ごとに、豊臣氏の蔵入地や譜代衆の領国内で行ったもの、②服属大名（島津氏・佐竹氏など）

の領国単位に、特定の豊臣氏の奉行が行ったものに大別される。これらの事例は、豊臣政権の強力な指導・介入のもとで太閤検地として実施され、終了後は領国内に豊臣氏の蔵入地などが設定されている。

Ｂ型…Ａの諸奉行等が秀吉から所領を宛行われ、自領内で同様の方式で検地を行った場合。この場合、施行者は秀吉の子飼大名とされている。

Ｃ型…大名が自己の所領においてまったく独自の方法で検地を行った場合。この場合、施行者は徳川・長宗我部・毛利などの服属大名とされている。

このうち、厳密な意味での「太閤検地」はＡとＢの類型とされているが、豊臣政権下の信濃ではＡ・Ｂ・Ｃすべての型態を見ることができる。そこで本項では、各領における検地方法と貫高・石高制の問題について検討していきたい。

㈠　毛利検地

まず、Ｂ型の類型として、伊那郡の毛利氏が実施した検地の過程を見ていきたい。

入部直後の天正十八年九月、飯田城代の篠治秀政は虎岩郷の平沢道正を同郷の代官に任じ、「百姓中」の代表者として年貢納入を請け負わせた（「平沢文書」信17一七一）。また、道正に虎岩郷の「本帳」⑵―２）を提出させ、前代の菅沼氏段階の「知行」地を百姓地として再編成を行ったが、ここでは前代以来の二斗枡が使用され、貫高から俵高への換算値が一貫文＝一石（五俵）に設定されている。

天正十九年九月、毛利氏は「信州伊奈青表紙之縄帳」（「佐々木忠綱氏所蔵文書」信17四二〇）を作成し、「領」

ごとに村高を集計して、惣高十万六百三十二石一斗五升八合八夕を算出している。これ以後、伊那郡での給人・寺社に対する宛行・安堵は京枡による石高制に統一され、年貢・諸役や軍役・知行役を賦課するための基準とされた。また、検地による集計結果を受けて毛利領（伊那郡）は豊臣政権から十万石と定められ、幕藩体制下でもこの数値が継承された。

毛利氏は入部直後の段階では各村から指出を徴収し、年貢収取や給人・寺社に対する宛行・安堵の基準にしたと考えられる。また、京・大坂にいた秀頼は、同年九月には検地奉行に対して進行状況を報告するよう命じ、念を入れながらも施行を急がせるよう指示を出している（「平沢文書」信17一七二）。

現地では、徳川領国下の旧領主層（松尾［小笠原］・知久・下条・遠山・高遠［保科］など）の支配単位である「領」ごとに奉行を置き、郷村単位で上中下の等級と石盛を設定し、一段（反）＝十畝＝三百歩制で耕地・屋敷地の把握を行った。日付の記載がある検地帳はすべて十一月に作成されており（(1)―4～13）、伊那郡では前述の通り天正十九年後半に一斉に検地が実施されたようである。

一方、村落構造に目を向けると、天正十九年二月に篠治が条目（「平沢文書」信17二五九）を交付し、国替などで村を離れた者の所有地を、郷内に残った者で割付をさせ、引き続きその土地の耕作を行うよう命じている。このうち、虎岩郷では前代の菅沼氏段階の「知行」地が百姓地として再編成され、関東転封に従わず残留した在村給人は百姓として把握された[28]。また、殿岡郷では「失人」と入作者の存在が多く見られ[29]、徳川氏の関東転封を契機にして、村落構成員の再編成が行われたことがうかがえる。

（二）真田検地

次にC型の類型として、真田氏の検地と貫高制の問題について検討する。

真田氏は天正十八年十月に、金縄寺（上田市）から寺領の指出を徴収している。

【史料二】（(2)―1、後略）

金縄分
中村　四斘五合蒔　同所
上本　壱貫八拾文　善春
同所　五斘五合蒔　やこはら分
中　壱貫五十文　助右衛門
同所　仁斘五合蒔
中　七百文　四郎右衛門

（中略）

宮の前　四斘蒔
壱貫文　見出五十文　道徳
田壱斗七斘　屋敷はた除地　田四斗五斘
合〆七斗壱斘　外畑六ヶ所
三貫仁百文　見出壱貫文　寺屋敷

表２　真田検地の基準値（１斗蒔あたりの貫高、単位：文）

（1）真田氏給人地検地帳（天正６〜７年ヵ）

等級	最大値		最多値		最小値
上田	3,250	〜	2,500	〜	1,500
中田	3,000	〜	2,000	〜	1,760
下田	2,314	〜	1,800	〜	1,250
下々田	1,880	〜			1,667

（2）金縄寺領指出（天正18年）

等級	最大値		最小値
本上田	2,500	〜	2,400
上田	3,000	〜	2,286
中田	2,800	〜	1,909

※貫高は「本」と「見出」の合計額から算出。屋敷・畠は等級なし。

この史料の最大の特徴は、田地に上・中の等級を設けて蒔高で面積を算出し、貫高に換算している点であり（表２―⑵）、「本」と「見出」（増分）を記載するなど、戦国期に武田氏が実施した検地方式を継承している点である。

真田氏は戦国期から領内で検地を実施しており、家中の知行地における耕地・屋敷の高を記した「真田氏給人地検地帳」[30]を作成している。『真田町誌』[31]によれば、「京之御前様」（昌幸の夫人）や「御北様」（昌幸の長兄信綱の夫人、天正八年死去）の知行地（御料所）が記載されていることから、検地帳の作成年代を天正六年から七年としている。

この「真田氏給人地検地帳」でも、田地の面積を蒔高で把握し、上中下の等級を設定して「本」と「見出」を貫高で算出し、一斗枡を使用している（表２―⑴）。畠地と屋敷地は蒔高で表記されていないが、増分の記載は以前にこの地域で検地が実施されたことを示しており、「真田氏給人地検地帳」も昌幸が武田氏の施行原則を参考にして自領内で実施した検地の帳面として位置づけることができよう。また史料一も、「本」と「見出」（今回把握された増分）の記載があることから、以前に実施された検地の結果を踏まえて作成されたことは明らかである。

天正十九年から慶長五年までの間に、真田氏が信濃で作成した検地帳は五点が確認できるが（表１―⑶）、すべて貫高を基準としている。また、文禄三年に作成された秋和村の検地帳（⑶―３）では、等級と蒔高による面積の算出、貫高への換算という検地方法の他に、真田氏の給人が他の給人に年貢を納入しており、戦国期と同様に、名請地を所持する在村給人の存在を指摘できる。

昌幸の嫡男信幸（信之）が領有していた上野国沼田領でも、天正十八年と文禄二年の検地帳[32]が現存しており、田畠に上中下の等級を設けて蒔高で面積を算出し、貫高に換算している点など、武田氏の検地方式とまったく同様の特徴が見られる。信濃国内で現存している検地帳では蒔高や等級の表記は見られないが、真田氏が豊臣政権下でも武田領国下の支配方式を継承して検地を実施していたことは間違いないだろう。

次に、貫高制と年貢収取の問題について検討する。近世上田領の年貢収取では、高辻から損免や必要経費を控除する「入下」制（「山寺文書」信24三など）や、一貫文＝七俵の換算値（「出浦文書」信24一六六）が存在し、他領と比べて高い年貢率が維持されていたことが以前から指摘されている。しかし、これらの議論の前提となっていたのは「貫高＝年貢高」「石高＝生産高」という理解であり、石高もまた年貢賦課基準であったとする近年の指摘[33]を踏まえれば、高辻（年貢賦課基準）から損免と経費を引いて定納高を算出する上田領の年貢収取方法は、戦国期と同一のものであったことがわかる。

以上の結果を基に、豊臣政権下の真田検地についてまとめる。

真田検地の最大の特徴は田地の面積を蒔高で把握していた点であり、戦国期の武田検地と同一の方法で行われていたことがわかる。また、知行人と名請人の関係では、伊那郡の「虎岩郷本帳」の事例と同様に、名請人が知行主となっている例が見られ、豊臣政権下でも戦国期以来の在地給人が多く存在していたことがうかがえる。すなわち、いわゆる「兵農分離」は検地ではなく大名権力の転封によって行われたのであり、前項で検討したのと同様に、真田領も統一政権下の基準（石高制）と領内の基準（貫高制）の二重構造の下で支配が行われていたことがわかるのである。

（三）北信濃検地

最後に、上杉氏と豊臣政権が北信濃で実施した検地と村落構造について見ていきたい。

上杉領国において惣国検地が実施されたのは文禄四年である。この時は豊臣政権の奉行人増田長盛と上杉重臣の直江兼続が指揮しており、先の類型に従えば、A②型とC型の混合として分類できる。

このうち、北信濃では文禄四年九月に更級郡中氷鉋村・下氷鉋村で実施された検地帳（表1―(1)―14）が現存しており、増田の手代の大橋才次が検地を指揮し、上杉領国下で当該地域の支配を担当していた海津（長野市）城代の須田満親が黒印を捺している。この検地は一反（段）＝十畝＝三百歩制、縦横の間数記載など、太閤検地の基準に則って行われた一方で、約半数に分付記載があり、分付主の多くが海津在城の上杉氏家臣であった点など、名請地を所持する在村給人の存在が指摘されている[34]。

越後・信濃両国での検地終了後、直江は検地帳とその目録を上杉氏の「御蔵」に納めるよう指示を出している（信18―四八）。増田とその手代が担当した分の検地帳はどのように処理されたか不明だが、同様に上杉氏の「御蔵」に納められた可能性が高い。すなわち、文禄四年検地は、一部が豊臣政権の奉行によって太閤検地の基準通りに実施されたが、基本的には上杉氏の領国検地であったと評価することができる。

慶長三年三月に上杉氏が会津へ転封された後、秀吉は北信濃（川中島四郡）を直接支配し、領内の検地を行った（信18二八三）。このうち、高井郡五閑村（長野県須坂市）と同郡中嶋村（同）の検地帳が現存している（表１―（１）―16・17）。ここでは分付記載が消滅しており、徳川氏の転封直後に日根野氏・毛利氏が実施した検地と同様に、多くの在村給人・奉公人が上杉氏に従って会津へ移住したことを受けて、村落内百姓層の再編成と耕作者の確定が行われたことがわかる。また、五閑村と八重森村（須坂市）、中嶋村と井上村（同）を分離させるなど、村境を確定して村切を実施したことも指摘されている(35)。

その点では、慶長三年の北信濃検地は明らかにＡ①型の類型である。従来の先行研究でも同年の越前検地との類似性・共通性が指摘されており、「典型的な（先進地的な）太閤検地がもつ小農自立策を忠実に適用された」事例として、あるいは太閤検地を中心とする施策が最も貫徹された地域として評価されている(36)。

しかし、北信濃での検地は豊臣政権の末期に上杉氏が転封され、その直後に秀吉の直轄地（太閤蔵入地）という状況下で実施されたものである。実際に、検地直後に北信濃を拝領した田丸氏に対して発給された知行宛行状（「田丸文書」信18二八六）では、検地結果を踏まえた拝領高が初めて記載されており、在地把握に対する豊臣政権の強い意志を読み取ることができよう。

また、検地の実施方法についても、近年では木越隆三氏(37)によって、越前検地が従来言われてきたような丈量検地ではなく、検地耕地の実態に合わない机上操作で行われたことが明らかにされており、このような研究成果を踏まえて、北信濃検地も同様の再検討が必要であろう。

おわりに

（一）検地方法と貫高・石高制

豊臣政権下の信濃における各大名領の支配構造は、以下の二点が特徴としてあげられる。

一つは、各大名が指出を徴収して前代（武田・徳川領国）からの支配方式や検地結果を継承し、年貢・諸役や軍役・知行役の賦課基準となる村高の把握を行っていたことである。

もう一つは、日根野氏や毛利氏のように太閤検地の基準による検地を実施したり、上杉氏のように豊臣政権の命で石高制を採用した大名の他に、仙石氏・石川氏・真田氏などのように貫高制を採用した大名も存在しており、信濃国内において一律に太閤検地と石高制が推し進められたわけではなかったことである。

特に、貫高制を採用した大名は、支配領域内の基準（貫高）と豊臣政権の基準（石高）の換算値を設定していたことを明らかにできた。また、石高制を採用した大名も、領内の基準枡を否定せず、豊臣政権の基準である京枡との換算値を設定していたことが確認できる。

池上氏がすでに指摘しているように、豊臣・徳川政権とも各大名の領国検地には介入しなかったが、検地結果を基に算出された数値（石高）は軍役・知行役の賦課基準とされ、さらに大名やその家中構成員の家格をも規定することとなった。このように、織豊期・近世初期の大名権力は領国内と領国外（特に統一政権内）の基準という重層性を内包しながら成立していたのである。

（二）検地と「兵農分離」

従来の見解では、豊臣政権が実施した検地（太閤検地）によって土豪・有力百姓層の中間得分が否定され、「兵農分離」と「一地一作人制」が実現したと評価されてきた。しかし、「失人」の発生や分付記載の消滅が確認されるのは、徳川氏（天正十八年）と上杉氏（慶長三年）の転封直後に実施された検地においてであり、同時期の真田領や転封以前の上杉領では検地方法に関係なく、名請地を所持して他の給人に年貢を納入する在村給人の存在を確認できる。

すなわち、信濃では検地によって「兵農分離」が達成されたのではなく、大名権力の転封と在村給人の離村という当該期村落の実情を、豊臣政権下の奉行や各大名が検地によって可能な限り把握したものに過ぎないと結論づけることができる[38]。

「太閤検地を中心とする施策が最も貫徹された地域」として評価されている慶長三年の北信濃検地についても、上杉氏転封直後の豊臣氏直轄地（太閤蔵入地）という状況下で実施されたものであり、近年の「太閤検地」に関する新たな研究動向を踏まえた上で、検地の再検討を行うべきであると考える。

註

（１）「大かうさまくんきのうち」（信十七―一四七）等。

（２）『長野県史』通史編第四巻近世一（一九八七年）、第一章第一節・第二節第一項（古川貞雄執筆分）、第二節第二項（山崎哲人執筆分）、第三節（今牧久執筆分）。

（3）『長野市誌』第二巻歴史編原始・古代・中世（二〇〇〇年）、中世第四章第三節（池上裕子執筆分）。
（4）『佐久市史』歴史編三近世（一九九二年）、第一章第一節（山崎哲人執筆分）。
（5）『大町市史』第三巻近世（一九八六年）、第一編第二章第一節（幅具義執筆分）。
（6）『松本市史』第二巻歴史編Ⅱ近世（一九九五年）、第一章第一節・第二節（中川治雄執筆分）。
（7）『諏訪市史』上巻原始・古代・中世（一九九五年）、中世編第五章第三節（浅川清栄執筆分）。
（8）金井喜久一郎「北信濃における藩制確立以前の検地（一）～（二）」（『信濃』八巻十・十二号、一九五六年）。
（9）古川貞雄「信濃における豊臣氏の蔵入地と金山―その基礎的考察―（一）～（四）」（『信濃』二十巻六～九号、一九六八年）。
（10）藩制史研究会編『藩制成立史の綜合研究　米沢藩』（吉川弘文館、一九六三年）前編第四章第二節（小村弌執筆）、小林弌『幕藩制成立史の基礎的研究』（吉川弘文館、一九八三年）等。
（11）阿部洋輔・金子達「越後における文禄・慶長初期の検地帳」（『新潟県史研究』二号、一九七七年）、佐藤賢次「慶長二年上杉氏検地の再検討」（『越佐研究』六四号、二〇〇七年）。
（12）『上田小県誌』第二巻（一九六〇年）第二章～第三章第一節・第二節（黒坂周平執筆分）、河内八郎「信州真田氏の領国形成過程―昌幸時代を中心として―」（寶月圭吾先生還暦記念会編『日本社会経済史研究　近世編』吉川弘文館、一九六七年）、平沢清人「真田昌幸時代信州上田領の貫文制と秀吉の検地」（『地方史研究』二十巻六号、一九七〇年）、堀内泰「上田領の『貫高制』についての一考察」（『千曲』二五号、一九八〇年）、横山十四男「上田藩の貫高制（一）」（『信濃』四四巻二号、一九九二年）、手塚若子「上田領における貫高制と石高制」（『千曲』七九号、一九九三年）等。また近年、丸島和洋「真田氏家臣団の基礎研究」（同編『戦国大名と国衆14　真田氏一門と家臣』岩田書院、二〇一四年）で、信濃上田領（上田藩）・上野沼田領（沼田藩）の貫高制と検地に関する研究史がまとめられている。
（13）安良城盛昭『幕藩体制社会の成立と構造』増訂第四版（有斐閣、一九八六年。初版一九五九年）、同『太閤検地と石高制』（日本放送出版協会、一九六九年）等。
（14）松浦義則「柴田勝家の越前検地と村落」（藤木久志編『戦国大名論集17　織田政権の研究』吉川弘文館、一九八五年。初出一九八三年）、松下志朗『幕藩制社会と石高制』（塙書房、一九八四年）、同『石高制と九州の藩財政』（九州大学出版会、一九九六年）、

木越隆三『織豊期検地と石高の研究』（桂書房、二〇〇〇年）、同「太閤検地帳はどのように作成されたか」（長谷川裕子・渡辺尚志編『中世・近世土地所有史の再構築』青木書店、二〇〇四年）、本多博之『戦国織豊期の貨幣と石高制』（吉川弘文館、二〇〇六年）等。

(15) 池上裕子「織豊期検地論」（『戦国時代社会構造の研究』校倉書房、一九九九年。初出一九八八年）、同「検地と石高制」（『日本中近世移行期論』校倉書房、二〇一二年。初出二〇〇四年）。以下、池上氏の見解は本論による。

(16) 平山優「戦国期東海地方における貫高制の形成過程―今川・武田・徳川氏を事例として―」（『武田氏研究』三七・三八号、二〇〇七・二〇〇八年）。

(17) 秋沢繁「太閤検地」（『岩波講座日本通史』第十一巻近世一、岩波書店、一九九三年）。

(18) 安達満「甲州における俵入数値の検討」（『近世甲斐の治水と開発』山梨日々新聞社、一九九三年。初出一九八九年）。

(19) 矢田俊文・福原圭一・片桐昭彦編『上杉氏分限帳』（高志書院、二〇〇八年）。

(20) 拙稿「武田氏の検地施行原則」（『戦国大名武田氏の領国支配』岩田書院、二〇一五年。初出二〇〇八年）。

(21) 『新編信濃史料叢書』第十一巻、一四九頁。以下、「新信・巻数―頁数」と略記する。

(22) 新信11―五二。

(23) 新信11―五五。

(24) 秋澤繁「天正十九年豊臣政権による御前帳徴収について」（三鬼清一郎編『戦国大名論集18　豊臣政権の研究』吉川弘文館、一九八四年。初出一九七七年）。

(25) 「小野文書」信17四三〇。事件の経緯については、大木丈夫「豊臣政権と信濃国―安曇・筑摩郡を事例として―」（『信濃』五七巻十二号、二〇〇五年）を参照。

(26) 中野等「御前帳高の機能と石高の重層性」（『豊臣政権の対外侵略と太閤検地』校倉書房、一九九六年。初出一九九二年）。

(27) 速水佐恵子「太閤検地の実施過程」（『地方史研究』六五号、一九六三年）、斎藤司「文禄期「太閤検地」に関する一考察―文禄三年佐竹氏領検地を中心に―」（『関東近世史研究』一九号、一九八五年）、本多隆成「豊臣系大名の太閤検地」（『近世初期社会の基礎構造』吉川弘文館、一九八九年。初出一九八六年）等。

（28）吉田ゆり子「天正検地と「知行」―信州下伊那郡虎岩郷を事例として―」（『兵農分離と地域社会』校倉書房、二〇〇〇年。初出一九九〇年）、拙稿「信濃国伊那郡虎岩郷「本帳」と検地帳の分析」（本書第2部第三章）を参照。
（29）拙稿「信濃国伊那郡殿岡郷「さし出し帳」と下殿岡村検地帳の分析」（本書第3部第五章）。
（30）真田町誌編纂室編『真田氏給人知行地検地帳（真田町誌調査報告書第二集）』（真田町教育委員会、一九九八年）。
（31）『真田町誌』歴史編上巻（一九九八年）、第三編中世第三章第三節（小池雅夫執筆）、第四節（桜井松夫執筆）。
（32）拙稿「豊臣政権下の真田氏と上野沼田領検地」（本書第3部第二章）を参照。
（33）前掲註（15）。
（34）前掲註（3）。
（35）前掲註（3）。
（36）前掲註（9）。
（37）木越隆三「太閤検地帳はどのように作成されたか」（前掲註14）。
（38）慶長三年に上杉氏が転封された際、従来の研究では奉公人の離村と百姓の土地緊縛が徹底され、豊臣政権の「兵農分離」政策が推し進められたと評価されているが、最近では武家奉公人の存在をめぐる議論の中で再検討が行われている。詳細は平井上総「豊臣政権の国替令をめぐって」（『日本歴史』七七五号、二〇一二年）、同「兵農分離政策論の現在」（『歴史評論』七五五号、二〇一三年）を参照。ただし本章でも述べたように、大名の転封後に村落内で多くの「失人」が発生していた事実も重視されるべきであろう。

第二章　豊臣政権下の真田氏と上野沼田領検地

はじめに

「下河田検地帳」（生方満太郎家文書）は、戦国末〜江戸前期に上野国沼田領を支配した真田氏の下で作成されたもので、天正十八年（一五九〇）八月の検地帳（以下、天正検地帳と略記）が一冊、文禄二年（一五九三）十月の検地帳（以下、文禄検地帳と略記）が四冊現存する。この中では天正検地帳と、文禄検地帳の四冊のうち一冊目と四冊目が『群馬県史』[1]資料編（以下、「群・巻数・史料番号」と略記）で翻刻されているが、残りの二冊は未翻刻である。

下河田（群馬県沼田市下川田町）は沼田城から見て利根川の対岸、南西約二キロメートルの場所に位置する（地図を参照）。戦国初期には沼田氏の支配下にあったが、小田原北条氏・越後（長尾）上杉氏・甲斐武田氏など周辺の戦国大名による争奪戦が繰り返され、天正八年には武田氏配下の真田昌幸が沼田城を攻略し、周辺地域を制圧した。天正十年三月に武田氏が滅亡した後、徳川氏と北条氏の国分によって上野は北条氏の領国となったが、昌幸は沼田領の引き渡しを拒否して北条氏と争い、最終的には羽柴（豊臣）秀吉の裁定と仕置（小田原合戦と北条氏の滅亡）に至る[2]。

天正十八年七月に徳川氏が関東（旧北条領国）に転封された後は、真田昌幸が羽柴（豊臣）秀吉の直属大名と

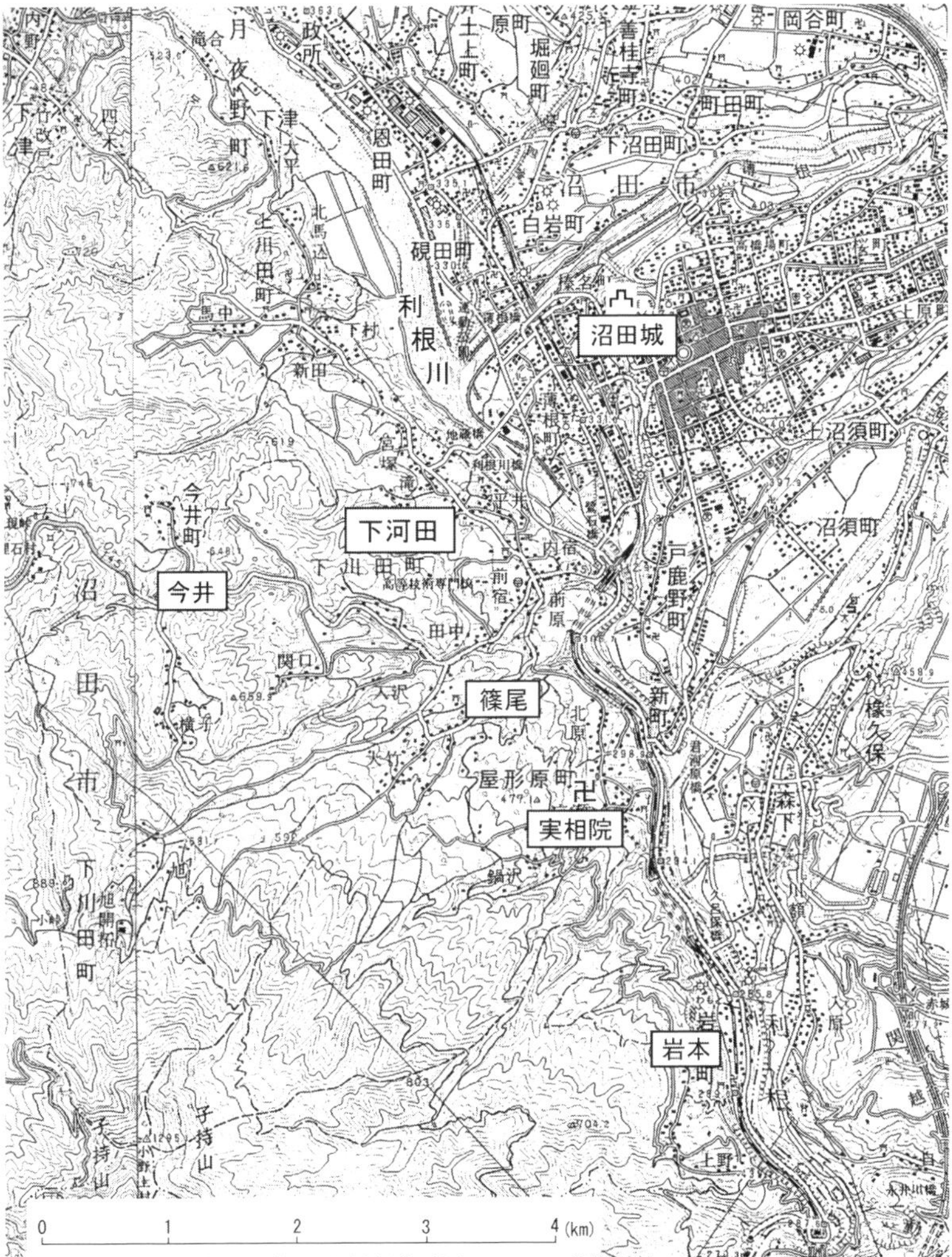

沼田城・下河田周辺地図　国土地理院５万分１図「沼田・上野中山」に筆者加筆

して信濃国上田（上田市）に、嫡男の信幸（信之）が徳川家康の与力大名[3]として上野国沼田（沼田市）にそれぞれ配置された。ただし、信幸の軍役は父昌幸と一括で把握され（「覚上公御代御書集十六」信17二七八）、信幸に対しても豊臣政権から直接命令が伝えられていた（後述）。また、信濃の上田領では近世まで貫高制が採用され、石高と貫高の間に換算値が設定されていたことが確認できる（本書第３部第一章を参照）。

今回、丸島和洋氏[4]が翻刻した「下河田検地帳」については、『川田村誌』[5]および山田武麿氏[6]による天正検地帳の紹介を嚆矢として、山口武夫氏[7]・丑木幸男氏[8]・諸田義行氏[9]によってすでに取り上げられており、特に丑木氏・諸田氏の論考では、検地帳に記載された人名や貫高の集計が詳細に行われ、百姓層の経営状況が明らかにされている。しかし、ここでは先行研究に対する検証がないまま個別に分析が進められており、また真田氏が検地を実施した背景や、検地帳の史料的価値について十分な考察が行われているとはいいがたい。そこで小稿では、上記の成果や問題点を踏まえて、沼田領における真田検地の特徴と、上田領との比較を中心に、「下河田検地帳」の内容についてまとめる。

一、検地帳の特徴

(一) 天正検地帳

「天正十八年寅　八月廿五日　下河田御検地之帳」の表題と、下部に小林文右衛門尉以下六人の署名と花押・捺印がある。彼らは先学がすでに指摘しているように、検地帳の作成責任者と見てよいだろう。

表1　天正18年検地帳　集計　　（単位：文）

	項　目	高辻	河成引	不作引	当納（定納）	免除率
①	下河田分・中沢分・荒木分	39,565	3,000	6,974	29,591	25.2%
②	笹尾分・岩本分	20,971	2,450	6,237	12,284	41.4%
	（うち岩本分）	3,355	610	1,402	1,343	60.0%
③	溝口分	9,780	550	3,937	5,293	45.9%
	合計（①＋②＋③）	70,316	23,051		47,285	32.8%
④	屋敷・岩本屋敷	2,187				
⑤	神田（免田）	3,150				
⑥	下河田中使免	1,355		725	630	53.5%
	惣都合	87,661				
	卯河成		1,037			
	今井輪地		150			

検地帳には一筆ごとに田畠の種別・貫高・名請人の記載があり、その次に「不作引」と「当納」の額が記されている。この検地帳が、名請人ごとに高辻（年貢賦課基準高）を集計し、そこから「不作引」を控除して「当納」＝定納貫高（納入高）を定めていることがわかる（表1）。検地の対象は①下河田分・中沢分・荒木分、②笹尾分・岩本分、③溝口分であり、それぞれを合計した高辻から河成引・不作引（荒地・水風引など）を引いた額を「当納」として集計している。また、その後に④屋敷・岩本屋敷、⑤神田、⑥下河田中使免のように、屋敷地と「免」（控除分）の額が記されている。

すなわち、下河田に属する集落としては、溝口（群馬県沼田市下川田町）・笹尾（篠尾、同市屋形原町）・岩本（同市岩本町）などがあり、実相院（岩本坊、同市屋形原町）の寺地（岩本分の耕地と岩本屋敷）も含まれていた。天正検地帳が、この下河田を対象として作成されたことは、その対象地域からも明らかである。

また、「下河田中使免」は代官や中使としての給分であり、田中惣右衛門・山本新四郎・見城右馬助・長谷河与兵衛・小保方治部の五名が該当する。彼らは下河田の域内に居屋敷や田畠を所有しており、在地の有力者として、真田氏の下で村役人（代官・中使）を務めていたと考えられる。なお丑木氏は、代官の存在から下河田が真田氏の直轄地であったと述べ、さらに中使が越後上杉氏の支配領域に見られる村役人の呼称[10]であったことから、上杉氏の支配方式が真田氏の下でも踏襲されたと評価している。

もう一つ、この検地帳の特徴としてあげられるのが、不作引が多い点である（表1）。これを見ると、全体の約三分の一が河成引か不作引であり、岩本分のように六割が控除されている地域も存在する。この背景としてあげられるのは、当該地域が利根川沿いに位置し、さらに直前まで真田氏と北条氏が領有権を争う「境目」だった点であろう。

先学がすでに述べているように、天正検地帳は沼田領を領有した直後の信幸が領内からの指出（申告）に基づき、当面の年貢高を郷村との間で確認した結果、作成した検地帳であったと評価することができる。

（二）文禄検地帳

表題に「文禄二年癸巳拾月十二日　下河田検地帳　三とち（綴）之内」とあり、前述のように一冊目と四冊目だけが『群馬県史』で翻刻され、残りの二冊目と三冊目が今回新たに翻刻された分である。作成者は真田氏重臣（昌幸の叔父）の矢沢頼綱（綱頼）で、天正検地帳の作成者の一人である小林文右衛門尉に宛てられている。対象地は、一冊目が下河田分と今井分、二冊目が下河田分、三冊目が溝口分・篠尾分・岩本分、四冊目が下河田・篠尾・岩本の屋敷分であり、天正十八年と同じ地域で実施されたことがわかる。また、一～三冊目に「三とち（綴）」とあることから、耕地分の三冊は分冊として扱われていたと考えられる。

文禄検地帳では一筆ごとに、田畠の別・等級・面積（蒔高）・年貢高（貫高）、名請人と小作人の名が記され、名請人ごとにまとめられているが、田畠を上中下の等級に分類し、蒔高で面積を算出している点が特徴の一つとしてあげられる（表2）。また、天正検地帳では耕地と居屋敷が別々に記載されていたが、文禄検地帳（一～三冊目）では一緒に記載されており、居屋敷が上畠として扱われている。田畠を上中下の等級に分類し、蒔高で面積を算出する方法は、戦国大名武田氏の検地施行原則[11]と同じであるが、蒔高の基準が石高か俵高か、またどのような枡を使用したかは不明であり（武田氏は一俵＝二斗の甲州枡を使用）、検地増分が記載されていない点で武田氏の検地と異なる。

もう一つの特徴は、不作地や荒地・河成などの記載がなく、「当おこし」が随所に見られる点である。すでに先学が指摘するように、地域権力（真田氏）による在地把握が強化されたことは事実であろう。しかしその一方で、文禄検地帳からは、戦乱が終息した直後の天正十八年段階から三年が経過し、郷村内で「当おこし」＝耕地の開発が進められていた点もうかがい知ることができる。

表2　文禄2年検地帳の基準値
（1斗蒔あたりの貫高、単位：文）

等級	最大値		最多値		最小値
上田	471	～	400	～	369
中田	392	～	350	～	324
下田	325	～	300	～	272
下々田			300		
上畠	208	～	150	～	148
下中畠			134		
中畠			120	～	80
下畠			100	～	60
下々畠			80		

二、上田領との比較

次に、真田昌幸が支配していた信濃国上田領の検地について概観し、上野国沼田領との比較検討を行いたい。

表３　上田領における真田検地の基準値（１斗蒔あたりの貫高、単位：文）

（1）真田氏給人地検地帳（天正６～７年ヵ）

等級	最大値		最多値		最小値
上田	3,250	～	2,500	～	1,500
中田	3,000	～	2,000	～	1,760
下田	2,314	～	1,800	～	1,250
下々田	1,880	～			1,667

（2）金縄寺領指出（天正18年）

等級	最大値		最小値
本上田	2,500	～	2,400
上田	3,000	～	2,286
中田	2,800	～	1,909

※貫高は「本」と「見出」の合計額から算出。屋敷・畠は等級なし。

真田氏は天正十八年十月に、金縄寺（長野県上田市）から寺領の指出を徴収している（信17―八三）。ここでは田地に上・中の等級を設けて蒔高で面積を算出し（表３(2)）、貫高に換算しており、「本」（本年貢）と「見出」（増分）を記載するなど、戦国期に武田氏が実施した検地方式を踏襲した点が特徴としてあげられる。天正六年から七年にかけて作成されたと考えられている「真田氏給人知行地検地帳[12]」でも、田地の面積を蒔高で把握し、上中下の等級を設定して「本」と「見出」を貫高で算出し、二斗枡を使用している（表３(1)）。また、文禄三年に作成された秋和村（上田市）の検地帳（「中島文書」信18―四）では、等級と蒔高による面積の算出、貫高への換算という検地方法の他に、真田氏の給人が他の給人に年貢を納入しており、戦国期と同様に、名請地を所持する在村給人の存在を指摘できる。

「下河田検地帳」でも先学が指摘するように、「下河田衆」「地衆」と称された在村給人の存在を確認できる。また、田畠を上中下の等級に分類し、蒔高で面積を算出する方法は沼田領でも同様であるが、各等級の数値を比較してみると、上田領は沼田領に比べて、田だけで約八倍も高いことがわかる。この理由として、一つは当該地域が利根川西岸の山間部にあり[13]、生産力が低く評価されていた点、もう一つは前述のように、真田氏と北条氏の沼田領をめぐる戦乱の被害から復興していなかった点、そして信濃と上野の間で貫高の基準となる枡が異なっていた点[14]が考えられる。

すなわち、上田領と沼田領では同じ方法で検地が実施されたが、田畠の年貢賦課基準が大きく異なり、また検地増分が記載されていない点に相違が見られる、という特徴が指摘できる。

三、豊臣政権下の真田氏と沼田領

最後に、天正十八年と文禄二年に沼田領で検地が実施された背景について考察し、あわせて当該期の真田氏と豊臣政権・徳川氏の関係についてまとめておきたい。

天正十八年十月、信幸は「江戸（徳川氏）より之御諚」に従って沼田領内に触口を申し付け、百姓・地下人が主人を取ることや、「安堵なき牢人」が郷村内に居住することを禁じた（「渡文書」群7三六五五）。また、信幸は同年の十二月に給人・寺社の「知行改」を実施し、本年貢と増分を宛行・安堵する旨の朱印状を大量に発給した（群7三六五九～六六九）。

翌天正十九年には豊臣政権による「唐入り」（朝鮮出兵）が発令され、真田氏を含む全国の大名が動員されるとともに、全国で検地が実施され、石高制への統一（石直し）が行われた[15]。豊臣政権の基準は京枡（四斗枡）による石高制であり、関東へ転封された後の徳川氏も領国内で同じ基準を採用している[16]。

統一政権（豊臣政権・幕藩政権）が諸大名に軍役や普請役などを賦課する場合も石高が基準とされていたが、真田氏は寛文元年（一六六一）まで沼田領内で貫高（永高）制を採用していた[17]。このような状況が可能であった背景には、真田氏および沼田領内の基準（貫高）と、豊臣政権・徳川領国および幕藩政権の基準（石高）との間で、換算値が存在したことが挙げられる[18]。豊臣政権下における真田信幸の知行高（沼田領の石高）は二万七千石[19]であったが、この数値も「知行改」や検地を基に石高で把握された結果と考えられる。

すなわち、天正十八年検地は真田氏の「知行改」に関連して実施された可能性が高く、文禄二年検地も豊臣政権の「際限なき軍役」に対応するため、真田氏が沼田領支配の深化を目指して実施したと考えられる。このように、信幸は徳川氏の麾下にありながら、豊臣政権下の大名としても活動していたことがうかがえる[20]。

他の東国大名の事例を見ても、関東転封以前に三河・遠江・駿河・甲斐・信濃の五ヶ国を領有した徳川氏は、天正十七～十八年に下方枡（三斗枡）による俵高制を採用して検地を実施した[21]が、甲斐の一部（郡内領・河内領）や信濃は対象外であった。また、真田昌幸が支配した上田領をはじめ、小諸（長野県小諸市）の仙石氏、松本（同松本市）の石川氏など、豊臣政権下で信濃国内の各地域を拝領した大名の中にも、貫高制を採用して戦国期以来の支配体制を踏襲した諸氏が多く存在した（本書第3部第一章）。当該期の各大名が領国内と領国外（特に統一政権内）の基準という重層性を内包し、統一政権からの自立性を有していたことは、これらの事例からも明らかである。

おわりに

「下河田検地帳」の天正検地帳は、沼田領を領有した直後の真田信幸が給人・寺社の「知行改」を行うため、領内からの指出（申告）に基づいて作成した検地帳であったと考えられる。また、今回翻刻された文禄検地帳は豊臣政権の「際限なき軍役」に対応するため、真田氏が沼田領支配の深化を目指して作成した検地帳として評価できる。ここでは豊臣政権の検地（太閤検地）や、徳川氏が関東で実施した検地とは異なり、蒔高による面積把握と、貫高を基準とした年貢高の把握が行われていた。

この方法は信幸の父昌幸が支配した信濃国上田領と同じだが、田畠の年貢賦課基準が大きく異なり（上田領は沼田領に比べて、田だけで約八倍も高い）、また検地増分が記載されていない点に相違が見られる。沼田領の年貢賦課基準が低い理由としては、山間部のため生産力が低く評価されていた点、真田氏と北条氏の沼田領をめぐる戦乱の被害が村落の再生産に影響していた点などが考えられる。

真田氏は統一政権（豊臣政権・幕藩政権）・上位権力（豊臣政権下で関東を領有した徳川氏）に従属する大名ではあったが、上田領・沼田領で貫高制を採用するなどの自立性を有していた。このように、「下河田検地帳」は真田氏の沼田領支配のあり方だけでなく、近世初期における各大名領の構造を知るうえでも、貴重な史料として評価できる。

註

（1）『群馬県史』資料編12近世4、三一九〜三四四頁。

（2）柴辻俊六『真田昌幸』（吉川弘文館、一九九六年）、平山優『武田遺領をめぐる動乱と秀吉の野望―天正壬午の乱から小田原合戦まで―』（戎光祥出版、二〇一一年）、同『真田三代』（PHP研究所、二〇一一年）等。

（3）市村高男「関東における徳川領国の形成と上野支配の特質」（『群馬県史研究』三〇号、一九八九年）。

（4）丸島和洋「史料紹介『下河田検地帳』二点」（『信濃』六六巻二・三号、二〇一四年）。なお、丸島和洋「真田氏家臣団の基礎研究」

（同編『戦国大名と国衆14　真田氏一門と家臣』岩田書院、二〇一四年）で、信濃上田領（上田藩）・上野沼田領（沼田藩）の貫高制と検地に関する研究史がまとめられている。

（5）『川田村誌』（一九六一年）第四章。

（6）山田武麿「上野における近世検地」（『群馬文化』五七号、一九六一年）、同「真田領天正十八年検地帳について」（『上州近世史の諸問題』山川出版社、一九八〇年。初出一九六五年）。

（7）山口武夫「天正十八年検地と文禄二年検地」（『真田藩政と吾妻郡』西毛新聞社、一九七四年）。

（8）丑木幸男『礫茂左衛門一揆の研究』（文献出版、一九九二年）第二章・第五章、同『石高制確立と在地構造』（文献出版、一九九五年）第一章・第三章。以下、丑木氏の見解は本論による。

（9）諸田義行「戦乱の時代と境目の人々―沼田領内における天正・文禄「下河田検地帳」に見る農民像―」（『群馬文化』二九六号、二〇〇八年）。

（10）藤木久志「上杉氏知行制の構造的特質―織豊期大名論の試みとして―」（『史学雑誌』六九編一二号、一九六〇年）、藩政史研究会編『藩制成立史の綜合研究　米沢藩』（吉川弘文館、一九六三年）前編第四章第一節（小村弌執筆）。

（11）拙稿「武田氏の検地施行原則」（『戦国大名武田氏の領国支配』岩田書院、二〇一五年。初出二〇〇八年）。

（12）真田町誌編纂室編『真田氏給人知行地検地帳』（真田町誌調査報告書第二集）』（真田町教育委員会、一九九八年）。詳細は同書の解説（桜井松夫執筆）を参照。

（13）『沼田市史』通史編二近世（二〇〇一年）序章（井上定幸執筆）。

（14）天正九年七月に、真田昌幸が配下の北信濃衆に対する上野国内の堪忍分・屋敷分を「信州積」で与えている（「長国寺殿御事蹟稿」戦武三五八二・三）。ここに記された数値は現地（上野）の貫高を信濃の基準で換算したものと考えられるが、実際の換算値がどのくらいだったかは不明である。

（15）秋澤繁「天正十九年豊臣政権による御前帳徴収について」（三鬼清一郎編『戦国大名論集18　豊臣政権の研究』吉川弘文館、一九八四年。初出一九七七年）、中野等「御前帳高の機能と石高の重層性」（『豊臣政権の対外侵略と太閤検地』校倉書房、一九九六年。初出一九九二年）。

（16）和泉清司『徳川幕府成立過程の基礎的研究』（文献出版、一九九五年）、中野達哉『近世の検地と地域社会』（吉川弘文館、二〇〇五年）等。ただし、上野・武蔵の山間部では徳川氏も永高（貫高）による検地を実施していたことが、佐藤孝之「永高検地と年貢収取」（『近世山村地域史の研究』吉川弘文館、二〇一三年。初出一九九八年）で指摘されている。

（17）前掲註（13）。

（18）近世の沼田領では一貫文＝一二石五斗（前掲註8）、上田領では一貫文＝二石四斗七升の換算値が設定されていた（本書第3部第一章）。

（19）丑木氏は、真田信幸に半役（本役は百石二人役）で二七〇人分の伏見城普請役が賦課された事実から、豊臣政権下における信幸の知行高が二万七千石であったことを明らかにしている（前掲註8）。

（20）市村氏は「この国（上野、引用者註）における徳川氏の領国は、真田氏の支配する沼田領を除いた領域であった」「真田氏は、豊臣政権からこれまでどおり徳川氏に従う豊臣大名（徳川氏の「与力大名」）として位置づけられた」と述べ、豊臣政権下で徳川領国の周縁に位置した真田氏の自立性を指摘している（前掲註3）。

（21）本多隆成『近世初期社会の基礎構造—東海地域における検証—』（吉川弘文館、一九八九年）等。

第三章　仙石氏の信濃佐久郡支配と貫高制

はじめに

天正十八年（一五九〇）七月、三河・遠江・駿河・甲斐・信濃の五ヶ国を領有した徳川氏が豊臣政権によって関東へ転封された後、上野の藤岡（群馬県藤岡市）へ移った松平（依田）康真に替わって信濃の小諸（長野県小諸市）に入ったのが、羽柴（豊臣）秀吉の家臣だった仙石秀久（秀康・盛長）である。その後、元和八年（一六二二）に秀久の嫡男忠政が上田（同上田市）へ転封されるまでの間、仙石氏は元和三年まで貫高制（貫文制）を採用し、石高制を基準とした豊臣政権や江戸幕府（徳川政権）とは異なる方式で佐久郡（小諸領）の支配を行った。

だが、これまでに発表された論考では仙石秀久の苛政と慶長十五年（一六一〇）の「佐久一郡逃散」が注目され[1]、『佐久市志』[2]をはじめとする自治体史も、仙石氏が貫高制を採用した理由を「相次ぐ戦乱や秀久の苛政で佐久郡が荒廃に陥ったため、検地を強行することができなかった」点に求めている。

一方、『佐久町誌』[3]のように、仙石氏の検地と貫高制について言及した自治体史もあるが、文禄年間（一五九二〜九六）の検地は「従来の貫文表記を容認し、村方からの申告による指出検地に過ぎなかった」とされ、また慶長年間（一五九六〜一六一五）の検地は「年貢収奪とその確保に主眼を置いたものであったため、「村切り」（村境の画定）などの構造改革を進めることができなかった」と述べられている。このような評価は、安良城盛昭氏[4]の

「太閤検地＝封建革命（封建的変革）」説に依拠し、「豊臣政権の下で生産高表記としての石高制を基準として、検地帳に登録された者が名請人として個別に把握され、近世社会における百姓層の一職支配が確立された」という、中央政権（豊臣・徳川政権）の検地施行原則との比較から行われたものであったといえる。

しかし近年では、石高が生産高ではなく年貢高（年貢賦課基準）であったことが池上裕子氏[5]によって論証され、織豊〜江戸初期における検地の実施方法、石高制のあり方などに関する新たな事実の提示と再評価が行われている[6]。これらの研究成果を踏まえたうえで、仙石氏の検地と貫高制についても再検討を行う必要があると考える。

なお、この問題を考察するうえで比較対象になるのが、元和八年まで真田氏が支配し、その後に仙石氏が転封された信濃の小県郡（上田領）である。従来の研究では、織豊〜江戸時代の上田領で貫高制が維持された理由として、高辻から損免や必要経費を控除する「入下」制が注目され、「貫高制から石高制への移行は減収になる」という評価が下されていた[7]。これに対して、旧稿[8]では「高辻（年貢賦課基準）から損免や諸経費などを差し引いて定納高（実際の納入額）を算出する上田領の年貢収取方法は、戦国期と同一のものであった」と評価し、統一政権下の基準（石高制）と領内の基準（貫高制）の二重構造の下で支配が行われていた点を指摘した。

特に、織豊〜江戸初期の佐久郡（小諸領）には、依田松平氏の時代に作成された天正十四年の貫高帳[9]、仙石氏の時代に作成された文禄四年[10]（一五九五）と慶長十五年[11]の貫高帳、そして元和三年の石高帳[12]が現存する（表1を参照）。だが、これらの史料を重点的に取り上げた先行研究は皆無である。

そこで本章では、依田松平氏の佐久郡（小諸領）支配を論じた前稿[13]に続いて、検地と貫高制の問題を中心に、仙石氏の小諸領支配について基礎的な事項を明らかにしていきたい。

一、仙石氏の検地と村高の推移

天正十八年八月に羽柴（豊臣）秀吉から佐久郡（小諸領）を拝領した仙石秀久は、同年十二月に松原大明神（松原諏方神社、長野県小海町）へ社領を寄進したのを皮切りに（「諏訪上下社文書」信17―二一五）、家臣への知行宛行や寺社領の安堵を行ったが、すべての事例において、貫高で知行高を記載している。

では仙石氏は、どのような方法で領内の貫高を把握したのだろうか。先行研究では「仙石氏は領内で検地を実施せず、村からの指出に留まっていた」と評価されているが、次のような史料も残されていることが確認できる。

【史料一】（「古文書集一」信18―一二六。傍線部筆者、以下同）

差上申書付之覚

一　貫高　壱貫文地　駒形宮社領

一　同高　弐貫文地　寺二ヶ寺之除地

一　同高　五貫文地　庄官拝領地

一　同高　十貫文地　惣里中民家屋敷

〆拾八貫文地

右之通リ、古来より御年貢御免ニ御座候、此度御検地改ニ付、奉書上候、以上、

佐久郡之内

藤沢村庄官

文禄四年乙未　五月十日　藤沢孫助

下役

半助

甚助

仙石権兵衛様（秀久）

御役所

史料一では、文禄四年に仙石氏の「検地改」が実施されたことを受けて、藤沢村（長野県立科町）の「庄官」を務める藤沢孫助らが、村内にある寺社領や屋敷地などの内訳を書き上げ、旧来通りに年貢の免除を求めている。なお、孫助は仙石氏から五貫文の「庄官拝領地」（村役人としての給分か）を与えられており、在所名を名字とする藤沢村の有力者（土豪）とみられる。

この時に実施された「検地改」とは、戦国大名武田氏が諏訪大社上社（長野県諏訪市）の祭祀再興に際して、永禄八年（一五六五）に村の「改」を実施したのと同様に、仙石氏による現地調査であったと考えられる。これらは丈量検地（耕地の面積や状況を確認する作業）ではないが、村から指出（年貢免除に関する先例）を徴収し、検地役人（検使）を派遣して村の実態を調査している点からも、広義の「検地」として評価することができる。[14][15]実際に、藤沢村（表1№118）の貫高は天正年間の七〇貫文から文禄年間に一一〇貫文へ増加しており、年貢の増徴が図られている。

表１　佐久郡（小諸領）の村高帳（天正・文禄・慶長・元和年間）集計

①小諸・岩村田周辺→長右衛門組（川東）

No.	地　名	貫　高（文）			石高（石）
		天　正	文　禄	慶　長	元　和
1	手城塚村	350,000	300,000	350,000	616.00
2	小諸村	288,000	350,000	288,000	506.00
3	うとふ坂	120,000		120,000	21.20
4	諸（室）村	130,000	350,000	136,000	225.00
5	西原村	220,000	120,000	220,000	352.00
6	滝原村	70,000	70,000	70,000	123.00
7	まこいち（孫藤）			6,000	10.60
8	くぬき平	12,000		12,000	21.00
9	後平村	12,000		12,000	21.00
10	菱野村	120,000	130,000	100,000	352.00
11	山分同所	100,000		100,000	176.00
12	与良村	300,000	300,000	300,000	526.80
13	松井村	350,000	350,000	350,000	126.00
14	柏木村	70,000	100,000	70,000	126.00
15	加増（沢）村	70,000	70,000	70,000	123.00
16	岩村田村	1,000,000	1,000,000	1,000,000	1,756.00
17	（竜雲寺分）	35,000		内 35,000	62.00
18	同所徳分所	71,000		71,000	125.00
19	安原村	300,000	600,000		526.80
20	上平尾村	350,000	700,000	350,000	614.00
21	下平尾村	350,000		350,000	610.00
22	平原村	775,000	1,000,000	300,000	1,660.00
23	同所寺分	300,000		300,000	526.80
24	香坂村	300,000		300,000	526.80
25	根々井村	300,000	1,000,000	300,000	523.80
26	同所徳分所	15,000		15,000	26.80
27	（大）和田村	80,000		80,000	142.00
28	横和村	70,000		78,000	138.00
29	塚原村	120,000		120,000	526.80
30	岩尾村	300,000		300,000	526.80
31	落合村	55,000		55,000	96.60
32	塩名田村	67,000		67,000	58.00
33	御馬寄村	230,000		247,000	404.20
34	市村	278,000		278,350	498.40
35	和田村			73,200	128.60
36	上塚原村	163,450		163,450	291.00

37	下塚原村	146,340		146,340	256.80
38	下そね（て）			93,120	160.00
39	梨（子）沢村	21,000	16,538	21,000	37.00
40	小田井村	330,000	31,539	330,000	518.00
41	三（前）田原村	12,000		12,000	20.80
42	同所徳分所	3,000		3,000	5.20
43	久能村	76,080	9,684	7,680	13.48
44	前沢村	12,000		2,000	5.20
45	油井村	12,000	11,700	12,000	2.80
46	塩沢村	20,000	6,064	2,000	3.52
47	横根村	40,000	38,150	46,000	70.00
48	茂沢村	18,000	17,190	18,000	31.60
49	広戸村	6,000	7,764	6,000	10.40
50	柳沢村				37.00
51	坂井村		500		
52	草越村	6,000	19,950	6,000	10.40
53	馬取萱村	6,000	17,750		11.40
54	軽井沢村	30,000	3,200	30,000	52.60
55	面替村	5,000		5,000	8.80
56	発地村	70,000	56,919	70,000	123.00
57	沓掛村（町）	73,000	26,685	73,000	128.00
58	追分村（宿）	40,000	3,000	40,000	70.20
59	長土呂村	700,000	700,000	700,000	1,228.00
60	森山村	70,000	120,000	70,000	212.00
61	耳取村	278,000	1,000,000	775,000	434.40
62	塩野村	100,000		100,000	175.60
63	前田原村	55,000	12,000	55,000	212.00
64	すが沢	35,000		35,000	21.60
65	大沼村	30,000		30,000	52.60
66	借宿村	5,000		5,000	8.80
67	耳取之内（平原）徳分所	11,000		11,000	19.40
（合計）		9,252,870	8,538,633	9,389,680	16,540.20

②田之口組（川東）

No.	地　名	貫　高　（　文　）			石高（石）
		天　正	文　禄	慶　長	元　和
68	田野口村	1,000,000	1,000,000	700,000	1,756.00
69	大田部村	300,000		300,000	526.80
70	志賀村	700,000	700,000	700,000	1,628.00
71	瀬戸村	260,000	230,000	230,000	466.20
72	新子田村	300,000		300,000	526.80
73	内山村	700,000	700,000	700,000	1,228.00
74	平賀村	1,000,000	1,000,000	880,000	1,756.00
75	高柳村		75,033		
76	北沢村	120,000	170,000	120,000	210.80
77	山田村	96,800		96,800	170.00
78	同前山田村			9,500	
79	清川村	193,700	300,000	193,700	340.00
80	中込村	305,000	450,000	350,000	614.00
81	ふか堀	100,000		100,000	175.60
82	今井村	36,000	55,000	35,000	61.40
83	小田				170.00
84	上小み村	70,000		70,000	123.00
85	高橋村	70,000		70,000	123.00
86	平賀村			70,000	123.00
87	なご之分				175.60
88	下越村	100,000	150,000	100,000	
89	入沢村	300,000	1,000,000	300,000	1,808.60
90	平林分	70,000		70,000	
91	**海瀬村**	240,000	240,000	240,000	421.20
92	余地村	17,000	17,000	17,000	30.00
93	大日向	70,000	70,000	70,000	123.00
94	崎田村	140,000	150,000	140,000	246.00
95	小海村	120,000		120,000	210.00
96	北相木村	120,000	120,000	120,000	210.60
97	南相木村	120,000	120,000	120,000	200.00
98	北浪木村		120,000		
（合計）		7,270,000	6,667,033	7,024,000	12,892.50

③望月組（川西）

No.	地　名	貫　高　（　文　）			石高（石）
		天　正	文　禄	慶　長	元　和
99	芦田村	1,000,000	1,000,000	1,000,000	1,756.00
100	山部村	300,000	300,000	300,000	526.00

101	細谷村	18,000		18,000	31.00
102	塩沢村	40,000		40,000	21.00
103	前沢村	12,000		12,000	21.00
104	茂田井村	700,000	700,000	700,000	1,230.00
105	横島（鳥）村		300,000	500,000	
106	高呂村	100,000		100,000	175.40
107	三井村	100,000	300,000	100,000	175.60
108	小平村	100,000		100,000	175.60
109	平野				
110	望月宿				877.70
111	春日村	619,000	890,000	891,000	1,573.00
112	比田井村	400,000	700,000	400,000	702.00
113	天神林村	300,000		300,000	526.80
114	片倉村（上・下）	300,000	300,000	300,000	526.80
115	島川原村	70,000	75,000	70,000	123.00
116	下之城村	960,000	910,000	960,000	1,684.80
117	大日向村	40,000	26,950	40,000	70.20
118	**藤沢村**	70,000	110,000	70,000	123.00
119	紬屋村		18,000		
120	湯沢村		50,000		
121	羽毛山村	18,000	19,000	18,000	70.00
122	山浦村	120,000	110,000	120,000	210.60
123	平井村		85,800		1,181.80
124	ぬかを村		88,400		
125	竹田村		60,000		
126	沓沢村		475,000		
127	牧布施村	100,000	500,000	100,000	175.60
128	入布施村	40,000	500,000	400,000	702.00
129	蓬田村	300,000	300,000	300,000	526.80
130	桑山村	100,000	100,000	100,000	250.40
131	印内村	300,000	500,000	300,000	526.00
132	布下村	70,000	80,000	70,000	140.40
133	下県村	100,000	300,000	300,000	526.80
134	矢島村	250,000		700,000	439.00
135	島矢村		700,000		
136	跡部村	450,000	450,000	450,000	790.80
137	同所取つき分			660,000	
138	桜井村	1,000,000	1,000,000	1,000,000	1,756.00
（合計）		7,677,000	10,948,150	10,431,000	18,883.70

④野沢組→畑村組（川西）

No.	地　名	貫　高（　文　）			石高（石）
		天　正	文　禄	慶　長	元　和
139	小宮山村	750,000	751,000	750,000	1,310.00
140	前山村	750,000	450,000	450,000	790.60
141	同前堀通			25,000	
142	城近村		25,600		44.00
143	下村	150,000	150,000	150,000	263.40
144	三塚村	300,000	300,000	300,000	526.80
145	野沢村	1,000,000	1,000,000	1,000,000	1,756.00
146	原村	530,000	530,000	530,000	30.80
147	高柳村	150,000	100,000	100,000	175.60
148	取手村			12,000	
149	大沢村	550,000	550,000		965.20
150	臼田村	700,000	760,000	700,000	1,230.00
151	大沢村	550,000		500,000	965.20
152	勝間田村	50,000		50,000	87.80
153	下小田切村	350,000		350,000	614.00
154	中小田切村	300,000	1,000,000	300,000	526.80
155	上小田切村	300,000		300,000	526.80
156	橋尾村		12,000		
157	湯原村		300,000	300,000	526.80
158	□馬村		35,000		
159	今町村		22,000		
160	宿岩村	100,000	100,000	100,000	175.60
161	上村	200,000	200,000	200,000	351.20
162	ぬくい分	9,000		9,000	15.80
163	高野町	200,000	200,000	200,000	351.20
164	小山村	35,000	35,000	35,000	60.40
165	大窪村	12,000	13,312	13,000	22.82
166	下畑村	150,000	130,000	150,000	260.80
167	中畑村	70,000		70,000	123.00
168	上畑村	70,000	80,041	70,000	123.80
169	八郡村	12,000	14,000	12,000	21.40
170	大石村	12,000	12,000	12,000	21.00
171	馬越村	4,000		4,000	12.30
172	本間村	15,000		15,000	26.30
173	本間川村	8,500		8,500	14.00
174	宮下村	4,500		4,500	7.90
175	馬流村	7,000	5,580	7,000	12.30

176	下にも		3,000		
177	鎰掛村	**5,000**	6,000	**5,000**	**8.78**
178	松原八那池	**11,000**	**11,000**	**11,000**	17.56
179	稲子村	**10,000**	**10,000**	**10,000**	**17.56**
180	大□村		6,750		
181	海尻村	**23,000**	25,200	**23,000**	**40.40**
182	同所大村			9,000	
183	海野口村		15,200	**15,000**	**26.30**
184	広瀬村	**4,000**	5,000	**4,000**	**7.00**
185	西広瀬村	1,000		1,200	7.50
186	東広瀬村	4,000		500	1.80
187	川上手		45,000		7.00
188	平沢村	6,000	8,000		10.52
189	御所平村	**18,000**		**18,000**	**31.80**
190	原村	**18,000**		11,000	**31.80**
191	深山村			**17,000**	**30.00**
192	居倉村	16,000		12,000	43.90
193	秋山村	**25,000**		**25,000**	**43.90**
(合計)		9,406,000	6,910,683	6,960,100	11,696.00
都合		**30,804,700**	33,064,499	**33,804,700**	60,012.40

また、仙石氏は同年の六月に川東（千曲川の東岸地域）と川西（西岸地域）で各村の貫高を集計し、佐久郡の貫高帳を作成している。これらは村の肝煎（代表者）からの指出（申告）という形式をとっており、仙石氏が文禄四年に「検地改」を実施して、各村の貫高を把握しようとしたことがわかる。

ただし、川東（表1①②）では半数近くの村が貫高帳から脱漏しており、川西（表1③④）では天正十四年と同じ貫高の村が大部分を占める。一方、慶長十五年に作成された貫高帳では、表題だけでなく、村名や貫高も天正十四年の記載とほぼ同じである。この点について、先行研究では「佐久一郡逃散」と関連させて、「検地施行の条件が、先の文禄検地当時より悪化していたため、天正十四年段階の年貢や夫役の徴収量を確保しようとしたもの」と評価しているが、このような見解は果たして妥当であろうか。

たしかに、天正・文禄・慶長・元和年間の村高を比較すると（表1。以下、表中のNo.で表記）、「増減がない場合」と「文禄年間に貫高が増減したが、慶長年間に元の数値（天正年間の貫高）に戻されている場合」が多い（数値をゴシックで表記）。しかし、前述したように、文禄年間の貫高帳に記載されていない村も多く、また「天正・文禄年間に増減がなく、慶長年間に貫高が増減している場合」（No.68・74）や、「文禄年間に貫高が増減し、慶長年間も同じ数値の場合」（No.133・140・147）も存在する。

さらに、仙石氏が元和三年に領内の基準を貫高から石高へ改めた際には、慶長年間の貫高を一貫文＝一石七斗五升六合の割合で換算を行っている例が多い（数値をゴシックで表記）。その一方で、天正年間（No.134）や文禄年間（No.60・68・74・132・142）の貫高を基準にした例も見られる。従って、小諸領における貫高は、村の先例（指出）や現地調査（検地改）に基づいて設定されており、仙石氏が村の実態を可能な限り把握しようとした結果であったと評価できる。なお、『当代記』[16]によれば、天正十八年から慶長十四年の間に、佐久郡の北端（上野との国境）にある浅間山が断続的に噴火し、周辺の村に被害を及ぼしており、相次ぐ災害が文禄・慶長年間の検地に影響した可能性もありうる。

実際に、海瀬村（長野県佐久穂町）における慶長十四年分の年貢勘定書（史料三、後述）では、田畑の等級（上・中・下・下々の四段階）が設定されていることから、これ以前に仙石氏が狭義の「検地」（耕地の面積や作柄の調査）を実施した可能性は十分に考えられる。また、寛文七年（一六六七）に小諸城下三町の住民が記した書上にも「慶長十三年御縄御入被為成、六万石之余ニ罷成候[17]」と記されていることから、慶長年間に仙石氏が「縄入」（検地）を実施し、この結果を基に佐久郡（小諸領）の石高を六万石に設定したという事実は、地域社会にも認識されていたようだ。

だが、旧稿でも指摘したように、貫高と石高の換算値は、豊臣政権下の段階ですでに設定されていた。佐久郡（小諸領）における貫高帳の数値を、仮に元和年間（一六一五〜二四）の基準（一貫文＝一石七斗五升六合）で換算してみると、文禄年間の石高は五八〇六一石、慶長年間の石高は五九三六一石となる。仙石秀久が羽柴（豊臣）秀吉から拝領した佐久郡（小諸領）の石高は、五万石（「豊臣記」信17一五一）、五万七〇〇〇石（『当代記』[18]）、六万石（「天正事録」信17一四八）など諸説あるが、天正十九年七月に秀吉が翌年の「唐入り」（朝鮮出兵）を命じた際に、秀久は一〇〇〇人の兵を率いて肥前名護屋（佐賀県唐津市）に在陣するよう指示されており（「覚上公御書集」信17二七八）、仙石氏が佐久郡（小諸領）の石高に基づいて、豊臣政権から軍役を賦課されていたことは間違いないだろう。

また、慶長十七年十月に仙石氏が甲州道（佐久甲州往還）の普請を実施した際には、石高（二万五千石）を基準として三一〇人（一万石あたり一二四人）の人足が動員されている（「野沢文書」信21一七八）。江戸幕府（徳川政権）の成立後、信濃では大久保長安の下で街道の整備が進められており[19]、仙石氏はこの時にも貫高（小諸領の基準）を石高（中央政権の基準）に換算して、小諸領内の村に対して人足役を賦課したと考えられる。

なお、元和八年に真田氏が上田から松代（長野市）へ転封され、その後に仙石氏が小諸から入部した際に設けられた貫高と石高の換算値は、一貫文＝二石四斗七升であった（「仙石文書」信23五七六）。また、松代へ移った後の真田氏は、家臣の知行高を一貫文＝三石の割合で換算し、石高制を基準とする支配を行っている。

このように、仙石氏が把握した貫高は、豊臣政権・江戸幕府（徳川政権）との間では石高に換算され、軍役や知行役（普請役など）の賦課基準として機能したのである。

二、小諸領における貫高制

では次に、小諸領内における貫高は、知行宛行や年貢収取の場面において、どのように機能していたのだろうか。

【史料二】（「井出文書」信20一九）

為知行中付分事
百貫文　　小宮山組之内
　此内弐拾貫文分ハ加増分
右令支配畢、当物成より遣候条、全可令領知者也、
　慶長九年
　　九月六日　　秀久（花押）
　　　井出善三郎殿

仙石氏は基本的に、史料二のように領内の村から一〇貫文ごとに知行を宛行い、在所の「当物成」または「去年物成」から年貢を収取するよう、給人に指示している。その一方で、村の年貢収取は以下のような形で行われていたことが、次にあげる史料[20]から判明する。

【史料三】（「阿部文書」信20五〇二）

当酉御年貢御割付貫取之事
　　佐久郡
　　　海瀬村

一　高弐百四拾貫文
　　　取四俵五分
　内壱貫三百五拾文　諸永引
　残弐百三拾八貫五百文
　　内訳
　高百貫五百文　田方
　　内
　上田拾貫百文
　此米九石九升
　中田弐拾貫百文
　此米拾八石九升
　下田三拾貫百文
　此米廿七石九升
　下々田四拾貫弐百文
　此米三拾六石壱斗八升

田米合九拾石四斗五升

高百三拾八貫文　畑方

内

上畑拾弐貫文

此米拾石八斗

中畑弐拾壱貫文

此米拾八石九斗

下畑三拾三貫文

此米廿九石七斗

下々畑五拾壱貫文

此米四拾五石九斗

屋敷弐拾壱貫文

此米拾八石九斗

畑米合百廿四石弐斗

納米合弐百拾四石六斗五升

一　京銭九百五拾文　山役

一　鹿皮壱枚　鉄炮役

右者、当酉御年貢其外御割付、大小百姓立会、無高下割合致シ、極月十日限可致皆済者也、

慶長十四酉年　　仙越前　片岡彦左衛門（黒印）

十二月　　右村

名主

長百姓

海瀬村における慶長十四年分の年貢勘定書（史料三）を見ると、高辻（年貢賦課基準）から「諸永引」（不作や村入用などにともなう控除分）が差し引かれたうえで、田方と畑方の貫高を一貫文＝四俵五分（一俵＝二斗で九斗）の割合で石高に換算し、村の百姓たちが立ち会って、田畑（上・中・下・下々の四段階）と屋敷から籾米を納入するよう定められている。また、海瀬村の貫高は天正・文禄・慶長年間を通じて二四〇貫文であり（表1№91）、村高帳に記載された各村の貫高は、高辻（年貢賦課基準）を示していたことがわかる。

なお、旧稿でも指摘したように、高辻（年貢賦課基準）から損免や諸経費などを差し引いて定納高（実際の納入額）を算出する年貢収取方法は戦国期と同じであり、小県郡（上田領）の「入下」制にも継承されていた。仙石氏もこれと同様に、戦国大名武田氏や依田松平氏の制度を踏襲しながら、小諸領の支配を行っていたと考えられる。ただし、史料三では高辻に比べて「諸永引」があまりにも少なく、控除率は一％にも満たない。小県郡（上田領）の一貫文＝七俵（一俵＝二斗で一石四斗）に比べれば年貢高は低く、貫高から籾米（石高）へ換算する段階で定納高（実際の納入額）が調整されていた可能性もあるが、後世に仙石秀久の支配が「苛政」と評価されたのは、このような点にあったのかもしれない。

【史料四】（「小須田文書」信20三四一、後略）

　　畑方分書下候御事

一　喬《蕎》畑合三拾弐枚　此歩数弐千七百三拾八歩
　此そは《蕎麦》合四拾三俵壱斗五升六合五夕
一　黍畑合弐拾三枚　此歩数弐千七百三拾歩
　此きひ合三拾表《俵、以下同》壱斗八升八合
一　さゝけ畑合四拾三枚　此歩数千六百三拾九歩半
　此さゝけ合九表壱斗弐升壱合壱夕　但壱斗四升入ニして、

（中略）

一　菜畑合弐拾九枚　此歩数弐千八百拾歩
　此な《菜》合六百五連　籾ニ〆六表壱升
一　大ツ《豆、以下同》畑合三拾六枚　此歩数四千五百拾歩
　此大ツ拾六表壱斗ハ
　　右一蒔合拾壱表壱斗七升五合まき
　此歩数合弐万三千三百五拾三歩半
　此籾合四百四拾弐俵六升三合

続いて、大日向村（長野県佐久穂町）の畑方物成を記した慶長十三年分の年貢勘定書（史料四）では、蕎麦・黍・

ささげ豆・莂豆・稗・菜・大豆・粟・牛蒡・油・麻といった品目ごとに、畑の枚数と面積（歩数）、納入額が記され、俵高で籾米に換算されている（表2）。特に、注記のない品目は史料三と同様に一俵＝二斗で換算され、大豆が収穫された畑の面積は蒔高[21]（穀物の播種量によって面積を表す方法）で表記されていることから、信濃の基準枡とされる「国枡」（一俵＝二斗の地域枡）を用いて計算を行っていたことがわかる。

表2　大日向村畑方物成　一覧

品　目	枚数	面積（歩）	俵高（斗）	注　記
蕎麦	32	2,738.0	87.565	
黍	23	2,730.0	61.880	
ささげ豆	43	1,639.0	13.811	1 斗 4 升入
狩豆	26	1,949.0	21.442	
稗	8	310.0	9.320	
菜	29	2,810.0	12.100	605 連
大豆	36	4,510.0	13.000	11 俵 1 斗 7 升 5 合蒔
此籾（合計）		23,353.5	884.630	

（畑方）

品　目	枚数	面積（歩）	俵高（斗）	注　記
蕎麦	69	7,970.0	235.010	
黍	39	3,109.5	70.470	
狩豆	105	10,242.0	112.660	
稗	89	7,121.0	213.630	
ささげ豆・小豆	101	6,636.0	51.510	1 斗 4 升入
粟	23	1,040.0	17.100	
大豆	143	13,962.0	104.930	
菜	130	4,250.0	40.460	2,023 連
牛蒡	24	329.0	13.160	10 歩に付籾 4 升取
きない	27	900.0	36.000	10 歩に付籾 4 升取
油荏	3	136.0	2.720	1 斗入
麻	6	311.0	5.600	
籾雑穀共ニ（合計）			1,811.500	

※注記のない品目は 1 俵＝ 2 斗で換算

　このように、仙石氏は元和三年まで貫高制を採用し、領内の村高を貫高で把握したが、実際の年貢収取は籾米（石高・俵高）に換算される形で行われていた。また、石高制に移行した後の元和四年にも、仙石氏は各村の高辻（石高）を籾米（俵高）に換算して年貢を納入するよう定めており（「鈴木文書」信23一四ほか）、小諸領内における年貢収取の方法は、貫高制を採用していた時期と同じであったことが判明する。

従来の研究では「貫高＝年貢高」「石高＝生産高」と理解されてきたが、小諸領における貫高と石高は、近年の研究で取り上げられた事例と同じく、いずれも村の高辻（年貢賦課基準）を示しており、実際の年貢収取で用いられる数値（定納高）とは異なっていたのである。

おわりに

仙石氏の佐久郡（小諸領）支配は、戦国期以来の貫高制を基準とし、前代の依田松平氏が作成した貫高帳の数値（村高）を基本的に継承する形で行われた。その一方で、仙石氏は各村から指出を徴収するとともに、検地役人（検使）を派遣して「検地改」を実施し、領内の貫高を把握する作業（広義の「検地」）を進めるなど、村の実態を可能な限り把握しようとしていた。

ここで把握された貫高は、中央政権（豊臣・徳川政権）との間では石高に換算され、軍役や知行役（普請役など）の賦課基準として機能した。また、小諸領内における貫高は、村の高辻（年貢賦課基準）を指す数値であり、実際の年貢収取は高辻から損免や諸経費などを差し引いて定納高（実際の納入額）を算出する方法が採られ、籾米（石高・俵高）に換算される形で行われていた。この点は、元和三年に領内の基準を石高（一貫文＝一石七斗五升六合の割合で換算）に改めた後も同様であった。

池上氏がすでに指摘しているように、豊臣政権・江戸幕府（徳川政権）とも各大名の領国検地には介入しなかったが、検地結果を基に算出された数値（石高）は軍役・知行役の賦課基準とされ、さらに大名やその家中構成員の家格をも規定することになった。このように、中近世移行期の大名権力は領内と領外（特に中央政権）の基準という重層性を内包しながら成立していたのである。

註

（1）竹内治利「東信州地方における近世村落の成立と発展」（『日本歴史』七七号、一九五四年）、畠山次郎「佐久地方・近世初期の政治過程―慶長一五年全郡逃散の前後―」（『信濃』三〇巻一一号、一九七八年）、五島敏芳「近世初期欠落の位置―慶長一五年・佐久一郡逃散の再考から―」（『地方史研究』二七五号、一九九八年）。

（2）『佐久市志』歴史編三近世（一九九二年）第一章第一節（山崎哲人執筆）。

（3）『佐久町誌』歴史編二近世（二〇〇五年）第一章第一節（曽根勇二執筆）。

（4）安良城盛昭『幕藩体制社会の成立と構造』増訂第四版（有斐閣、一九八六年。初版一九五九年）、同『太閤検地と石高制』（日本放送出版協会、一九六九年）等。

（5）池上裕子「織豊期検地論」（『戦国時代社会構造の研究』校倉書房、一九九九年。初出一九八八年）、同「検地と石高制」（『日本中近世移行期論』校倉書房、二〇一二年。初出二〇〇四年）。以下、池上氏の見解は本論による。

（6）松下志朗『幕藩制社会と石高制』（塙書房、一九八四年）、同『石高制と九州の藩財政』（九州大学出版会、一九九六年）、木越隆三『織豊期検地と石高の研究』（桂書房、二〇〇〇年）、同「太閤検地帳はどのように作成されたか」（長谷川裕子・渡辺尚志編『中世・近世土地所有史の再構築』青木書店、二〇〇四年）、本多博之『戦国織豊期の貨幣と石高制』（吉川弘文館、二〇〇六年）、松浦義則「柴田勝家の越前検地と村落」（『戦国期越前の領国支配』戎光祥出版、二〇一七年。初出一九八三年）等。なお、牧原成征「兵農分離と石高制」（『岩波講座日本歴史』第10巻近世1、二〇一四年）、平井上総「検地と知行制」（同書第9巻中世4、二〇一五年）で、研究史と論点の整理が行われている。

（7）『上田小県誌』第二巻（一九六〇年）第二章～第三章第一節・第二節（黒坂周平執筆分）、河内八郎「信州真田氏の領国形成過

程―昌幸時代を中心として―」（寳月圭吾先生還暦記念会編『日本社会経済史研究　近世編』吉川弘文館、一九六七年）、平沢清人「真田昌幸時代信州上田領の貫文制と秀吉の検地」（『地方史研究』二十巻六号、一九七〇年）、堀内泰「上田領の「貫高制」についての一考察」（『千曲』二五号、一九八〇年）、横山十四男「上田藩の貫高制（一）」（『信濃』四四巻二号、一九九二年）、手塚若子「上田領における貫高制と石高制」（『千曲』七九号、一九九三年）等。また、丸島和洋「総論　真田氏家臣団の基礎研究」（同編『戦国大名と国衆14　真田氏一門と家臣』岩田書院、二〇一四年）で、真田氏の貫高制と検地に関する研究史がまとめられている。以下、真田氏および小県郡（上田領）の事例については、丸島論文を参照。

（8）拙稿「豊臣政権下の信濃検地と石高制」（本書第3部第一章）を参照。以下、「旧稿」と略す。

（9）『御郡中永禄高辻』（「大井俊義氏所蔵文書」『新編信濃史料叢書』第十一巻、一四九頁）。

（10）『佐久郡之内貫之御帳』（「鈴木愼吾氏所蔵文書」信16四六九）、『佐久郡川西村々貫目帳』（『新編信濃史料叢書』第十一巻、一五二頁）。

（11）『田野口組・畑村組・長右衛門組・望月組　貫目御帳』（「竹内文書」信20五八八）。

（12）『御郡中永禄高辻』（「大井俊義氏所蔵文書」『新編信濃史料叢書』第十一巻、一五五頁）。ただし、表④の村高のうち脱漏している部分は、仙石氏転封後の元和八年に作成された『佐久郡高書上帳』（「柳沢ミイ氏所蔵文書」同書一六一頁）で補った。

（13）拙稿「依田松平氏の信濃佐久郡支配」（本書第2部第二章）。

（14）「諏訪大社文書」戦武九六九。

（15）拙稿「武田氏の検地施行原則」（『戦国大名武田氏の領国支配』岩田書院、二〇一五年。初出二〇〇八年）。

（16）『当代記　駿府記』（続群書類従完成会、一九九五年）、五六～一四八頁。

（17）「与良清氏所蔵文書」（『長野県史』近世史料編第二巻〈一〉、八二号）。

（18）前掲註（16）、六四頁。

（19）曽根勇二「大久保長安の河川交通支配について―家康の東国政権樹立の過程―」（『織豊期研究』六号、二〇〇四年）。

（20）市川雄一郎「江戸時代佐久一農村の租税」（『信濃』第一巻一号、一九四九年）で史料三・四の内容が紹介されている。

（21）拙稿「武田領国における蒔高制」（『戦国大名武田氏の領国支配』所収、初出二〇一三年）。

第四章　石川氏の信濃松本領検地に関する二点の史料

はじめに

天正十八年（一五九〇）七月、三河・遠江・駿河・甲斐・信濃の五ヶ国を支配した徳川家康が豊臣政権によって関東の旧北条領国へ転封されたことにともない、徳川氏の与力大名として信濃の筑摩郡・安曇郡（松本領）を支配した小笠原秀政（府中小笠原氏）も、下総国古河（茨城県古河市）へ移った。府中小笠原氏の旧領（松本領）には、同年の八月に石川吉輝（数正）が入り、嫡男の三長（康長）が徳川政権（江戸幕府）によって慶長十八年（一六一三）十月に改易されるまで、石川氏が二十三年にわたって松本領を支配した。

松本領における石川氏の検地については、大きく分けて二つの研究動向がある。まず、一九五〇年代に発表された金井圓[1]・小穴芳実[2]両氏の論考では、石川氏が松本領で検地を実施したことが「暗示」され、筑摩郡・安曇郡の各町村および寺社領の石高を記載した『両郡郷村御朱印御高附[3]』が、「太閤検地の結果を示したもの」として評価されていた。

一方、その後の研究では、松本領へ入部した直後の石川氏が領内の各町村から定納高を貫文で記載した指出帳[4]を徴収し、これを石高に換算（石直し）していたこと[5]や、石川氏時代の松本領における貫高と石高の換算値が一貫文＝二石五斗であり、『両郡郷村御朱印御高附』に記載された筑摩郡・安曇郡の石高が、石川氏の拝領高（八万石）に近い数値であったことが指摘されている。[6]これらの説は近年まで踏襲され、石川氏の時代に松本領で実際に検地が実施されることはなく、村からの申告（指出）に留まったという評価が、共通理解とされてきた。

本章では、このような研究の状況を踏まえて、豊臣政権下の石川氏に関する二点の史料を翻刻・紹介し、松本領の支配と検地について再検討を試みる。なお、史料の翻刻は文末にまとめて記し、本文ではそれぞれの史料の紹介と、その特徴を述べていきたい。

（1）天正十八年庚寅検地帳写（松本市文書館寄託　河辺義正家文書）【史料一】

この史料は、先行研究[7]で表題のみが取り上げられ、東筑摩郡・松本市・塩尻市郷土史料編纂会による古文書調査の目録[8]でも「河辺久雄氏文書」の三十六番に記載されているが、本文は未翻刻である。

表題には「検地帳」とあり、「御検地奉行」として小林主水と津田宗左衛門の名が記されているが、内容は筑摩郡内の町村と寺社領の石高を書き上げたもので、表題と内容に齟齬が見られる。村高の合計も百三十九ヶ村で四万八三〇一石余と記されているが、実際は四ヶ村が欠落しており、各町村の石高の合計額も記載された数値より少ない（表1）。一方、木曾谷（木曽郡）の五十四ヶ村は「相知レ不申候」とあり、村名と石高が記載されていない。これは木曾谷が羽柴（豊臣）秀吉の蔵入地（直轄領）だったためであり、本来は筑摩郡全体が調査の対象とされていたことが、これらの記述からうかがえる。

また、表紙には「河辺」の署名と花押があり、裏表紙の後には各町村に関する考証を記した「附録」が綴じられている（今回は紙幅の制約のため、「附録」の翻刻は省略した）。「附録」の花押は表紙と同じであり、後世に河辺

表１　筑摩郡の村高

	天正十八年庚寅検地帳				両郡郷村御朱印御高附		
No.	地　名	石　高	注　記	No.	地　名	石　高	注　記
1	下平瀬	467.850		1	下平瀬村	467.850	
2	上平瀬	203.550	3石大明神領	2	上平瀬村	203.550	
3	犬飼	1,500.715	3石大明神領	3	犬飼村	1,500.711	内3石明神領
				4	古宮村	206.697	
4	島立	564.220	10石三ノ宮領	5	島立郷	564.292	内13石三ノ宮領
5	堀米	160.170		6	堀米村	106.902	島立之内
6	仲村	172.502	永田之内	7	中村	141.870	島立之内
7	荒井	160.920		8	新井村	245.760	島立之内
8	小葉	177.240		9	大庭村	172.520	島立之内
				10	永田・中村・堀米之内	77.240	島立之内
9	北栗林	316.870		11	北栗林村	316.870	
10	南栗林	400.110		12	南栗林村	400.110	
11	和田村	1,544.383	3石2斗明神領・3石無極寺領	13	和田郷	1,543.823	内3石大明神領・3石無極寺領
12	北新	845.300		14	北新村	845.300	内10石専称寺領
13	南新	461.520	10石専称寺領	15	南新村	461.520	
14	波田村	1,038.426	15石若沢寺領・5石権現領	16	波多郷	1,038.426	内15石若沢寺領・5石西行寺領・5石浄泉寺領
15	三溝	571.422		17	三溝村	577.422	
16	大野川	6.242		18	大野川村	6.242	
17	稲扱	10.000		19	稲扱村	10.923	
18	竹田	451.685		20	竹田村	451.685	
19	小坂	329.380	5石宝積寺領	21	小坂村	329.380	内5石法積寺領
20	大池	393.200	5石円通寺領	22	大池村	393.230	内5石円通寺領
21	下神林	527.860		23	下神林村	527.870	
22	上神林	569.895		24	上神林村	569.883	
23	二子	367.182		25	二子村	503.945	
24	神戸	539.895		26	神戸村	367.182	
25	小俣	264.214		27	小俣村	264.214	
26	今村	64.937		28	今村	64.935	
27	岩垂	103.437		29	岩垂村	130.437	
28	今井	488.200		30	今井郷	488.020	
29	古見	130.576	3石古川寺領	31	古見村	130.576	内3石古川寺領
30	小野沢	85.888		32	小野沢村	85.888	
31	針尾	142.804		33	針尾村	142.284	
32	小曽部	228.104		34	小曽部村	228.014	
33	西洗馬	312.284	5石高林寺領	35	西洗馬村	312.294	内5石高林寺領
34	洗馬郷	777.190	15石長興寺領	36	洗馬郷	777.190	内15石長興寺領
35	新町	22.020	洗馬郷	37	新町土手分	25.020	洗馬郷
36	大沼田	82.229		38	大怒田村	82.229	洗馬郷
37	牧野	67.183		39	牧野村	67.183	洗馬郷
38	本山	297.941		40	本山町	297.946	

39	日出塩	41.233		41	日出塩村	41.233	
40	堅石	157.107		42	堅石村	157.107	
41	江原	146.110		43	郷原村	146.170	
42	床尾	189.910		44	床尾村	189.910	
43	平出	163.314		45	平出村	163.314	
44	塩尻郷	2,169.251	7石3斗4升大宮領・3石長福寺領	46	塩尻之郷	2,169.254	内5石長福寺領
45	西条	334.072		47	西条村	334.720	塩尻之郷
46	中挟	64.790		48	中挟村	67.790	
47	北小野	263.790	10石大明神領	49	小野村	263.037	内10石大明神領
				50	高出村	209.882	
48	北熊井	290.380		51	北熊井村	399.380	
49	南熊井	248.060		52	南熊井村	248.060	
50	野村	448.060		53	野村	424.493	
51	吉田	518.098		54	吉田村	518.098	
52	赤木	287.709		55	赤木村	287.790	
53	内田郷	897.680	15石牛伏寺領・2石戸隠領・7石5斗明神領	56	内田之郷	897.680	内15石牛伏寺領・2石戸隠免・1石5斗大明神領
54	小池	236.539		57	小池村	236.578	
55	村井	633.679	3石明神領・4石泉竜寺領・3石鈴免社領	58	村井之郷	663.679	内3石大明神領・4石泉竜寺領・1石神明領・5斗鈴免
56	小屋	315.679	5石常福寺領	59	小屋村	315.256	内5石常福寺領
57	平田	437.700		60	平田村	437.070	
58	野溝	539.712		61	野溝村	569.776	
				62	出川村	439.437	
				63	塩ヶ崎村	116.648	
59	並柳	136.648					
60	竹渕	288.882		64	竹渕村	288.820	
61	瀬黒	409.430	3石王徳寺領	65	瀬黒村	409.830	内3石王徳寺領
62	白川	290.320		66	白川村	290.380	
63	百瀬	80.946		67	百瀬村	80.996	
64	白姫	125.115		68	白姫村	125.155	
65	埴原	1,300.500	2石大明神領・5石保福寺領	69	埴原村	1,003.550	内2石大明神領・5石法福寺領
66	和泉	258.548		70	泉村	258.548	
67	神田	411.873		71	神田村	411.873	
68	林村	268.760		72	林村・橋倉	268.760	内15石広沢寺領
				73	中河原村	92.105	
69	入山家	92.145	4石徳運寺領	74	入山辺村	494.145	内17石徳運寺領
70	山辺	177.527	5石薄ノ宮領・2石兔川寺領・	75	里山辺村	1,087.527	内20石菟川寺領・5石薄之宮領
71	南方	276.270		76	南方村	276.270	里山辺村
72	藤井	159.103	3石常光寺領	77	藤井村	159.130	山家之内／内3石常光寺領
73	桐原	561.420		78	桐原村	561.420	
74	惣社	267.367	5斗5升社領	79	惣社村	264.980	

75	小松	367.987		80	小松村	367.367	内5石天王免
76	筑摩	155.130	20石八幡領	81	筑摩村	155.713	内20石八幡領・5石弁才天領・1石太鼓免
77	三才	111.770		82	三才村	111.770	
78	埋橋	257.350		83	埋橋村	257.350	
79	中林	117.550		84	中林村	117.560	
80	大村	363.670		85	大村節中	363.670	
81	横田	78.953	5石宗玄寺領	86	横田村	78.953	宗玄寺領
82	松本町	381.224	20石安楽寺領	87	松本分	381.244	内20石安楽寺領・同寺家十二房領
83	安原村	750.207	12石正隣寺領・5石岡ノ宮領	88	桐原分	715.107	内20石正隣寺領・5石岡之宮領
84	庄内郷	1,240.980	50石寺領・5石社領	89	庄内	1,240.988	内50石本立寺領・10石生安寺領・5石宮村
85	小島	269.730		90	小島村	269.730	
86	下島	8.973		91	両島村	8.972	
87	鎌田	78.560		92	鎌田村	78.506	
88	征矢野	54.393		93	征矢野村	54.396	
89	渚村	214.336		94	渚村	214.336	
90	溝代	54.530		95	溝代村	54.530	
91	宮渕	306.832		96	宮渕村	306.832	
92	白板	145.294		97	白坂村	145.294	
93	蟻ヶ崎	333.170	5石若宮領・3石放光寺領	98	蟻崎村	333.170	内5石若宮領・3石明神領・5石放光寺領
94	稲山郷	977.890		99	稲倉村	974.890	
95	岡田郷	1,104.800	3石大明神領	100	岡田郷	1,104.480	
96	浅間郷	628.320	5石大隆寺領・10石大明神領	101	浅間郷	623.340	内100石大隆寺領・10石神宮寺領
97	三才山	248.320		102	三斉山村	248.320	内3石大明神領
98	保福寺	165.323		103	保福寺村	165.383	内5石保福寺領
99	苅谷原	83.645		104	苅谷原郷・中村共ニ	843.841	内2石大明神領
100	藤松	139.685		105	藤林村	139.685	苅谷原郷
101	会田	424.470	5石天王免・2石寺領・2石明神領	106	会田町分	424.470	内5石天王免・2石無量寺領・2石普陀寺領・2石光伝寺領・2石長安寺領・1石神宮寺領
102	宮本	62.185		107	宮本村	62.185	内20石神明領
103	横川	141.205		108	横川村	141.230	宮本村
104	井苅	140.430		109	井苅村	140.430	宮本村
105	西ノ宮法恩寺	89.338		110	西宮法恩寺村	89.338	宮本村
106	落水	138.338		111	落水村	16.565	宮本村
107	板場	138.930		112	板場村	138.930	宮本村
108	取出	163.985		113	取出村	163.985	宮本村

109	両沢	51.195		114	西沢村	51.195	宮本村
110	長越	69.960		115	長越村	69.550	宮本村
111	藤池	92.550		116	藤池村	92.960	宮本村
112	小岩井	83.550		117	小岩井村	83.520	宮本村
113	両瀬	191.480		118	両瀬村	191.480	宮本村
				119	召田村	87.252	
114	金井	87.454		120	金井村	109.040	召田村
115	原山	109.400		121	原山村	122.590	召田村
116	矢久	66.370		122	矢久村	66.370	召田村
				123	乱橋村	132.255	召田村
117	苅谷沢	198.820	3石明神領	124	苅屋沢村	198.827	青柳之内／内3石明神領
118	東条	538.940		125	東条村	538.949	青柳之内
119	西条	459.560		126	西条村	459.560	青柳之内
120	中村	192.613	5石寺領・3石社領	127	中村	192.533	青柳之内
121	元町	239.610		128	元町	239.613	青柳之内
122	仁熊	245.110	7石岩伝寺領	129	二熊村	245.113	青柳之内／内5石岩殿寺領
123	野口女渕	170.400		130	野口女渕村	107.945	
124	矢倉	92.943		131	矢倉村	92.543	
				132	阿坂郷	573.390	内2石神明領
125	長井	502.000		133	長井郷	502.120	
126	麻績	891.640	15石明神領・5石法善寺領	134	麻績郷	891.621	内15石神明領・5石法善寺領
				135	市ノ川村	202.665	麻績郷之内
127	井堀	283.897	内2石薬師寺領・3石西光寺領	136	井堀村	257.833	内2石薬師寺領・3石西光寺領
128	潮村	223.920		137	潮村	203.092	
129	葉山	283.233		138	桑山村	283.233	
130	高村	50.320		139	高村	50.320	
131	日岐	353.893		140	日岐ノ郷	353.897	
132	明科	2.890		141	明科村	200.880	
133	塔原	421.270		142	塔ノ原郷	421.290	
134	田沢	106.270		143	田沢村	200.203	
135	光村	200.203	1石1真冥宮・1石長光寺領	144	光村	106.770	内1石五社宮・1石戸隠免・1石真関宮・1石長光寺・宗源寺
	高合（139ヶ村）	48,301.855			筑摩郡高（144ヶ村）	48,301.855	
	実際の石高	44,482.265	※135ヶ村分		実際の石高	48,358.453	
	差額	-3,819.590			差額	56.598	

家で写本（史料一）を作成した際に、書き加えられたと考えられる。さらに、小松郷（松本市北小松・南小松）の項に貼られた付箋では、文禄四年（一五九五）正月に石川三長（康長）が保々五左衛門に小松郷内で知行を宛行った朱印状[9]の内容が反映されている。

次に、同じ内容の史料としては、先にあげた『両郡郷村御朱印御高附』がある。この史料は年次が欠けているが、先行研究では「石川氏の「石直し検地」による郷村高帳」であり、天正十八〜十九年頃に原本が作成されたと考えられている[10]。この二点の史料を比較すると（表1）、筑摩郡の惣石高（四万八三〇一石余）は同じだが、『両郡郷村御朱印御高附』に見える町村数は百四十四で、史料一よりも九ヶ村多く、各町村の石高も異なる箇所が多い。逆に、『両郡郷村御朱印御高附』には木曾谷に関する記述がなく、各町村の地名や寺社の石高も、後世の状況が反映されているように見える[11]。

では、これらの史料をどのように評価すべきだろうか。結論からいえば、史料一は石川氏が豊臣政権に提出した筑摩郡の御前帳[12]（国郡ごとの石高を集計した帳面）の写であり、安曇郡の御前帳と合わせて筆写されたものが『両郡郷村御朱印御高附』であったと考えられる。信濃では天正十八〜十九年に各大名領で検地が実施され[13]、特に毛利秀頼領の伊那郡では、検地の結果を元に各町村の石高を集計した『信州伊奈青表紙之縄帳[14]』を作成して、近世における伊那郡の石高（十万石）を画定している。これと同様に、史料一の原本も松本領の石高（八万石）を画定するための基礎帳簿として作成されたと見るべきであろう。

ただし、史料一が天正十八年の「御棹」（実測による検地）の結果であり、松本領で貫高から石高への転換が行われたとする後世の評価（末尾の記述）は妥当ではなく、先行研究ですでに指摘されたように、石川氏は領内から貫高による指出を徴収し、これを一貫文＝二石五升で換算して松本領の石高を定めている。石川氏が入部した直後の松本領は、領内の基準として貫高が用いられ、豊臣政権の基準（石高）との間で換算値が設けられるという、重層的な体制にあったことがうかがえる。

（２）文禄四年九月　信濃国筑摩郡寺家村御検地水帳写（長野県立歴史館所蔵「村方諸文書」）【史料二】

この史料は、文禄四年九月に作成された寺家《じけ》村（南安曇郡梓川村寺家）の検地帳で、これまで存在が知られていなかった新出文書である。検地役人の印や花押はなく、後世の写とみられるが、「墨付表紙共拾三枚」「削字ニハ奉行印判有之」とあるように、原本は現在残されているものと同じ丁数で、文字の修正箇所には検地を担当する奉行の印が捺されていたようである。

表紙には「御検地役」小笠原将監の名が見え、末尾に小笠原を含む三名の「御検地役」と四名の「下役」、そして「案内之者」（案内者）として七名が記されている。なお、案内者の七名は全員が史料二に登録されており（表2）、村の代表者として検地に立ち会ったと考えられる。

耕地の面積を把握する単位は、豊臣政権の奉行による検地（太閤検地）と同じく一反＝十畝＝三百歩で、田畑の別と等級（上・中・下・下々の四段階）、名請人が検地帳に記載され、一筆ごとに朱で「一」から「八十」までの数字が書き加えられている。その一方で、所在地や縦横の間数、一筆ごとの分米に関する記載はなく、田畑の等級ごとに面積を合計し、面積一反あたりの石盛（斗代）を掛けた段階で、分米をまとめて算出している。

石盛は上田が一石四斗、中田が一石二斗、下田が一石、下々田が八斗、中畑が七斗、下畑が五斗、下々畑が四

表２「信濃国筑摩郡寺家村御検地水帳」名請人集計

No.	名請人	上田	中田	下田	下々田	中畑	下畑	下々畑	原畑	面積(歩)
1	清左衛門						1		1	588
2	作左衛門						4			518
3	**時次郎**			2						455
4	権九郎						1			418
5	作之丞			1	1	1				402
6	忠兵衛								1	360
7	重助	1		1						323
8	又次郎			1						293
9	惣右衛門								1	280
10	七兵衛			1					1	274
11	半四郎			1		1			1	270
12	吉重郎						1			249
13	完市		1							231
14	文蔵								1	228
15	金重郎		2		1		1			212
16	徳市						1		1	208
17	久五郎								1	201
18	富太郎			1						200
19	兵四郎			1						197
20	孫重郎								1	196
21	寅右衛門			1						196
22	**伝重郎**			1		1			1	173
23	角右衛門			1						166
24	余九郎	1								166
25	庄助			1						162
26	松太郎						1			162
27	吉兵衛						1			154
28	粂三郎						1			145
29	長四郎			1			1			145
30	**新右衛門**						1			136
31	新助			1	1					136
32	重三郎								1	130
33	佐五兵衛						1			120
34	加平次		1				1			117
35	市兵衛				1				1	116
36	**権太郎**		1							110
37	源右衛門						1			100
38	弥兵衛						1			100

39	新五郎				1					99
40	重五郎			1						98
41	国吉			1						96
42	**市郎兵衛**						1			96
43	庄吉						1			96
44	権重郎							1		90
45	藤兵衛					1				84
46	八兵衛						1			81
47	末太郎					1				80
48	新吉								1	80
49	喜右衛門		1							75
50	徳右衛門						1			75
51	与太郎								1	75
52	長三郎						1			72
53	茂助						1			69
54	金太郎						1			48
55	**孫右衛門**						1			40
56	伝九郎			1						40
57	牧之助	1								40
58	**七之丞**							1		36
59	彦左衛門						1			15
	（合計）	3	6	18	5	5	27	2	14	10,122

※名前ゴシック：案内者

斗五升で、さらに「原畑」の石盛が四斗とされている。この「原畑」は新たに畑として開発された土地と考えられ、畑地の約四割を占めており、下畑と下々畑を含めた面積は畑地の約九割を占める。また、田地も全体の約七割が下田と下々田で、当時の寺家村における耕地の状況が、特に劣悪であったことをうかがわせる（表3）。

なお、史料二に記載された面積の合計は実際の数値と異なり、田地の面積を合計した「田合」の下にも一石一斗の石盛が付されているが、実際の分米は面積に反別一石一斗を掛けた数値とは異なるため、実際には存在しない上畑の石盛だった可能性が高い。また、名請人は五十九名が登録されているが、一反（三百歩）以上の田畑を持つ者は七名しかいない（表2）。これまでの見解に従えば、史料二に登録された者の多くは「零細な小百姓」ということになり、「小

表３「信濃国筑摩郡寺家村御検地水帳」面積集計

等級	面積	石盛	分米	面積比	実際の面積	増減	面積比
上田	1反4畝9歩	1石4斗	1石9斗6升6合	11.1%	1反5畝19歩	＋1畝10歩	12.3%
中田	2反2畝19歩	1石2斗	2石6斗6升2合	17.5%	1反9畝　9歩	－3畝10歩	15.1%
下田	8反1畝23歩	1石	8石1斗2升3合	63.4%	8反　　13歩	－1畝10歩	63.1%
下々田	1反8歩	8斗	8斗6合	8.0%	1反2畝　3歩	＋1畝25歩	9.5%
田合	1町2反8畝29歩		13石4斗5升7合	100.0%	1町2反7畝14歩	－1畝15歩	100.0%
中畑	1反5畝6歩	7斗	1石5升4合	7.0%	1反5畝　6歩		7.2%
下畑	1町1反1畝17歩	5斗	5石5斗5升	52.5%	1町5畝　2歩	－6畝15歩	50.1%
下々畑	4畝6歩	4斗5升	1斗8升	2.0%	4畝　6歩		2.0%
原畑	8反5畝14歩	4斗	3石4斗5合	39.5%	8反5畝14歩		40.7%
畑合	2町1反6畝13歩		10石1斗8升9合	100.0%	2町9畝28歩	－6畝15歩	100.0%
田畑計	3町4反5畝12歩		23石6斗4升6合	田37.3% 畑62.7%	3町3反7畝12歩	－8畝	田37.8% 畑62.2%

※1町＝10反、1反＝10畝、1畝＝30歩（1反＝300歩）

農自立」という評価が下されていただろう。

だが、彼らの名を見ると「衛門」「兵衛」などの官途名を持つ者もおり、有力な百姓層であったことをうかがわせる。史料二の案内者として見える七名の名請地も小規模であり、史料二に記載された耕地の他にも、彼らが名請地を有していたと見る方が妥当と考えられる。

『梓川村誌』[15]によれば、寺家村は真光寺の門前に形成された集落で、先にあげた『両郡郷村御朱印御高附』では安曇郡上野郷に含まれ、後に分離したという。寺家村が独立した村として見えるのは寛永十九年（一六四二）の『松本領村々高附帳』[16]が初見で、村の石高は二七九石余（うち六六石余が畑方）とされている。史料2はそれより五十年近くも早く、寺家村がすでに村として把握されていたことを示している。なお、史料2では「筑摩郡寺家村」となっているが、寺家村は梓川（筑摩郡と安曇郡の境）の流域に所在していたことから、後世に河流と郡境が移動した可能性もある。

また、文禄四年に史料二が作成された背景としては、同年に松本領で貫高から石高への移行[17]が進められたことと、大きく関係している可能性が高い。あるいは、文禄元年十二月に吉輝から三長へ家督が継承された後の「代替わり検地」としての意味も持っていたと考えられる。石川氏は松本領への入部直後に徴収した指出に加えて、各村における耕地の開発状況を検地によって把握しようとしたとみられ、史料二も寺家村の開発状況を確認し、新たに村として把握するための作業として作成されたと評価することができる。

よって、「石川氏が松本領内で検地を実施しなかった」という従来の見解は、修正する必要があると考えられる。

おわりに

本章では、石川氏の松本領検地に関する二点の史料を翻刻・紹介し、それに加えて若干の考察を試みた。

石川氏は天正十八年八月に松本領へ入部した後、各町村から貫高による指出を徴収し、これを一貫文＝二石五升で石高に換算して、豊臣政権に集計結果を報告した。このうち、史料一は豊臣政権に提出された筑摩郡の御前帳（国郡ごとの石高を集計した帳面）の写であり、近世における松本領の石高（八万石）を画定させるための基礎帳簿として用いられたと考えられる。

また、文禄四年には松本領の基準を貫高から石高へ移行するとともに、領内で検地を実施した。寺家村の検地帳（史料二）は、石川氏が松本領の支配を進めていく中で、各村における耕地の開発状況を、検地によって把握しようとした事実を示している。

註

（1）金井圓「松本藩における幕藩体制の確立（四）―その土地制度の沿革考証―」（『信濃』六巻八号、一九五四年）。
（2）小穴芳実「松本藩における検地と農村構造」（『信濃』八巻二号・六号、一九五六年）。
（3）『長野県史』近世史料編第五巻（一）、六号。
（4）「中嶋文書」信17二一一。
（5）金井圓「松本藩域における領主と治績」（『近世大名領の研究―信州松本藩を中心として―』名著出版、一九八一年。初出一九六八年）。
（6）『大町市史』第三巻近世（一九八六年）第一編第二章第一節・第四章第一節（幅具義執筆）。
（7）前掲註（5）（6）。
（8）『東筑摩郡・松本市郷土資料編纂会古文書目録』第三十八集（一九五九年）。また、『松本市文書館史料目録』第四集（二〇〇三年）に「河辺義正家文書」の解説が記されている。
（9）「保母文書」信18一〇四。
（10）前掲註（3）、『大町市史』第二巻原始・古代・中世史料（一九八五年）二二六号解説文など。
（11）田中薫「郷から村へ」（『近世村落の動向と山中騒動の研究』私家版、一九九六年）によれば、『両郡郷村御朱印御高附』に記載された各町村の石高は、元禄期に作成された『信濃国郷帳』の数値と「多くの場合一致している」という。
（12）秋澤繁「天正十九年豊臣政権による御前帳徴収について」（三鬼清一郎編『戦国大名論集18　豊臣政権の研究』吉川弘文館、一九八四年。初出一九七七年）を参照。
（13）拙稿「豊臣政権下の信濃検地と石高制」（本書第3部第一章）を参照。
（14）『新編信濃史料叢書』第十一巻、三三九頁。
（15）『梓川村誌』歴史編（一九九四年）第三章第三節（上兼久弥執筆）。
（16）『長野県史』近世史料編第五巻（一）、三七号。
（17）石川氏は文禄二年まで貫高を基準として松本領の支配を行っていたが、文禄四年正月の前掲註（9）を初出として、石高に移行したことが確認できる。

【史料一】※法量　縦十四・〇cm、横十八・二cm
丁数十四（他に附録二丁）　横帳（表紙のみ竪帳）

（表紙）
「天正十八庚寅年
検　地　帳
河邉（花押）」

信州筑摩郡御検地帳
四百六拾七石　　下平瀬
八斗五升
弐百三石　　上平瀬
五斗五升
内三石　大明神領
千五百石　　犬飼
七斗壱升五合
右同断

五百六拾四石　　嶋立
弐斗弐合
内十石　三ノ宮領
百六拾石　　堀米
壱斗七升
永田之内
百七拾弐石　　仲村
五斗弐合
百六拾石　　荒井
九斗弐升
百七拾七石　　小葉
弐斗四升
参百拾六石　　北栗林
八斗七升
四百石　　南栗林

壱斗壱升
千五百四拾四石　和田村
三斗八升三合
内三石弐斗　明神領
三石　無極寺領
八百四拾五石　北新
三斗
四百六拾壱石　南新
五斗弐升
内十石　専称寺領
千三拾八石　波田村
四斗弐升六合
内十五石　若沢寺領
五石　権現領
五百七拾壱石　三溝
四斗弐升弐合
六石弐斗　大野川

四升弐合
拾石　稲扱
四百五拾壱石　竹田
六斗八升五合
三百廿九石　小坂
三斗八升
内五石　宝積寺領
三百九拾三石　大池
弐斗
五石　圓通寺領
五百廿七石　下神林
八斗六升
五百六拾九石　上神林
八斗九升五合
三百六拾七石　二子
壱斗八升弐合
五百三拾九石　神戸

八斗九升五合

弐百六拾四石　弐斗壱升四合　小俣

六拾四石　九斗三升七合　今村

百三石四斗　三升七合　岩垂

四百八拾八石　弐斗　今井

百三拾石　五斗七升六合　古見

三石　古川寺領

八拾五石　八斗八升八合　小野沢

百四拾弐石　八斗四合　針尾

弐百廿八石　小曽部

壱斗四合

三百拾弐石　弐斗八升四合　西洗馬

五石　高林寺領

七百七拾七石　壱斗九升　洗馬郷

十五石　長奥寺領

同断

弐拾弐石　弐升　新町

八拾弐石　弐斗弐升九合　大沼田

六拾七石　壱斗八升三合　牧野

弐百九拾七石　九斗四升壱合　本山

四拾壱石　日出塩

弐斗三升三合
百五拾七石　堅石
壱斗七合
百四拾六石　江原
壱斗壱升
百八拾九石　床尾
九斗壱升
百六拾三石　平出
三斗壱升四合
弐千百六拾九石　塩尻郷
弐斗五升壱合
七石三斗四升　大宮領
三石　長福寺領
三百三拾四石　西條
七升弐合
六拾四石　中挾
七斗九升

弐百六拾三石　北小野
七斗九升
十石　大明神領
弐一（ママ）
弐百九拾石　北熊井
三斗八升
弐百四拾八石　南熊井
六升
四百四拾八石　野村
六升
五百拾八石　吉田
九升八合
弐百八拾七石　赤木
七斗九合
八百九拾七石　内田郷
六斗八升
十五石　牛伏寺領

弐石　戸隠領
七石五斗　明神領
弐百三拾六石　小池
五斗三升九合
六百三拾三石　村井
六斗七升九合
三石　明神領
四石　泉龍寺領
三石　鈴免社領
三百拾五石　小屋
六斗七升九合
五石　常福寺領
四百三拾七石　平田
七斗
五百三拾九石　野溝
七斗壱升弐合
百三拾六石　並柳

六斗四升八合
弐百八拾八石　竹渕
八斗八升弐合
四百九石　瀬黒
四斗三升
三石　王徳寺領
弐百九拾石　白川
三斗弐升
八拾石　百瀬
九斗四升六合
百弐拾五石　白姫
壱斗壱升五合
千三百石　埴原
五斗
弐石　大明神領
五石　保福寺領
弐百五拾八石　和泉

五斗四升八合
四百拾壱石　神田
八斗七升三合
弐百六拾八石　林村
七斗六升
九拾弐石　入山家
壱斗四升五合
四石　徳運寺領
百七拾七石　山邊
五斗弐升七合
五石　薄ノ宮領
弐石　兎川寺領
弐百七拾六石　南方
弐斗七升
百五拾九石　藤井
壱斗三合
三石　常光寺領

五百六拾壱石　桐原
四斗弐合
弐百六拾七石　惣社
三斗六升七合
五斗五升　社領
三百六拾七石
（付箋）「筑广郡之内小松之郷
小松　合弐百九拾五石八斗九合壱夕者
九斗八升七合
文禄四年正月　保母ノ半ニ」
百五拾五石　筑摩
壱斗三升
廿石　八幡領
百拾壱石　三才
七斗七升
弐百五拾七石　埋橋
三斗五升

百拾七石　中林
五斗五升
三百六拾三石　大村
六斗七升
七拾八石　横田
九斗五升三合
五石　宗玄寺領
三百八拾壱石　松本町
弐斗弐升四合
廿石　安楽寺領
七百五拾石　安原村
弐斗七合
十弐石　正麟寺領
五石　岡ノ宮領
千弐百四拾石　庄内郷
九斗八升
五十石　寺領

五石　社領
弐百六拾九石　小嶋
七斗三升
八石九斗七升三合　下嶋
七拾八石　鎌田
五斗六升
五拾四石　征矢野
三斗九升三合
弐百拾四石　渚村
三斗三升六合
五拾四石　溝代
五斗三升
三百六石　宮渕
八斗三升弐合
百四拾五石　白板
弐斗九升四合
三百三拾三石　蟻ヶ崎

壱斗七升
五石　若宮領
三石　放光寺領
九百七拾七石　稲山郷
八斗九升
千百四石　岡田郷
八斗
三石　大明神領
六百廿八石　浅間郷
三斗弐升
五石　大隆寺領
十石　大明神領
弐百四拾八石　三才山
三斗弐升
百六拾五石　保福寺
三斗弐升三合
八拾三石　荊谷原

六斗四升五合
百二拾九石　藤松
六斗八升五合
四百弐拾四石　會田
四斗七升
五石　天王領
弐石　寺領
弐石　明神領
六拾弐石　宮本
壱斗八升五合
百四拾壱石　横川
弐斗五合
百四拾石　井苅
四斗三升
八拾九石　西ノ宮
三斗三升八合　法恩寺
百参拾八石　落水

三斗三升八合
百参拾八石　板場
九斗三升
百六拾三石　取出
九斗八升五合
七斗五升　山神領
五拾壱石　両沢
壱斗九升五合
六拾九石　長越
九斗六升
九拾弐石　藤池
五斗五升
八拾三石　小岩井
五斗五升
百九拾壱石　両瀬
四斗八升
八拾七石　金井

四斗五升四合
百九石　原山
四斗
六拾六石　矢久
三斗七升
百九拾八石　苅谷沢
八斗弐升
三石　大明神領
五百三拾八石　東條
九斗四升
四百五拾九石　西条
五斗六升
百九拾弐石　中村
六斗壱升三合
五石　寺領
三石　社領
弐百三拾九石　元町

六斗壱升
弐百四拾五石壱斗壱升　仁熊
七石　岩傳寺領
百七拾石四斗　野口女渕
九拾弐石　矢倉
九斗四升三合
五百弐石　長井
八百九拾壱石　麻績
六斗四升
十五石　明神領
五石　法善寺領
弐百八拾三石　井堀
八斗九升七合
二百廿三石　潮村
九斗弐升
弐百八拾三石　葉山
弐斗三升三合

五拾石　高村
三斗弐升
三百五拾三石　日岐
八斗九升三合
弐石八斗八升　明科
四百廿壱石　塔原
弐斗七升
百六石弐斗七升　田沢
弐百石弐斗三合　光村
壱石　真冥宮領
壱石　長光寺領
筑摩郡村数合百三拾九ヶ村
高合
〆四万八千三百壱石八斗五升五合
此外木曽之谷高相知レ不申候、
小村五拾四ヶ村
村数惣合

百九拾参ヶ村
御検地奉行　小林主水
津田宗左衛門
天正十八庚寅年
右此青表紙之高御帳面と云ハ
豊臣太閤之御代天正十八年之
御棹也、
此以前迄者、村之永何貫何百文ト云
検地也、
右帳面ニ四ヶ村書落し也、何村とや
後考有度事、
河邊氏
（裏表紙）「控　」

【史料二】※法量　縦三一・〇cm、横二〇・四cm
丁数十三　竪帳
（表紙）「文禄四　乙未　年
信濃国筑摩郡寺家村御検地水帳
九月日　御検地役
小笠原将監　」

一	原畑	壱畝拾弐歩	（朱筆、以下同）「一」	伝重郎
一	中畑	弐畝歩	「二」	半四郎
一	中田	弐畝歩	「三」	金重郎
一	中田	三畝弐拾歩	「四」	権太郎
一	中田	弐畝七歩	「五」	加平次
一	中田	壱畝六歩	「六」	金重郎
一	下畑	三畝弐拾歩	「七」	長四郎
一	下々田	六歩	「八」	金重郎
一	下田	壱畝拾四歩	「九」	半四郎
一	下々田	壱畝拾八歩	「十」	市兵衛

一　下田　壱畝五歩　「十一」　長四郎
一　下田　壱畝五歩　「十二」　伝重郎
一　中畑　三畝六歩　「十三」　同人
一　中畑　四畝拾六歩　「十四」　作之丞
一　下畑　五畝四歩　「十五」　吉兵衛
一　下畑　七畝拾四歩　「十六」　作左右（ママ）衛門
一　下畑　三畝弐拾歩　「十七」　同人
一　原畑　弐畝八歩　「十八」　市兵衛
一　下畑　三畝弐拾歩　「十九」　金重郎
一　下畑　壱畝弐拾歩　「廿」　加平次
一　下畑　弐畝弐拾四歩「廿一」　作左衛門
一　中畑　弐畝弐拾四歩「廿二」　藤兵衛
一　下畑　弐畝弐拾壱歩「廿三」　八兵衛
一　下畑　三畝拾歩　「廿四」　作左衛門
一　中畑　弐畝弐拾歩　「廿五」　末太郎
一　下畑　拾五歩　「廿六」　彦左衛門
一　下々畑　壱畝六歩　「廿七」　七之丞

一　下田　三畝五歩　「廿八」　作之丞
一　下田　弐畝歩　「廿九」　重助
一　下田　壱畝拾歩　「卅」　伝九郎
一　下田　壱反弐畝歩　「卅一」　時次郎
一　上田　八畝弐拾三歩「卅二」　重助
一　上田　五畝拾六歩　「卅三」　余九郎
一　上田　壱畝拾歩　「卅四」　牧之助
一　下田　三畝八歩　「卅五」　重五郎
一　下田　五畝拾弐歩　「三十六」庄助
一　下田　三畝五歩　「卅七」　時次郎
一　下々田　五畝弐拾壱歩「卅八」　作之丞
一　下々田　壱畝九歩　「卅九」　新助
一　中田　七畝弐拾壱歩「四十」　完市
一　原畑　六畝拾六歩　「四十一」孫重郎
一　原畑　弐畝弐拾歩　「四十二」新吉
一　下畑　弐畝九歩　「四十三」茂助
一　下畑　四畝弐拾五歩「四十四」粂三郎

一　原畑　七畝拾八歩　「四十五」文蔵
一　原畑　弐畝拾五歩　「四十六」　与太郎
一　下畑　弐畝拾五歩　「四十七」徳右衛門
一　下畑　八畝九歩　「四十八」吉重郎
一　下畑　四畝拾六歩　「四十九」新右衛門
一　下畑　三畝拾歩　「五十」　源右衛門
一　下畑　壱畝拾歩　「五十一」孫右衛門
一　下畑　弐畝拾弐歩　「五十二」長三郎
一　下畑　三畝六歩　「五十三」市郎兵衛
一　下畑　三畝拾歩　「五十四」弥兵衛
一　下畑　三畝六歩　「五十五」庄吉
一　下々畑　三畝歩　「五十六」権重郎
一　下畑　四畝歩　「五十七」佐五兵衛
一　下畑　壱畝拾八歩　「五十八」金太郎
一　下畑　弐畝弐拾歩　「五十九」徳市
一　下畑　五畝拾弐歩　「六十」　松太郎
一　中田　弐畝拾五歩　「六十一」喜右衛門

一　下田　三畝七歩　「六十二」新助
一　原畑　四畝拾歩　「六十三」重三郎
一　原畑　四畝拾歩　「六十四」七兵衛
一　原畑　五畝拾六歩　「六十五」半四郎
一　原畑　壱反六畝歩　「六十六」清左衛門
一　原畑　壱反弐畝歩　「六十七」忠兵衛
一　原畑　九畝拾歩　「六十八」惣右衛門
一　原畑　六畝弐拾一歩　「六十九」久五郎
一　原畑　四畝八歩　「七十」　徳市
一　下畝（ママ）　三畝拾八歩　「七十一」清左衛門
一　下畑　壱反三畝弐拾八歩
「七十二」権九郎
一　下田　六畝拾六歩　「七十三」寅右衛門
一　下田　四畝弐拾四歩　「七十四」七兵衛
一　下田　五畝拾六歩　「七十五」角右衛門
一　下々田　三畝九歩　「七十六」新五郎
一　下田　六畝弐拾歩　「七十七」富太郎

一　下田　三畝六歩　「七十八」国吉
一　下田　九畝弐拾三歩「七十九」又次郎
一　下田　六畝拾七歩「八十」兵四郎
　　　右之寄
　　　　　　　　　壱反ニ付
上田　壱反四畝九歩　石盛
　分米壱石九斗六舛六合　壱石四斗代
　　　　　　　　　壱反ニ付
中田　弐反弐畝拾九歩　石盛
　分米弐石六斗六舛弐合　壱石弐斗代
　　　　　　　　　壱反ニ付
下田　八反壱畝廿三歩　石盛
　分米八石壱斗弐舛三合　壱石代
下々田壱反八歩　壱反ニ付
　分米八斗六合　石盛八斗代
田合壱町弐反八畝廿九歩　壱反ニ付

分米拾三石四斗五舛七合　石盛壱石壱斗代
中畑　壱反五畝六歩　壱反ニ付
　分米壱石五舛四合　石盛七斗代
　　　　　　　　　壱反ニ付
下畑　壱町壱反壱畝拾七歩　斗
　分米五石五斗五舛　石盛五舛代
　　　　　　　　　〃
下々畑四畝六歩　壱反ニ付
　分米壱斗八舛　石盛四斗五舛代
原畑　八反五畝拾四歩　壱反ニ付
　分米三石四斗五合　石盛四斗代
畑合弐町壱反六畝拾三歩
　分米拾石壱斗八舛九合
田畑合三町四反五畝拾弐歩
　分米弐拾三石六斗六舛四合
　　　墨付表紙共拾三枚
文禄四　乙未　年九月日　但削字ニハ奉行印判有

之

御検地役
　小笠原将監
同
　海野源太夫
同
　笹川助太夫
下役
　仲田治郎右衛門
同
　末倉清左衛門
同
　秋月幸之丞
同
　万年重郎
案内之者
　　孫右衛門

伝重郎
権太郎
市郎兵衛
新右衛門
七之丞
時次郎

第五章　信濃国伊那郡殿岡郷「さし出し帳」と下殿岡村検地帳の分析

はじめに

信濃国伊那郡、特に下伊那地方では、古くから古島敏雄氏[1]・平沢清人氏[2]らによって、中近世移行期の村落研究が盛んに行われてきた。しかしながら、その手法は戦国期（特に武田氏）の検地と近世の検地を比較し、太閤検地を近世化の画期とするもので、当時主流であった安良城盛昭氏[3]の「太閤検地＝封建革命（変革）」論に基づいた研究成果であり、中世・近世の検地方法や、支配体制の分析に留まっていた。

一方、近年では、地域社会論や「村の成り立ち」論など、中近世移行期社会に対する新たな視角が提示されている[4]。今回の事例も、旧来のような検地方法の差異ではなく、村落構造の推移という観点からの再検討が必要である。特に下伊那では、近世虎岩村の肝煎（名主）を務めた平沢家の文書群を事例として、吉田ゆり子氏[5]・稲葉継陽氏[6]らによって、主に近世前期虎岩村の再生産構造が明らかにされてきた。また、それ以前の天正期虎岩郷の存在形態については、本書第2部第三章で「本帳」と「知行」の問題から解明を試みたが、残存状況の割には他の史料群が検討の対象とされておらず、下伊那地域の中世から近世への移行をみるうえで、他村落の事例も検討が必要と考える。

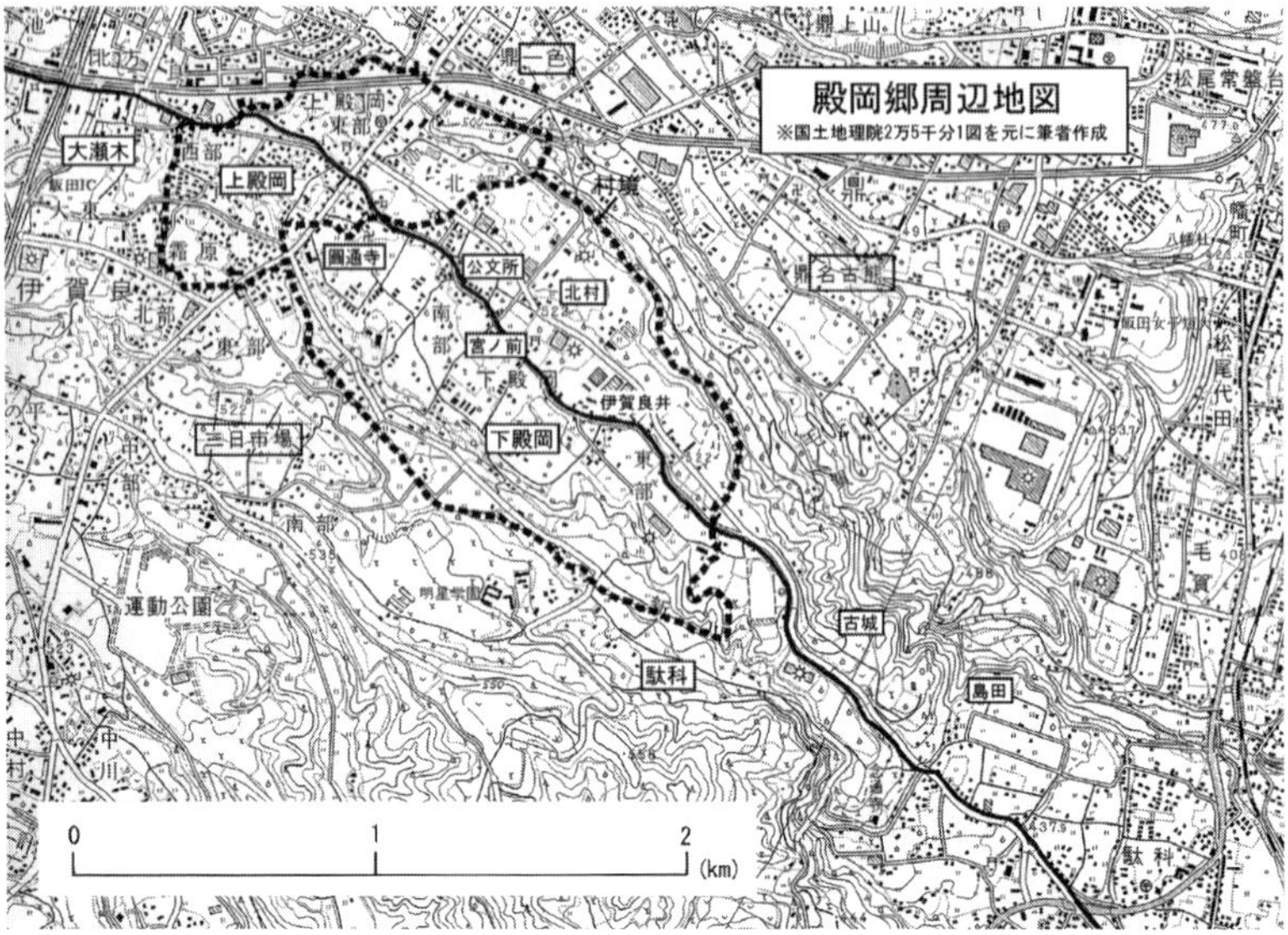

殿岡郷周辺地図

そこで本章では、信濃国伊那郡下殿岡村を研究事例として取り上げる。下殿岡村は東西約一・五キロメートル、南北約一キロメートルほどの集落で、現在は長野県飯田市に属する。ここには、近世下殿岡村の肝煎（名主）を務めた矢沢家の文書群（下殿岡村公文所矢沢家、現在は飯田市美術博物館所蔵）が残存している。しかし、戦国織豊期の殿岡郷・下殿岡村を取り上げた研究成果としては、一九五〇年代に、平沢氏[7]や早稲田大学教育学部歴史学研究会近世村落史部会[8]による史料の分析・比較が行われただけで、その後はまったく行われていない[9]のが現状である。本章では、以上の問題点を踏まえて、当該期の下殿岡に関する史料の再分析を行い、合わせて戦国末～近世初期における村落の形成過程について検討していきたい。

一、各史料の分析

(一) 天正十年「さし出し帳」（表1）

【史料一】（信16三四六、矢沢家[10]―一。前後略）

弐貫百四文　　　　　［　　　　］
　　　　　　　　　松澤分
九百弐拾八文　　　　　　同人
　　　　　　　　同分
弐百文　松澤分わりつけ　　同人
弐貫三百四拾文　松澤分わりつけ 弐百五十文　六郎右衛門尉
拾貫百八拾四文　　兵蔵
壱貫文　松澤わりつけ又五郎　あれ同人
　此之内五百けつき　九郎右衛門尉
（中略）
五百文　うせ人あと　松澤分　当作　小右衛門尉
百廿文　死人あれ　松澤分
（中略）
　　　　　　　　（松澤分）同分
六十文　たつ（辰）あれ　うせ人　又一
　　　　　　　同分

五十文　当あれ　うせ人　善衛門

同分

百八十文　巳あれ　うせ人　与助

史料一は一枚紙で、前後が破れて欠落している。平沢氏は、この史料を天正十年（一五八二）三月から六月まで、武田氏滅亡後の伊那郡を領有した毛利氏の元で作成された「さし出し」であると評価している。たしかに、史料一はすべて貫高表記であり、大部分が「松沢分」「かない分」「竹居分」「ひたち分」の四名分の分付で占められている点や、卯（天正七年）・辰（天正八年）・巳（天正九年）・当（午、天正十年）といった年代ごとの荒地記載、「うせ人」「死人」という記載がされている点などから考えて、天正十年に作成された史料であり、その内容は武田

（4）ひたち分

名　前	項　目	貫高
兵蔵		1.000
木師　藤四郎		1.500
彦右衛門尉		0.800
彦右衛門尉	ゑいたいあれ	0.332
与三右衛門尉	死人	1.164
小右衛門尉		0.100
（耕地分合計）		3.400
（荒地分合計）		1.496
（ひたち分合計）		4.896

（5）その他

名　前	項　目	貫高
（不明）		2.104
兵蔵	ひたち・竹居分わりつけ	0.140
大工　三郎左衛門尉	阿弥陀めん　うせ人たつのあれ	2.768
兵蔵		10.184
うせ人	当作源右衛門尉	7.000
せい二郎	うせ人あと２貫450文	9.800
大工　十郎右衛門尉	小作１貫224文	
（貼紙）	此内１貫224文当作清次郎　又出作１貫文わりつけ　333文あれ	
かない分	ゑいたいあれ	0.730
大工　又三		2.100
うせ人	おきめ　あれ500文	2.250
（耕地分合計）		33.245
（荒地分合計）		3.831
（その他合計）		37.076

（耕地分総計）		59.927
（荒地分総計）		16.875
（殿岡郷合計）		76.802

表1　殿岡さし出し帳（天正10年）集計表

（1）松沢分

名　前	項　　目	貫高
同人		0.928
同人	松澤分わりつけ	0.200
六郎右衛門尉	松澤分わりつけ250文	2.340
兵蔵	松澤わりつけ又五郎あれ	1.000
九郎右衛門尉	此之内500けつき	
うせ人		0.700
小右衛門尉	うせ人あと　当作	0.500
	死人あと	0.120
木師又六		0.050
大工又三		0.500
彦左衛門尉	死人あと	0.100
大工又三		0.014
清次郎		0.174
久三		0.035
又一	たつあれ　うせ人	0.060
善右門	当あれ　うせ人	0.050
与助	巳あれ　うせ人	0.180
三郎右衛門尉	たつあれ　うせ人	0.300
小かむら　助七郎	卯あれ　四郎左衛門尉	1.000
藤四郎	うせ人あと　当作木師	1.000
善四郎	わりつけ	0.130
	えいたいあれ	2.500
うせ人		1.800
彦左衛門尉	死人	0.080
小かわら　善四郎	うせ人　当作	1.000
四郎左衛門尉	此内1貫164文うせ人	2.332
助四郎	1貫80文の内	0.580
うせ人	1貫80文の内	0.500
善七郎		1.000
わりつけ	うせ人藤四郎　出作	0.664
善十郎		0.664
与助	うせ人　当作与三郎	0.500
与三郎	当作	0.500
（耕地分合計）		13.456
（荒地分合計）		7.554
（松沢分合計）		21.010

（2）かない分

名　前	項　　目	貫高
大工　平蔵		1.500
新六	此内200文あれ　うせ人	0.400
源三郎	はらいめん	0.700
七郎左衛門尉	うせ人　当作	1.300
清右衛門尉		0.580
源三郎		0.164
宗助	此之内250文彦七郎死人あれ	0.500
常珎		0.500
七郎右衛門尉		1.200
（耕地分合計）		6.394
（荒地分合計）		0.450
（かない分合計）		6.844

（3）竹居分

名　前	項　　目	貫高
兵蔵		0.400
助三	ゑいたいあれ	0.500
宗永		0.600
善右衛門尉		0.500
ぬしなし	ゑいたいあれ	1.000
善四郎		1.332
善藤	1貫800文の内　あれ	0.730
平蔵	1貫800文の内　あれ	0.500
与助	1貫800文の内　あれ	0.564
大工　与三郎		0.300
大工　与三郎	此之内50文あれ	0.200
大工　三郎左衛門尉	ゑいたいあれ	0.200
又三	当おこし	0.150
（耕地分合計）		3.432
（荒地分合計）		3.544
（竹居分合計）		6.976

領国末期の状況を記したものと見てよいと思われる。

（二）天正十三年「殿岡さし出し帳」（表2）

【史料二】（信16三四二、矢沢家―二）

殿岡さし出し帳

十壱貫仁百八十メ　　九郎左衛門尉

此米四十四俵壱合

（中略）

きし《(木師)》藤四分

壱貫五十メ　　小作入作　新四郎

此米四俵壱升九合

弐貫三百メ　　大工入作　平蔵

此米八俵壱斗九升四合

六郎右衛門尉分

七百卅弐メ　　善藤

此米仁俵壱斗七升弐合

さるとし《(申年)》之死人

八百メ　　　　　　　　　　　源十郎
　此米三俵仁升四合五勺
　　　　入作
（中略）
　　あれ地分
　　　　名子熊之入作　当うせ人
三百八十六メ　　　　　　宗助
　此米仁斗九升九合
　　　　　きし
弐貫三百メ　　　　　　藤四郎
　此米八俵壱斗九升四合
　　申之としうせ人
（中略）
　　しん川なかれ
弐百メ　かない分　　　　新六
　此米壱斗五升六合
　　巳之としうせ人

［表２］殿岡さし出し帳（天正 13 年）集計表

（1 俵＝２斗）

（１）松沢分

名　前	特記事項		貫高	俵高
与助			0.180	0.14300
三郎左門尉			0.300	0.23400
宮前			2.050	8.00000
兵蔵		むまのとし	0.650	0.50700
善右門尉		むまとし死人	0.050	0.03900
二郎左門尉	前田	巳之としうせ人	0.700	0.54600
与三郎		未のとしうせ人	0.340	1.06650
安右門尉		たつ之としうせ人	1.000	3.18000
耕地分合計			2.530	9.17700
荒地分合計			2.740	10.13850
（松沢分合計）			5.270	20.11550

（２）ひたち分

名　前	特記事項		貫高	俵高
彦左門尉	いけた	巳之とし死人	0.432	0.33800
耕地分合計			0.000	0.00000
荒地分合計			0.432	0.33800
（ひたち分合計）			0.432	0.33800

（３）竹居分

名　前	特記事項		貫高	俵高
助蔵	こせた	たつ之としうせ人	0.500	0.39000
与三右門尉	たかせき入作	卯之とし死人	1.140	4.09500
与助	あなた	たつとしうせ人	0.564	2.04200
ぬしなし			0.050	0.03900
耕地分合計			0.000	0.00000
荒地分合計			2.254	8.16600
（竹居分合計）			2.254	8.16600

（４）かない分

名　前	特記事項		貫高	俵高
常珎			0.636	2.09850
新六			0.200	0.15600
彦十郎	入作	未とし［　　］	0.250	0.19500
死人			0.730	0.57200
耕地分合計			0.636	2.09850
荒地分合計			1.180	4.12300
（かない分合計）			1.816	7.02150

（５）藤四郎分

名　前	特記事項		貫高	俵高
小作　新四郎	入作		1.050	4.01900
彦市	入作		0.750	2.18050
耕地分合計			1.816	7.02150
荒地分合計			0.000	0.00000
（藤四郎分合計）			1.800	6.19950

（６）その他

名　前	特記事項		貫高	俵高
善藤（六郎右衛門尉分）	入作	さるとし之死人	0.732	2.17200
六郎右衛門尉			6.050	23.11900
九郎左衛門尉			11.280	44.00100
祖孝			4.730	18.09200
大工　又蔵			2.819	11.00150
大工　与十郎			0.950	3.14100
大工　十郎左衛門尉			2.124	8.06000
清次郎			4.844	18.17800
きし　安右門尉			7.000	27.06000
小左衛門尉			1.650	6.08700
大工　平蔵	入作		2.300	8.19400
源十郎	入作		0.800	3.02450
五郎左衛門尉	入作		1.220	4.14900
き中　与三郎	入作		1.136	4.08850
善七郎	しまた入作		1.136	4.08850
孫左衛門尉	入作		0.468	0.36850
しま田之善四郎	入作		2.600	10.03250
源三郎	古城入作		0.864	3.07600
清右門尉	名子熊入作		0.720	0.56350
宗助	名子熊之入作	当うせ人	0.386	0.29900
きし　藤四郎		申之としうせ人	2.300	8.19400
をけ　四郎左門尉	入作	申之としうせ人	2.500	9.16000
七郎左門尉		申之としうせ人	2.080	8.02500
兵蔵		むま之としより　ひゑたうせ人	0.500	0.39000
小加むら	おふつほのはた	午之としうせ人	0.322	1.06000
三郎左門尉	あみためん	辰之とし成敗人	2.960	11.11000
新六		巳之としうせ人	0.040	0.03200
二郎左門尉	ひゑ田		0.500	0.39000
又市	ひゑ田	むまとしうせ人	0.700	2.14600
乙二郎	岩下	うせ人	0.164	0.13000
耕地分合計			53.423	208.09650
荒地分合計			12.452	48.13600
（その他合計）			65.875	257.03250

耕地分合計	55.859	217.19450
荒地分合計	16.914	66.12600
「しん川なかれ」分合計	4.674	18.05250
（合計）	77.447	302.07300

（中略）

かみかつ六まい

但馬

八月十四日　　直次（花押）

史料二は横帳で、右上隅の一か所だけで留められている。末尾に「但馬直次」と署判があるが、これは慶長期に下殿岡村の肝煎を勤めた矢沢但馬のことであり、彼が作成したものであることがわかる。平沢氏は、これを天正十三年に作成された「さし出し」と比定しているが、「当年」が酉年（天正十三年）を指していることから、妥当な見解であると思われる。ここでは耕地・荒地・「新かわなかれ」（殿岡の南を流れる新川の水害を受けた分）に三分され、貫高・俵高の両方で記載されていて、田畑の等級はなく、すべて一斗＝一二八文、一貫文＝七斗八升で統一されている。貫高の合計分は天正十年とほぼ同額である。また、「松沢分」「かない分」「竹居分」「ひたち分」の分付地が大幅に減少し、主作地が増加している。荒地も以前のものより詳細になっており、天正十年の「さし出し帳」と同様、卯（天正七年）から当（酉、天正十三年）まで、荒地になった年がそれぞれ記載されている。

（三）天正十九年下殿岡村検地帳（表3）

【史料三】（信補上七〇八、矢沢家―三。前後略）

弥二郎分

屋敷　拾六歩　　六舛四合　　源右衛門

分付主	作人
	十郎左衛門 13、藤四郎 1、清二郎 10、又六 1、与三郎 17、清兵衛 5、彦左衛門 3、善中 3、小左衛門 2、善四郎 1、与助 2、新六 10、九郎左衛門 14、宗永 2、三郎左衛門 3、新二郎 1、宗左衛門 2、善二郎 1、彦三 3、孫七郎 1、仁右衛門 1、与三右衛門 1、小右衛門 2、彦五郎 1
	源十郎 2、卜蔵主 1、彦左衛門 1、与助 1、与三郎 1、四郎右衛門 1、善七郎 1、介七郎 1、小河原 1
	小七郎 1、源三郎 1、七郎左衛門 1、常玶 1、与三右衛門 1、清右衛門 1、荒田 1
	左衛門太郎 4、善四郎 1
	卜蔵主 3
	又二郎 1、道林 1、善四郎 1、与三右衛門 1、善右衛門 1、清兵衛 1
	新六 3、与三郎 1、清二郎 1
	彦左衛門 1、九郎左衛門 1
	藤四郎 1
	清二郎 5、十郎左衛門 3、与三郎 2、新六 1、六郎右衛門 1
	三郎左衛門 1
	源右衛門 4
	孫右衛門 2、七郎左衛門 1
北村 1	藤四郎 1
圓通寺 3、松澤 1	善六 1
くもんぢ 4	
松澤 1（荒田）	
四郎左衛門 1	
兵蔵 3、番匠 1	
弥二郎 4、兵蔵 1	
兵蔵 10、北村 5、さゝゑもん 1	
兵蔵 1、竹居 1、金居 1	
兵蔵 2	
松澤 1	
兵蔵 2、松澤 1	
兵蔵 14、ひたち 1	
兵蔵 13、北村 3	

表３　殿岡郷検地帳（天正 19 年）集計表

No.	名　前	屋敷（歩）	自作地 面積（歩）	自作地 年貢高（石）	分付地 面積（歩）	分付地 年貢高（石）	被分付地 面積（歩）	被分付地 年貢高（石）
1	兵蔵	80	8,129	23.25985	21,125	49.93421		
2	松澤				5,489	14.94534		
3	金居				5,352	13.33800		
4	くもんぢ				3,742	10.94076		
5	圓通寺				2,325	8.07000		
6	竹居				4,422	7.48167		
7	さヽゑもん				1,478	5.23200		
8	ひたち				1,486	5.02400		
9	木師				1,656	4.96800		
10	北村				1,671	4.46267		
11	番匠				410	3.68000		
12	弥二郎				612	1.62534		
13	小使				1,004	0.94200		
14	六郎右衛門	20	4,999	14.32134			206	0.34333
15	ト蔵主	20	1,688	3.84431	14	0.04000	2,468	8.46900
16	左衛門太郎		5,401	18.97073			3,544	10.34676
17	小河原		2,004	8.01600			200	
18	四郎左衛門		1,742	6.18138			904	2.71500
19	又蔵	64	2,052	6.14703				
20	坊観		1,440	5.04800				
21	三郎左衛門	40	2,020	4.58933			782	4.26800
22	安右衛門		1,810	4.50667				
23	平三		1,509	4.04700				
24	源右衛門	16	1,280	3.87600			783	1.90868
25	清二郎		1,097	3.63800			2,434	5.83470
26	与三右衛門		1,200	3.60000			765	2.43600
27	宗永		944	3.51600			676	1.12666
28	吉平		994	2.98200				
29	助七郎		760	2.94000			250	0.76000
30	与助		1,014	2.73001			728	1.68266
31	丹後		900	2.70000				
32	九郎左衛門		776	2.54000			3,934	9.97605
33	彦四郎		750	2.25000				
34	十郎左衛門		701	2.16100			3,314	7.90303
35	源二郎		414	2.14200				

竹居１（荒田）	
六郎右衛門１、兵蔵１、木師１	
兵蔵17、北村２、松澤１、さゝゑもん１	
金居１	
ト蔵主１	
兵蔵３	
竹居１、兵蔵１、くもんぢ１	
兵蔵10、さゝゑもん３、北村１	
兵蔵３、ひたち１、松澤１	
兵蔵１	
竹居１	
兵蔵２	
兵蔵１	
兵蔵５、竹居１	
金居１	
金居１、小使１	
松澤１	
松澤２	
金居１	
兵蔵１	
兵蔵２	
兵蔵３	
金居１	
小使２	
兵蔵２	
兵蔵１	
兵蔵１	
兵蔵１	

36	宗五郎		659	2.11200				
37	又次郎		1,014	1.89000			300	
38	道寿		702	1.78006				
39	藤四郎	20	806	1.74401			2,004	5.93200
40	甚三郎		400	1.27200				
41	与三郎	20	493	1.15778			4,603	12.32102
42	源三郎		380	1.10100			1,000	3.00000
43	善六	9	595	1.01293			14	0.04000
44	善中		475	0.86766			570	0.78838
45	善四郎		490	0.79668			1,348	5.19400
46	新六	24	398	0.66334			2,637	7.19569
47	彦左衛門		294	0.64333			2,680	6.94668
48	新二郎		340	0.56667			132	0.36000
49	彦九郎		168	0.37599				
50	道林		224	0.37343			2,380	0.96667
51	善右衛門		90	0.27000				
52	小左衛門		80	0.24000			764	1.76400
53	甚四郎		112	0.18688				
54	又六		112	0.18683			405	1.21500
55	新三郎		108	0.18001				
56	清兵衛		120	0.12000			705	2.57634
57	小七郎		70	0.07000			422	1.26600
58	乙次郎		28	0.04668				
59	新兵衛		300					
60	七郎左衛門						2,436	5.22000
61	善七郎						1,804	4.51200
62	源十郎						910	3.33000
63	常珎						750	2.25000
64	彦五郎						500	2.00000
65	小右衛門						764	1.76400
66	彦三						668	1.27334
67	清右衛門						360	1.08000
68	孫右衛門						314	0.94200
69	宗左衛門						246	0.57800
70	善二郎						84	0.14000
71	孫七郎						120	0.12000
72	仁右衛門						120	0.12000
（　合　計　）			52,082	151.66393	50,786	130.68399	50,786	130.68399

※1石＝10斗、1反＝300歩、1畝＝30歩で計算。分付主・小作人の数字は検地帳の筆数。

下田　四反拾弐歩　三石六斗三舛六合　同人
下田　弐畝八歩　弐斗四合　同人
同所　くもんぢ分
下田　八反　七石弐斗　左衛門大郎
圓通寺分
下田　壱反壱畝　九斗九舛　卜蔵主
同所
下田　六畝　三斗　同人

史料三は竪帳で前後が欠落しており、検地が行われた日付や奉行の名は不明である。表紙は明らかに別の紙が使われている。平沢氏は、「天正十八年寅年御検地帳　下殿岡村」という表題が後世に表紙をつけて綴じた際につけられたものであり、実際の作成年は伊那郡全域で検地が行われた天正十九年であったと述べている。一反＝十畝＝三百歩制など、太閤検地の原則に則った内容であることから、平沢氏の指摘通り、天正十九年の検地帳と見て問題ないと思われる。

一反あたりの斗代は、屋敷地が一石二斗、上田一石二斗、中田一石二斗、下田九斗、上畑一石二斗、中畑九斗、下畑五斗、下々畑三斗となっており、上田と中田、田と畑の違いがないことが特徴としてあげられる。平沢氏によれば、同時期に実施された他村の検地帳と比較して低い数値（太閤検地の基本斗代は上田一石五斗）であり、殿岡郷がこの当時、生産力の低い村落であったためとされている。

また、検地帳に記載されている耕地は主作地が約百五十石、分付地が約百三十石で、合計が約二百八十石であり、分付地と主作地でほぼ二分されている。残念ながら地名の記載がないため、耕地や屋敷地の所在を知ることはできない。これを天正十九年に毛利氏が作成した「信州伊奈青表紙之縄帳」(11)と比較すると、「駄科内殿岡」が三百七石であり、ほぼ一致する。おそらく、破損した部分がこの二十石分であったと考えられる。

平沢氏によると、戦国期の殿岡郷は駄科郷の枝郷であり、この年に行われた検地（太閤検地）によって、殿岡が駄科から分離し、村境が確定したとされている。天正十九年の検地帳が、この当時の殿岡郷のほぼ全部の耕地を記載したものであることは間違いないだろう。ただし、平沢氏が言うように、この段階で下殿岡が駄科から分離し、村境が画定したかどうかは、ここでは実証できない。

以上あげた三点の史料は、貫高から俵高、石高への移行期に作成されたものである。特に、天正十三年の「さし出し帳」では一俵＝二斗の「国枡」、天正十九年以降は一俵＝四斗の京枡が使われている。各史料の基準が異なるため、単純に比較することは困難であるが、次項では可能な限りの範囲内で、天正期殿岡郷の内部構造の推移について検討したい。

二、「うせ人」と「入作」

まず、村落構成員の推移を見ていくため、「うせ人」「死人」「入作」の各項目の分析を行う。天正十年（表1）と同十三年（表2）のうせ人・死人の情報はほぼ重なっており、年を追うごとにその人数は増えている。その分、荒地の面積が拡大し、荒地である期間も長くなっているわけだが、ここでは、うせ人が多く発生した要因について考えてみたい。

天正八〜九年は武田領国末期の段階であり、下伊那は武田・徳川領国の「境目」にあたっていた。こうした状況に加え、武田氏による年貢・人足徴収の強化が行われており（戦武三五二四・三五五二）、伊那郡内の各村落で欠落が多く見られる。天正十年はいうまでもなく、三月に武田氏が織田氏の侵攻によって滅亡し、続く六月の本能寺の変によって、徳川・北条・上杉各氏による旧武田領国の争奪戦（「天正壬午の乱」）が起こった年である。翌十一年の徳川・北条両氏の国分によって南信濃は徳川氏の領国となったが、その後も伊那郡では混乱が続いていた。

すなわち、「さし出し帳」に見える「うせ人」「死人」の発生は、当時の社会状況、特に戦乱と、「しん川なかれ」等の災害によるものと考えられ、この当時の村落の荒廃状況を示していたことがわかる。これは天正十九年段階（表３）で、多くの「うせ人」が復帰していることからも明らかだろう。

次に、入作者の出身地を見ると、名古熊・たかせき（大瀬木？）・島田・古城《ふるじょう》など、周辺村落からの流入が多いことに気付く。彼らは天正十九年段階でも屋敷地を登録されておらず、村落外に居住していたことがわかる。すなわち、村内でうせ人が出て、その土地を耕作する者がいなくなった場合、これらの入作人と、従来から村内にいる者に対して、村落内部において「うせ人」跡の割付が行われていた。ただし、入作者自身が新たに、うせ人となってしまう場合もあり、荒地は年々増え続ける状況にあった。

しかしながら、外部からの入作者に対して割付を行い、耕作者を確保することは、うせ人の発生による耕地の荒廃を防ぎ、再生産活動を継続するために必要な措置であり、村落にとって非常に重要な行為であったと考えられる。

三、殿岡郷内諸階層の分析

天正十年（表1）と十三年（表2）の「さし出し帳」、十九年の検地帳（表3）に記載されている者について分析を行った結果、次の六つのグループに分類することができた（表4）。

（A）天正十年・十三年・十九年において、すべて分付主（○○分）として記載されている者。
（B）天正十九年にのみ分付主として登場する者。
（C）天正十年・十三年・十九年において、主作者・分付百姓（被分付者）として記載されている者。
（D）天正十年分のみ主作者・分付百姓として記載されている者。
（E）天正十三年以降に主作者・分付百姓として記載されている者。
（F）天正十九年のみ主作者・分付百姓として記載されている者。

では、以上の分類を踏まえて、各グループについて具体的な分析を試みたい。まず、（A）のグループに含まれる者についてであるが、天正六年に武田領国下の信濃国内の各村落に賦課された諏訪社造宮役の帳面（上諏訪造宮帳、戦武三〇七七）に「伊賀良庄殿岡郷」とあり、その代官として松沢又太郎がいる。すなわち、「松沢分」とは殿岡郷代官であった松沢氏の分付地であったと考えられる。戦国大名の発給文書には知行地の記載として「〇

表４　天正期「殿岡さし出し帳」・検地帳登録者一覧表

グループ	名　前	天正10年（貫高）			天正13年（貫高）				天正19年（石高）			
		主作地	分付地	被分付地	主作地	分付地	被分付地	特記事項	屋敷	主作地	分付地	被分付地
A	松沢		21.501			5.270					14.94534	
A	竹居		6.976			2.254					7.48167	
A	金居		6.844			1.816					13.33800	
A	ひたち		4.896			0.432					5.02400	
B	くもんぢ（公文所）										10.94076	
B	圓通寺										8.07000	
B	さゝゑもん										5.23200	
B	北村										4.46267	
B	弥二郎										1.62534	
C	兵蔵	10.184		2.540	0.500		0.650	むまのとしうせ人	80	23.25985	49.93421	
C	清二郎	9.800		0.174	4.844					3.63800		5.83470
C	大工　又三（又蔵）	2.100		0.664	2.819				64	6.14703		
C	大工　十郎右衛門尉	1.224			2.124							
C	四郎左衛門尉	1.000		1.164	2.500			入作　申之としうせ人		6.18138		2.71500
C	大工　三郎左衛門尉			2.968	2.960		0.300	辰之とし成敗人	40	4.58933		4.26800
C	善四郎			2.462	2.600			しま田　入作		0.79668		5.19400
C	六郎右衛門尉			2.340	6.050	0.732			20	14.32134		0.34333
C	大工　平蔵			2.000	2.300			入作		4.04700		
C	木師　藤四郎			1.500	2.300	1.800		申之としうせ人	20	1.74401		5.93200
C	七郎左衛門尉			1.300	2.080			申之としうせ人				5.22000

C	与助			1.244			0.744	あなた　たつとしうせ人				
	与三右衛門尉			1.164			1.140	たかせき入作　卯之とし死人		3.60000		2.43600
	善七郎			1.000	1.136			しまた入作				4.51200
	大工　与三郎			1.000	1.136		0.340	入作　未のとしうせ人	20	1.15778		12.32102
	源三郎			0.864	0.864			古城　入作		1.10100		3.00000
	善藤			0.730			0.732					
	清右衛門尉			0.580	0.720			名子熊　入作				1.08000
	善右衛門尉			0.550			0.050	むまとし死人		0.27000		
	常珎			0.500			0.636					2.25000
	宗助			0.500	0.386			名子熊之入作　当うせ人				
	助三			0.500			0.500	たつ之としうせ人				
	新六			0.400	0.040		0.200	巳之としうせ人	24	0.66334		7.19569
	彦左衛門尉			0.180			0.432	いけた　巳之とし死人		0.64333		6.94668
	又一（又市）			0.060	0.700			ひゑ田　むまとしうせ人				
D	源右衛門尉	7.000							16	3.87600		1.90868
	七郎右衛門尉			1.200								
	彦右衛門尉			1.132								
	善十郎			0.664								
	小右衛門尉			0.600								1.76400
	宗永			0.600						3.51600		1.12666
	助四郎			0.580								
	三郎右衛門尉			0.300								
	木師又六			0.050								

D	久三			0.035						0.18683		1.21500
E	九郎左衛門尉				11.280					2.54000		9.97605
	きし　安右門尉				7.000		1.000	たつ之としうせ人		4.50667		
	祖孝				4.730							
	小左衛門尉				1.650					0.24000		1.76400
	五郎左衛門尉				1.220			入作				
	大工　与十郎				0.950							
	源十郎				0.800			入作　さるとし之死人				3.33000
	二郎左門尉				0.500		0.700	巳之としうせ人				
	孫左衛門尉				0.468			入作				
	乙二郎				0.164			岩下　うせ人		0.04668		
	小作　新四郎						1.050	入作				
	彦市						0.750	入作				
	彦十郎						0.250	入作　未とし　［　　］				
F	ト蔵主								20	3.84431	0.04000	8.46900
	左衛門太郎									18.97073		10.34676
	小河原									8.01600		
	坊観									5.04800		
	吉平									2.98200		
	助七郎									2.94000		0.76000
	与助									2.73001		1.68266
	丹後									2.70000		
	彦四郎									2.25000		
	十郎左衛門									2.16100		7.90303

F	源二郎									2.14200		
	宗五郎									2.11200		
	又次郎									1.89000		
	道寿									1.78006		
	甚三郎									1.27200		
	善六								9	1.01293		0.04000
	善中									0.86766		0.78838
	新二郎									0.56667		0.36000
	彦九郎									0.37599		
	道林									0.37343		0.96667
	甚四郎									0.18688		
	新三郎									0.18001		
	清兵衛									0.12000		2.57634
	小七郎									0.07000		1.26600
	彦五郎											2.00000
	彦三											1.27334
	孫右衛門											0.94200
	宗左衛門											0.57800
	善二郎											0.14000
	孫七郎											0.12000
	仁右衛門											0.12000

○郷××分」という、郷内の名田所持者の名を記した例がよく見られる（今回の場合は「殿岡郷松沢分」という表記になる）。よって、この「松沢」「かない（金居）」「竹居」「ひたち」の四名も、中世伊賀良庄内における名田所持者（名主）だったのではないかと推測できる。

しかし、天正十年段階（表1）で「松沢分」「かない分」「竹居分」「ひたち分」であった耕地の多くが、天正十三年（表2）では彼らの分付地ではなくなっている。最も大きく減少しているのは「松沢分」で、確認できるだけでも六郎右衛門尉・九郎右衛門尉・大工又三（又蔵）・清次郎などの耕地が分付記載から外れている。同様に他の三名分も、天正十三年の段階では、全体の貫高がさほど変化していないのに対して、天正十年の段階に比べて分付地が約四分の一に減少している。殿岡郷全体での割合を見ても、天正十年の段階では分付地が五一％を占めているのに対し、天正十三年の段階では一三％に減少している。この段階まで残っている分付地も大部分が荒地であり、「うせ人」「死人」の記載があることから、実際は耕作者不在の状態にあったことがわかる。

一方、「さし出し帳」に分付百姓として記載されている者は、有賀喜左衛門氏[12]の分類で「名田小作」とされる階層であり、名主の支配を受けつつ実際に土地を所有し、年貢納入を行っていたと考えられる。すなわち、名主層（A）から、その下の階層（C）へ土地所有権が移り、新たに「百姓」として登場している経緯を読みとることができるのである。

次に、（B）のグループについて見ると、圓通寺は下殿岡にある臨済宗妙心寺派の寺院である。『伊賀良村史』によると、戦国期に兵火で焼失し、荒廃していたのを、天正十六年に矢沢但馬が寺領を寄進し、再興したとされる。同じように、卜蔵主はこの圓通寺の住持と考えられる。

また、「くもんじ」は「公文所」のことであり、下殿岡村の肝煎矢沢氏の屋号である。よって、「くもんじ分」とは矢沢氏の分付地を指すものと考えられる。天正十年（表1）、同十三年（表2）の「さし出し帳」には矢沢但馬の耕地記載がないことからも、この推測を裏付ける証左となる。中世の殿岡には伊賀良庄を管理する施設（公文所）があり、矢沢氏はその荘官であったとされている。[13] すなわち、矢沢氏は中世においては武士階級であり、百姓とは見なされていなかったということになる。

なぜこれらの耕地が「さし出し帳」には記載されず、天正十九年の検地帳（表3）に突然登場するのだろうか。結論から言えば、これらは元々は地頭の知行地、あるいは寺領だった土地であり、天正十八年以降、年貢賦課の対象となった土地であったからではないかと考えられる。それを裏付ける史料として、天正十八年の徳川氏の関東転封後、伊那郡に入った毛利氏の家臣で飯田城代を務めた篠治勝次郎秀政が、領内に交付した条目をあげる。

【史料四】（「平沢文書」信17二五九）

定

一、當郷出作之田畠、去年まて作来候百姓可作事

一、国替之者田地并逐電之者跡職、其郷百姓貫目ニ追而わり付可被作事

一、當荒・永荒切発可作、若あらし候共、御年貢之儀者可被召上候旨事付、去年より被仰出候百姓、田地を不作奉公ニ出るニをゐてハ、其一類まて搦捕可被指越之事

右之条々、難渋之百姓於有之者、可有御成敗候、此旨急度百姓中ニ可被申聞者也、

天正拾九年

二月日　　勝次郎（花押）

虎岩之郷道正

この史料の要点は、次の三つである。一つは、国替などで村を離れた者の所有地を、郷内に残った者で割付をさせ、引き続きその土地の耕作をさせている点。二つ目は、百姓が再度奉公に出ることを禁じ、耕作に専念するよう定めている点。三つ目は、荒地の存在を認めず、すべての耕地を年貢徴収の対象にしようとした点である。特に、関東へ行かず、下伊那に留まった者は百姓として扱われ、彼らが所有していた知行地も百姓地化した。（F）の階層はその耕作者であったと考えられる。

「さし出し帳」よりも検地帳の方が分付の割合が高いということからも、天正十九年に突如表れたこれらの階層の存在は、土豪層の知行地が新たに百姓地として登録された可能性を示しているものといえる。本書第２部第三章で検討の対象とした虎岩郷の場合、天正十七年にすでに検地を実施しており、その後、慶長六年まで検地は行われていない。天正十八年に郷代官の平沢道正が作成した「本帳」は、検地帳ではなく、旧知行地を集計して書き上げたものであり、虎岩でもこの段階で全郷が百姓地化したと考えられる。

このようにして、天正十九年の段階で初めて郷内全域が百姓地となり、年貢賦課の対象となった。検地帳はそれを集計し、新たな年貢賦課の基準としたものだといえる。また、「さし出し帳」を作成したのが矢沢但馬であり、天正十九年の検地帳も矢沢家に残存していることから、戦国期に土豪層による郷単位での年貢収納が行われていたと見て間違いないだろう。すなわち、近世下殿岡村の肝煎を務め、村落運営の中心となった矢沢家の原型は、この段階ですでに形成されていたのである。

おわりに

本論では、中世殿岡郷が近世下殿岡村へ移行していく過程についての考察を行った。中世のこの地域は伊賀良庄に属し、武田氏滅亡直後の天正十年段階でも名田を所有する分付主が多く存在していた。その後の数年間は、名田の解体過程であり、実際の耕作者が百姓として登録される制度に変わっていく状況を明らかにすることができた。

その後、天正十八年に徳川氏が関東へ移り、伊那郡に入部した毛利氏の元で、この地域の構造は大きく変化した。最大の変化は、旧来の知行地が否定され、すべての耕地が百姓地として組み入れられた点である。ただし、この段階では、旧来の分付関係はいまだに多くの耕地で継続していた。

天正十年から十三年までの村落の状況で特徴的なのが「うせ人」と荒地が多く存在する点である。これは当該期の社会状況、特に戦乱や災害によるものと考えられる。戦国期の殿岡郷では、上記のような村落の荒廃を克服し、耕作者を確保するために、郷内居住者や、他村からの「入作」者に対して割付を行い、耕作者がいなくなった土地の耕作をさせていた。

また、「さし出し帳」の作成者である矢沢但馬は、中世の殿岡郷において、伊賀良庄の荘官（公文所）の系譜を引く「侍層」である一方、百姓地の年貢収納を司る役割を持っていた。近世初期に肝煎矢沢氏を中心として成立した村請体制も、こうした戦国期以来の体制を継承する形で行われたものであったといえるだろう。

註

（1）古島敏雄「近世初期の検地と農民層の構成」（『古島敏雄著作集第三巻　近世日本農業の構造』東京大学出版会、一九七四年。初出一九四三年）。
（2）平沢清人『近世村落への移行と兵農分離』（校倉書房、一九七三年）。
（3）安良城盛昭「太閤検地の歴史的前提」（『日本封建社会成立史論』上、岩波書店、一九八四年。初出一九五三年）、同「太閤検地の歴史的意義」（『幕藩体制社会の成立と構造』増訂第四版、有斐閣、一九八六年。初出一九五四年）、同『太閤検地と石高制』（日本放送出版協会、一九六九年）。
（4）稲葉継陽「村落論の展開と地域社会論」（池上裕子・稲葉継陽編『展望日本歴史一二　戦国社会』総説Ⅱ、東京堂出版、二〇〇一年）。
（5）吉田ゆり子「幕藩体制成立期の村落と村請制」（『兵農分離と地域社会』校倉書房、二〇〇〇年。初出一九八五年）。
（6）稲葉継陽「村の御蔵と年貢収納・種貸・つなぎ―一七世紀初頭虎岩村の機能と連帯―」（『戦国時代の荘園制と村落』校倉書房、一九九八年。初出一九九六年）。
（7）平沢清人「信州伊奈郡下殿岡村の検地と村落構造について」（『近世村落構造の研究』吉川弘文館、一九六五年。初出一九五八年）。以下、平沢氏の見解は本論による。
（8）早稲田大学教育学部歴史学研究会近世村落史部会「近世初期村落の一形態―信州伊那郡下殿岡村調査第一回報告―」（『歴研評論』十一号、一九五八年）。
（9）『伊賀良村史』（伊賀良村史刊行会、一九七三年）でも「さし出し帳」と検地帳の分析は行われているが、前掲註（7）、（8）などの先行研究を踏襲した内容となっている。
（10）「矢沢家―数字」は飯田市美術博物館所蔵「下殿岡公文所 矢沢家文書」の史料番号である。
（11）『新編信濃史料叢書』第十一巻、三三九頁。
（12）有賀喜左衛門「家族制度と小作制度」（『有賀喜左衛門著作集Ⅰ　日本家族制度と小作制度（上）』未来社、一九六六年。初出一九四三年）。
（13）『飯田市美術博物館文書目録Ⅷ』（下殿岡公文所矢沢家）解説文（飯田市美術博物館、二〇〇三年）。

終章　戦国織豊期の大名権力と地域社会の評価

本書で検討の対象とした戦国期から近世初期は、「室町幕府—守護体制」が崩壊して各地域権力が成立し、全国規模の統一政権が形成される中で、各地域の社会が再編成された時代であった。本書では甲信・東海地域を事例として、天正十年（一五八二）に戦国大名武田氏が滅亡した後に旧武田領国を支配した徳川氏と、同十八年に徳川氏が関東へ転封された後、旧徳川領国に入部した豊臣系大名を取り上げ、戦国織豊期（中近世移行期）の大名権力と地域社会のあり方について論じた。ここでは本書の総括をまとめておきたい。

一、統一政権下の大名権力と支配体制

まず第1部では、天正十年から同十八年に三河・遠江・駿河・甲斐・信濃の五ヶ国を領有した徳川氏の領国支配構造を検討した。

第一章では遠江国敷知郡宇布見郷（浜松市中央区雄踏町）で作成された年貢勘定書の分析を通して、天正十年代の年貢収取構造の変化や村請制などに関する基礎的研究を行った。宇布見郷では天正十年段階まで「代方」制が採用され、今川領国下の状況を踏襲して年貢納入を行っていたが、天正十一年から十六年にかけて、米・鐚銭・塩などの現物納や「御蔵」の設置など、徳川氏の領国支配の画期となる新たな年貢収取方法が構築されていた点

を明らかにした。

徳川氏とその領国にとって大きな転換点となったのが、天正十四年十月に豊臣政権に従属し、戦国大名から豊臣大名へと転化したことである。家康はこれを契機として自らの権力基盤を強化し、翌天正十五年から十六年に領国内に対して「五十分一役」を賦課した。第二章では、この「五十分一役」の問題について、甲斐における残存史料を中心に事実関係の再検討を行った。その結果、「五十分一役」は下方枡を基準枡として徴収（甲斐では甲州枡を用い、下方枡との換算率を定めて徴収）された「地頭役」であり、豊臣政権による北条攻めを前に給人・寺社に対して賦課された「知行役」であったこと、「五十分一役」の請取状が知行・寺社領安堵の際に重要視されていたことなどを確認できた。

第三章では徳川氏が天正十七・十八年に実施した検地と、同時期に交付された「七ヶ条定書」の分析を通して、当該期の徳川領国の基礎構造について論じた。徳川氏は田畠と屋敷地を中心とする統一的な年貢賦課基準を設定する一方、指出を基に検地を行っていた。また、地域ごとの多様な枡と下方枡の換算値を定め、俵高制による基準で知行の宛行・安堵や軍役賦課を行っていたが、甲斐・信濃の国衆領では旧武田領国の基準枡であった甲州枡や「国枡」が使用されており、「七ヶ条定書」の交付や徳川氏の奉行衆による検地は一切行われていなかった。

天正十年代は徳川氏の領国支配の画期であり、貫高制（精銭を基準とする制度）から俵高制・石高制（米を基準とする制度）への移行や、村請による年貢・公事収取が明確に示されるなど、戦国社会から近世社会への転換期でもあった。その集大成として評価できるのが天正十七・十八年に実施された検地と「七ヶ条定書」の交付であり、徳川氏はこの段階において、地頭・代官の恣意的な支配を排除して村落と直接交渉を行う体制を標榜することで、豊臣政権下において、前代の戦国大名権力とは異なる地域権力としての地位を確立することになった。

その一方で、五ヶ国領有期の徳川氏は武田氏と同様に、地域社会において「公方」と呼称される権力であり、その領国内に国衆等の地域権力を重層的に内包し、「五十分一役」の賦課や検地の実施、税制などの基本的な施策は徳川氏の直接支配領域（東海地域と甲斐国中地域）に限定されていた。第1部・第2部で明らかにしたように、五ヶ国領有期（天正十年代）の徳川領国は、戦国大名領国を基礎として形成され、東海地域（旧今川領国）と甲斐・信濃（旧武田領国）では支配構造が異なっていたことがわかる。

次に、太閤検地と各大名領国の検地、石高制と俵高制・貫高制の問題について言及しておきたい。徳川氏が天正十七年・十八年に実施した検地は領国内の独自の規準で行われたが、検地実施の手順は北条氏などの戦国大名検地の施行過程と酷似しており[1]、近年の他大名領における研究成果から、徳川領国でも領国内の基準（下方枡を基準とする俵高制）と豊臣政権下の基準（京枡を基準とする石高制）との換算値が存在した可能性が高い。

このことは、徳川氏の関東転封後に旧徳川領国へ入部した諸大名の領域支配でも同様であった。第3部では旧徳川領国に入部した豊臣系大名の信濃支配について、検地方法と貫高・俵高・石高制の問題を中心に検討したが、各大名は入部直後、領内から指出を徴収し、前代（徳川氏および麾下の国衆）の支配体制を継承するとともに、独自の基準で検地を実施し、領域支配を行っていた。これらは、信濃国諏訪郡の日根野氏、同国伊那郡の毛利氏のように、太閤検地の基準による検地を実施して石高制を採用した大名と、信濃国佐久郡の仙石氏、同国小県郡の真田氏のように貫高制を採用した大名、甲斐の加藤氏のように甲州枡を基準とする俵高制を採用した大名に分けることができる。豊臣政権は朝鮮出兵などの軍事行動に際して「御前帳」を作成し、統一政権下での軍役等の賦課基準としているが[2]、貫高・俵高制を採用した大名は、支配領域内の基準（貫高・俵高）と豊臣政権の基準（石高）の換算値を設定していた。

以上の考察結果から、これまで戦国織豊期の徳川氏に関する重要な見解とされてきた、本多隆成氏[3]の「初期徳川氏」論は成立しないことが明確になる。武田氏や徳川氏が領国内の統一的基準を設ける一方で、国衆等の支配領域には介入せず、領国内の基準を適用しなかったのと同様に、豊臣政権も各大名の領国検地には介入せず、申告された結果を基に各国・各大名領の石高を算出し、それを基準として軍役・知行役などを賦課していた。このように、織豊期・近世初期の大名権力は領国内と領国外（特に統一政権内）の基準という重層性を内包しながら成立していたのである。

よって、従来の議論で重視されてきたような、太閤検地と石高制を画期として豊臣政権による「変革」を強調する見解[4]は再検討が必要であり、また本多氏が主張するように、五ヶ国領有期の徳川氏が俵高制を採用して独自の基準による検地を実施したことが、ただちに豊臣政権からの自立性を示す指標にはなりえないことを示していよう。

二、中近世移行期社会の連続面と画期

また第３部では、豊臣政権下の信濃を事例として、当該期の村落内諸階層の分析と兵農分離の問題について論じた。

畿内で成立した統一政権（豊臣政権）が各地域権力を従属させていく中で、中近世移行期社会の画期となる、権力側による地域編成が行われた点は見逃すことができない事実である。五ヶ国領有期の徳川氏は、国衆領を除く直接支配領域に限定されつつも、東海地域の基準枡であった下方枡による俵高制を採用し、統一的基準による軍役や知行役を領国内に賦課した。また、統一権力による検地（太閤検地）も、村落内の耕地・屋敷地を統一的基準の下で把握し、京枡を基準とした石高制による村高を確定させ、大名・給人の知行高を統一的に把握することを可能にした。ただし、統一政権下の基準（京枡による石高）と各地域の基準（貫高・俵高）との間には換算値が存在しており、地域社会の様々な基準を内包し、その重層性を許容しながら成立していた点に、織豊期・近世初期の権力と地域社会の特質として評価することができよう。

近年の谷口央氏[5]の見解では、村落共同体による村請制は太閤検地によって確立されたと評価されてきたが、東海地域ではすでに戦国期の段階から村請が確認できる。戦国期の武田領国でも村請制が存在していたことが、平山優氏[6]によって指摘されている。一方、甲斐・信濃において村落共同体を示す「百姓中」の存在が史料上で明文化されたのは天正十八年の段階である。この背景には、徳川氏の関東転封にともなって当該地域における村落内部の構造が変化し、村落内の複数の有力者が個別に地域権力（戦国大名や国衆）と交渉する体制から、大名権力と村落共同体＝「百姓中」が直接交渉を行う体制に移行したことと関係があると思われる。

大名側は領域支配を行うにあたって、戦国期から村落内の有力者であった者を郷代官に任命したが、彼らに求められたのは、戦国期に引き続き郷中の代表者として大名権力と交渉し、村落運営を担う役割であった。また、郷代官の多くが近世初期の幕藩体制下でも名主（肝煎）となり、村落共同体の代表者としての地位と、幕府・大名権力と村落との交渉役としての地位を保持し続けた。

では次に、検地が地域社会に対して及ぼした影響について検討を行いたい。池上裕子氏[7]は近年、太閤検地や戦国大名検地を兵農分離政策と評価する従来の見解を誤りと述べているが、本多氏[8]は遠江国引佐郡井伊谷（浜松市中央区）の検地で、知行主の井伊谷三人衆が検地帳登録者として見られない点、検地帳登録者が基本的に百姓身分として把握されていた点などを根拠として、検地による農の確定が進行していたと主張し、池上説を批判している。

たしかに、五ヶ国領有期の徳川氏は検地による名職・色成年貢の没収や散在していた寺領の再編成など、戦国期と比べて地頭と在地の繋がりを分断する指向性があったことがうかがえる。しかし、本書で検討の対象とした信濃国伊那郡虎岩郷（長野県飯田市下久堅下虎岩・飯田市虎岩）では、天正十七年の検地帳登録者に菅沼氏の給人（知行人）と百姓層が混在していた。給人（知行人）には①村内に名請地を持たない領主層と、②名主経営を行う一方で軍役衆化した者の二種類が存在し、②は飯田城下や他郷の居住者を含めて、検地帳に分付主として登録されていた。そして、徳川氏の関東転封後に①は虎岩郷から姿を消し、②は百姓身分として登録された。このことから、検地帳の記述だけでは「検地帳登録者＝百姓身分」と断定できないことは明らかである。

また、伊那郡殿岡郷（飯田市下殿岡・上殿岡）で見てきたように、戦国期から織豊期には中世荘園制の枠組が解体され、近世村落の原型が形成されていく様子がうかがえるが、その契機となったのは戦乱や災害、そして徳川氏の関東転封などによる「うせ人（失人）」の発生であった。有力者を中心とする村落「百姓中」にとっての課題は、「失人」が耕作していた田畠を村落内で再配分し、新たな名請人や作人を確定させ、村請による年貢納入を確実に実施することにあり、統一政権下で入部した大名側も、村落からの年貢収取を確実に行い、給人の軍役・知行役の賦課規準となる知行高を確定させるために、指出の徴収や検地の実施などで地域社会の実情を可能な限り把握することが必要不可欠であった。各大名領で実施された検地の方法は、先述したように太閤検地の規準によるものから戦国期以来の貫高制によるものまで様々であったが、いずれも近世初期社会の村落構造を可能な限り反映したものであったといえよう。

戦国期社会とは、「室町幕府―守護体制」が崩壊した後、戦乱の中で武力による地域的統合が行われ、各地で「地域国家」が形成された時代であった。その中で、戦国大名は各地域社会の多様性を内包しながら、国衆・地頭・村落などの「下からの力」を編成することで、複数の国・郡にまたがる「分国」＝大名領国を形成し、近世社会につながる新たな地域秩序を構築していった。本書で検討の対象とした甲信・東海地域でも、戦国大名武田氏が形成した領国下の地域秩序は、織豊期・近世初期に当該地域を領有した統一政権下の大名権力の下でも維持され、このような地域慣行が大名権力の支配体制を規定し続けることとなった(9)。

一方、天正十八年七月に豊臣政権によって行われた徳川氏の関東転封は、大名領国内に存在していた地域権力（国衆）を徳川氏の家臣として関東へ移すことで消滅させるとともに、当該地域の村落に対しても、その内部構成員を再度編成させる契機となった。これによって、領国内の諸階層は「兵」＝徳川氏の家臣として関東へ移るか、「農」＝百姓層として在地に留まるかの二者択一を迫られた。そして、豊臣政権下で新たに入部した大名権力の下で、給人や被官（武家奉公人）の存在しない村落が形成されていった。これらの点に、中近世移行期社会の連続面と画期を見出すことができるのである。

註

（1）則竹雄一「大名領国制下における年貢収取と村落」（『戦国大名領国の権力構造』吉川弘文館、二〇〇五年。初出一九九三年）、同「北条氏の検地政策」（同上、初出二〇〇〇年）。
（2）秋澤繁「天正十九年豊臣政権による御前帳徴収について」（三鬼清一郎編『戦国大名論集18　豊臣政権の研究』吉川弘文館、一九八四年。初出一九七七年）。
（3）本多隆成『近世初期社会の基礎構造』（吉川弘文館、一九八九年）、同『初期徳川氏の農村支配』（吉川弘文館、二〇〇六年）、同「東海地域の歴史的位置」（『近世東海地域史研究』清文堂出版、二〇〇八年）等。
（4）安良城盛昭「太閤検地の歴史的前提」（『日本封建社会成立史論』上、岩波書店、一九八四年。初出一九五三年）、同「太閤検地の歴史的意義」（『幕藩体制社会の成立と構造』増訂第四版、有斐閣、一九八六年。初出一九五四年）、同『太閤検地と石高制』（日本放送出版協会、一九六九年）。
（5）谷口央『幕藩制成立期の社会政治史研究』（校倉書房、二〇一四年）。
（6）平山優『戦国大名領国の基礎構造』（校倉書房、一九九九年）。
（7）池上裕子「日本における近世社会の形成」（『歴史学研究』八二一号、二〇〇六年）。
（8）本多隆成「東海地域の歴史的位置」（前掲註３）。
（9）拙著『戦国大名武田氏の領国支配』（岩田書院、二〇一五年）。

あとがき

本書は、二〇〇八年度に駒澤大学大学院に提出した課程博士論文「戦国織豊期の大名権力と地域社会」（主査・久保田昌希先生、副査・廣瀬良弘先生、中野達哉先生）のうち、後半の織豊期に関する部分を再構成し、加筆・修正を行ったものである。本来であれば、前著『戦国大名武田氏の領国支配』（岩田書院、二〇一五年）に続いて刊行されなければならないはずであったが、博士論文の提出から十五年、前著の刊行から十年の月日を要した。このたびは戎光祥出版株式会社の伊藤光祥社長から直々にお声がけをいただき、本書を刊行できたことは望外の喜びである。

筆者が五ヶ国領有期の徳川氏を研究テーマとするようになったのは、駒澤大学大学院の博士後期課程に進学し、甲斐武田氏の滅亡後に旧武田領国でどのような支配が行われたのかについて、強い関心を持ったからである。また、大学院の久保田昌希先生のゼミで『家忠日記』を講読していたことや、同ゼミに参加していた柴裕之氏の影響も大きかった。本書はそこから二十年の歳月をかけて辿り着いた、いわば集大成というべき成果である。

この間、筆者は静岡で就職し、周囲の環境も大きく変わった。研究テーマも本書で取り上げた甲斐・信濃から東海地域へ移り、新たな段階に入りつつある。これらの成果も、近いうちに著書としてまとめたいと考えている。

最後に、本書の刊行にあたっては、久保田ゼミの後輩でもある戎光祥出版の石渡洋平氏に多大なご尽力をいただいた。記して感謝を申し上げる。

二〇二四年十月

鈴木将典

【初出論文一覧】

序章　新稿

第1部　豊臣大名徳川氏の領国支配と検地

第一章「戦国織豊期村落の年貢収取体制―遠州宇布見郷年貢勘定書の分析を通して―」
（『地方史研究』三一七号、二〇〇五年）

第二章「「五十分一役」の再検討―徳川領国下の甲斐を中心に―」（『戦国史研究』五一号、二〇〇六年）

第三章「五か国総検施行段階における徳川領国の基礎構造―七か条定書と年貢・夫役システム―」
（『駒沢史学』六二号、二〇〇四年）

同「徳川氏「五ヶ国総検地」再考」（『静岡県地域史研究』一四号、二〇二四年）

付論一「天正十七年十一月「筏乗免屋敷畠帳」について」（『駒沢史学』六八号、二〇〇六年）

第四章「甲斐における徳川氏の天正検地―「熊蔵縄」と知行割の分析―」（『日本歴史』七八二号、二〇一三年）

第2部　徳川氏の従属国衆と支配構造

第一章「三河国衆としての深溝松平氏」（久保田昌希編『松平家忠日記と戦国社会』岩田書院、二〇一一年）

付論二「五か国総検による深溝松平領の画定」（『戦国史研究』四六号、二〇〇三年）

第二章「依田松平氏の信濃佐久郡支配」（戦国史研究会編『戦国期政治史論集　東国編』岩田書院、二〇一七年）

第三章「信濃国下伊那郡虎岩郷における天正期「本帳」と「知行」の再検討」
（『駒澤大学史学論集』三四号、二〇〇四年）

第3部　豊臣大名の検地と地域社会

第一章「豊臣政権下の信濃検地と石高制」（『信濃』六二巻三号、二〇一〇年）
第二章「豊臣政権下の真田氏と上野沼田領検地—天正・文禄期『下河田検地帳』の分析を中心に—」
（『信濃』六六巻二号、二〇一四年）
第三章「仙石氏の信濃佐久郡支配と貫高制」（『駒沢史学』九〇号、二〇一八年）
第四章「石川氏の信濃松本領検地に関する二点の史料」（『信濃』六八巻一二号、二〇一六年）
第五章「近世初期村落の形成過程—信濃伊那郡下殿岡村を事例として—」（『信濃』五七巻一〇号、二〇〇五年）

終章　新稿

［付記］本書への収録にあたって加筆・修正した部分は、各章の註や文末にその旨を記した（誤字の修正は除く）。

索　引

※引用史料や表・図中の人名・地名・事項名は採録していない。
※地名・寺社名には〈　〉で国名を示した。

1　歴史人物名

（あ行）

（か行）

（さ行）

（た行）

（な行）

（は行）

（ま行）

(や行)

(わ行)

2　研究者名

（あ行）

（か行）

（さ行）

3　地名・寺社名

（あ行）

（か行）

（さ行）

（た行）

(な行)

(は行)

（ま行）

（や行）

4　事項名

（あ行）

（か行）

（さ行）

（た行）

（な行）

（は行）

（ま行）

（や行）